I0127075

L'ART

DU CUISINIER.

TOME SECOND.

IMPRIMERIE DE J. L. CHANSON,

RUE ET MAISON DES MATHURINS, N° 10.

L'ART
DU CUISINIER,

PAR A. BEAUVILLIERS,

Ancien Officier de Monsieur, comte de Provence, attaché aux Extraordinaires des Maisons royales, et actuellement Restaurateur, rue de Richelieu, n° 26, à la grande Taverne de Londres.

TOME SECOND.

Démarais Del.  Jabin Sculp

A PARIS,

CHEZ PILET, IMPRIMEUR-LIBRAIRE, RUE CHRISTINE, N°. 5.

IL SE VEND AUSSI

.CHEZ { COLNET, LIBRAIRE, QUAI DES PETITS-AUGUSTINS, ET LENOIR, LIBRAIRE, RUE DE RICHELIEU, N° 35.

1814.

2920

Table de 8 à 12 Couverts. ———————— *Second Service*.

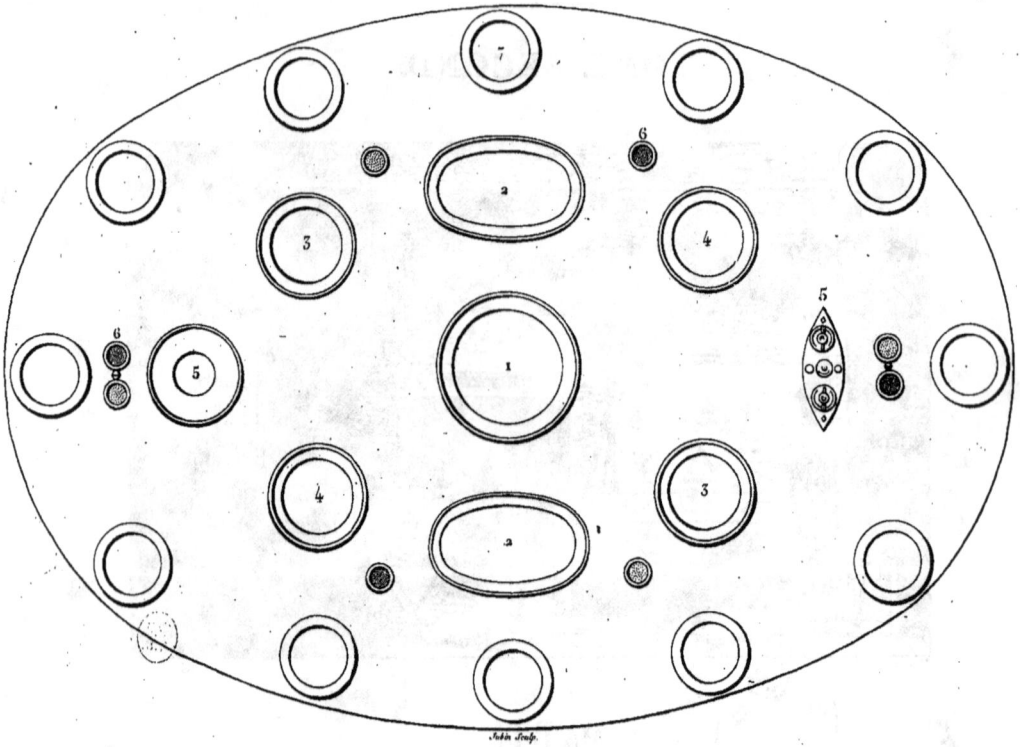

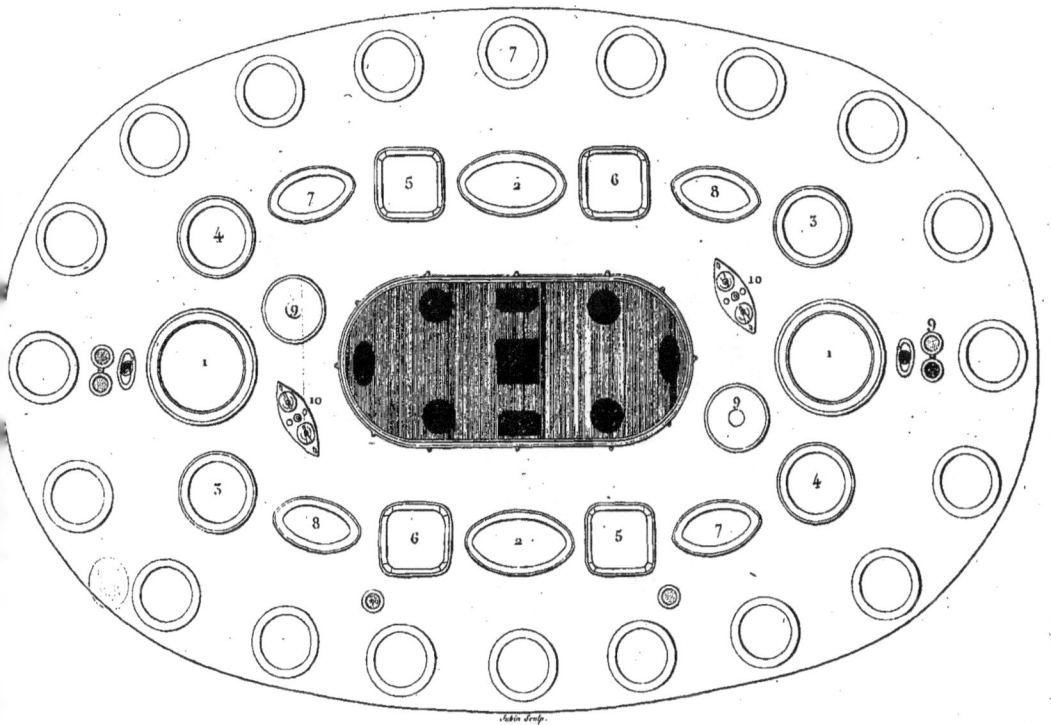

Table. de 20 à 25 Couverts. ——— Second Service.

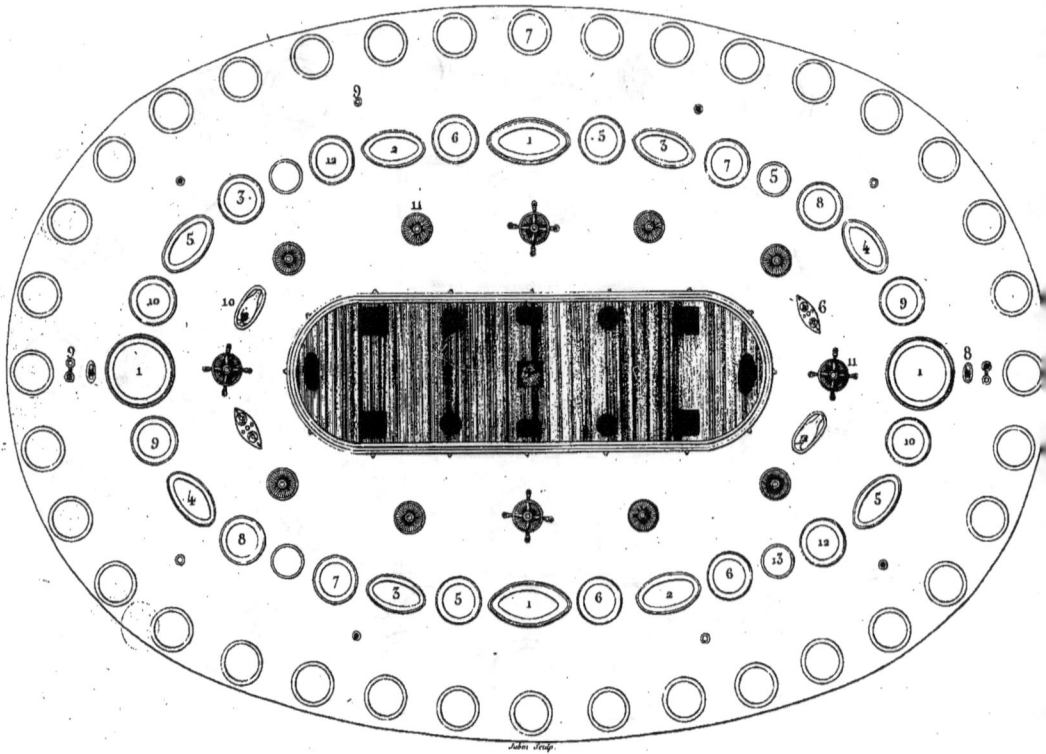

Table de 36 à 40 Couverts. —————————— Second Service.

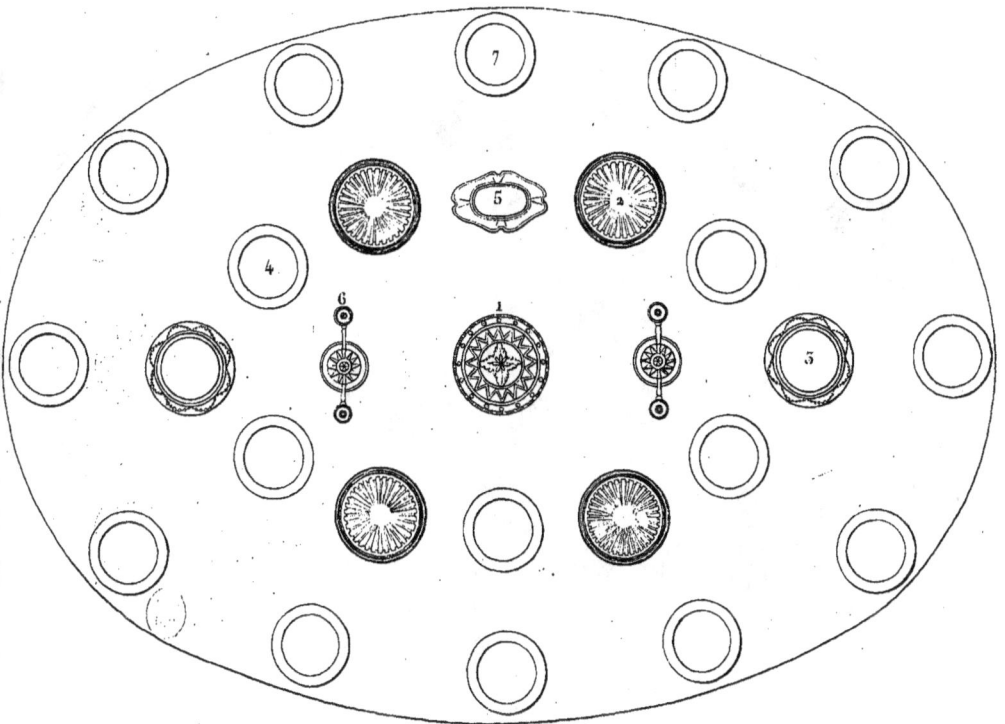

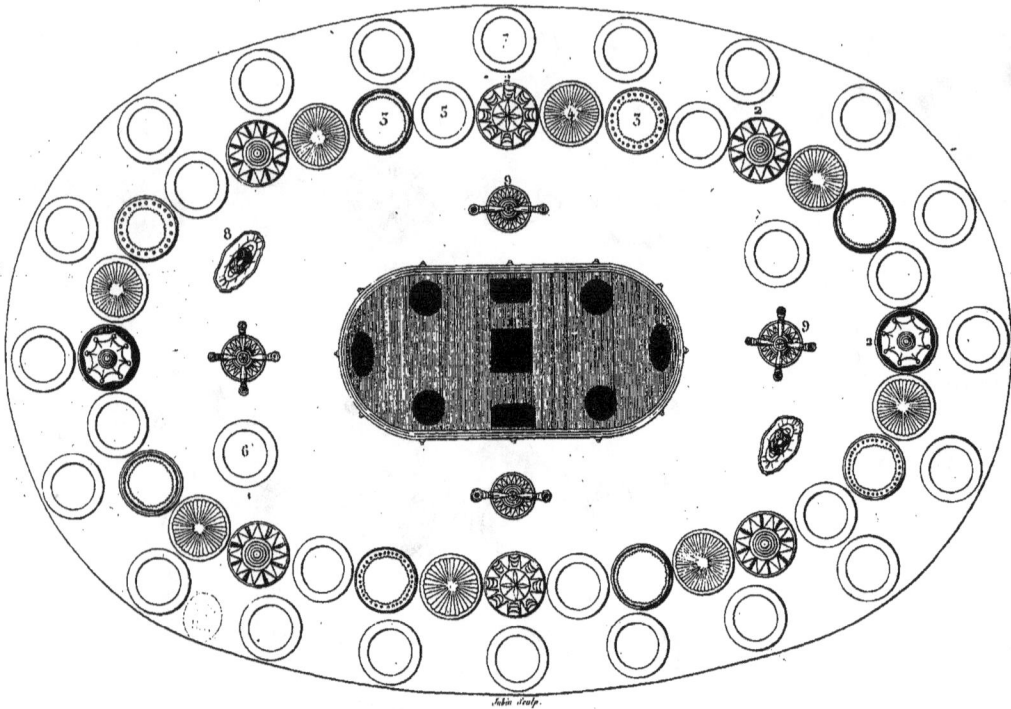

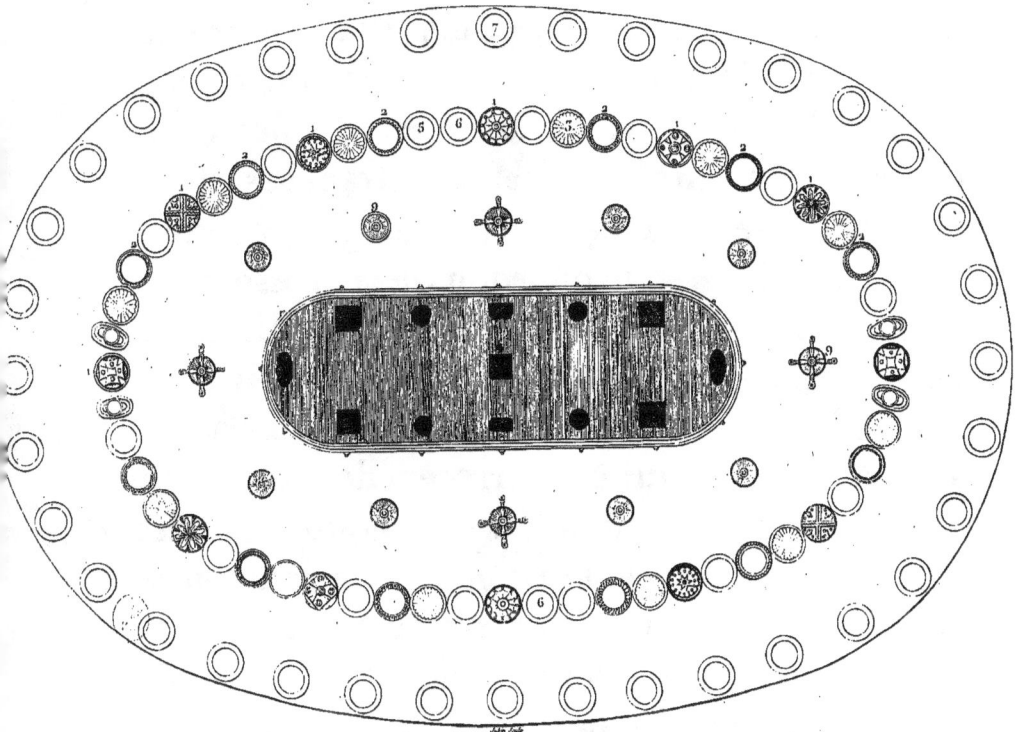

Table de 36 à 40 Couverts. ———— Dessert.

L'ART
DU CUISINIER.

POISSON.

Braise maigre.

Prenez un vaisseau de la grandeur du poisson que vous voulez faire cuire; mettez un morceau de beurre, du bouillon de légume, du thym, du basilic, de l'ail, un bouquet de persil et ciboules, du girofle, quelques tranches d'oignons, du zeste de carotte, sel et gros poivre, et du vin blanc, en proportion de la grosseur de votre poisson; ficelez-en la tête; mettez-le dans cette braise, faites qu'il n'y surnage point, et menez-le à petit feu; couvrez-le d'un papier beurré; ayez soin de l'arroser de temps en temps avec son mouillement; goûtez s'il est d'un bon goût : ce poisson cuit, prenez une partie de cette braise, passez-la au tamis de soie, faites-la réduire à glace, et vous vous en servirez pour glacer vos poissons.

Glace de Poissons.

Foncez légérement de beurre une casserole; posez-y quelques oignons coupés en tranches, du zeste de carotte, des débris et des carcasses de poissons, un bouquet de persil et ciboules, une feuille de laurier, thym, basilic et une gousse d'ail; versez dans ce fond une cuillerée à pot de bouillon de poisson; faites-le partir, couvrez de cendres votre fourneau; laissez-le mijoter, faites-le tomber à glace; mouillez-le avec du bouillon de poisson; ayez soin de bien détacher la glace de ce fond; laissez-la cuire environ une heure, et passez-la au travers d'une serviette; faites réduire votre fond jusqu'à consistance de glace, et servez-vous-en pour glacer.

CARPES.

De la Carpe en général.

Les carpes les plus estimées sont celles du Rhin et de la Seine, et généralement celles des rivières. (Celles des lacs et des étangs sont sujettes à sentir la vase, si elles n'ont pas été dégorgées dans de l'eau courante.) Il y a encore un autre poisson qui ressemble à la carpe et qu'on appelle la brême; elle est beaucoup plus plate et plus large; elle a la tête plus petite, la chair moins ferme, et est moins délicate.

Carpe à la Chambor.

Prenez une belle carpe du Rhin; s'il vous est possible; échardez-la; levez-en la peau, comme il est indiqué aux *Quenelles de Carpe*, article FARCES; videz-la, sans lui ouvrir le ventre en totalité; ôtez-lui les ouïes, sans endommager la langue; la peau levée, sans en avoir affecté les chairs, levez le nerf de la queue; piquez votre carpe en totalité, avec de l'anguille taillée en petits lardons, ou moitié avec des truffes et des carottes coupées de même; si vous servez cette carpe au gras, piquez-la de lard, de truffes ou de carottes; mettez-la dans une poissonnière; mouillez-la d'une braise maigre et faites-la cuire; mettez dans une casserole trois bactées d'espagnole maigre et une demi-bouteille de vin blanc de Champagne; faites réduire votre sauce et dégraissez-la; mettez-y des champignons tournés, des culs d'artichauts, des truffes, des laitances de carpes, des quenelles (voyez l'article *Quenelles de Carpe*), de l'anguille coupée par tronçons (voyez l'article *Matelote d'Anguille et de Carpe*); faites mijoter un quart d'heure votre ragoût, et finissez-le avec un beurre d'anchois (voyez *Beurre d'Anchois*, article SAUCES); égouttez votre carpe, dressez-la; mettez vos garnitures autour, et joignez-y des écrevisses; décorez-en votre carpe, saucez-la, glacez-la, et servez. Si c'est au gras, ajoutez-y des ris de veau piqués, des pigeons à la Gautier, ou des cailles, si c'est la saison, des crêtes et des rognons de coqs.

Carpe farcie.

Prenez une belle carpe; levez-en les peaux et les chairs, comme il est indiqué à l'article *Quenelles de Carpe*); supprimez-en la majeure partie de la carcasse; conservez la tête et la queue de la carpe, et laissez environ trois pouces d'arête à l'une et à l'autre, selon la grandeur de votre carpe : avec ces chairs et celles d'une ou deux autres petites vous ferez une farce, comme il est indiqué à l'article des *Quenelles de Carpe* ; prenez un plat de la longueur que vous voulez servir ; étendez de cette farce dans le fond, à-peu-près un doigt et demi d'épaisseur; mettez aux deux extrêmités la tète et la queue : faites un salpicon maigre ou gras, avec lequel vous remplacerez le ventre de votre carpe, ou un ragoût de laitances de carpes, le tout à froid; couvrez ce salpicon de votre farce; donnez à cette farce la forme d'une carpe, même plus grosse et plus longue que celle dont vous avez employé la tête et la queue : faites en sorte que la tête et la queue fassent corps, en les soudant bien avec la farce, et que le salpicon ne puisse pas pénétrer au dehors : unissez bien votre farce avec votre couteau, trempé dans l'œuf; dorez-la avec deux œufs entiers et battus; ayez une cuiller à bouche; trempez-la dans le reste de votre dorure, et formez avec la pointe les écailles de votre carpe; enveloppez la tête et la queue d'un papier beurré : une heure avant de servir, mettez votre carpe dans un four moyennement chaud; donnez-lui une belle couleur; ôtez le papier; nettoyez les bords de votre plat; saucez-la, soit d'un bonne espagnole réduite, maigre ou grasse, soit d'un ragoût de laitances, de champignons et de culs d'artichauts, et servez.

Carpe au Bleu ou au Court-Bouillon.

Videz une carpe, sans lui ouvrir trop le ventre, sans lui crever l'amer, et sans endommager ses écailles; ôtez-lui ses ouïes, sans gâter
la langue; placez-la dans une poissonnière de
capacité suffisante pour la contenir : faites bouillir un demi-setier de vinaigre rouge; arrosez-en
votre carpe également, pour lui donner une
couleur bleue, ayant soin de vous en servir tout
bouillant; mouillez-la d'une braise maigre ou
grasse; couvrez-la d'un papier beurré; faites-la
cuire à petit feu; sa cuisson faite, égouttez-la;
dressez une serviette sur votre plat; posez votre
carpe dessus; entourez-la de persil, et servez.

Carpe frite.

Prenez une carpe, échardez-la, ou écaillez-
la; coupez-lui les nageoires, ciselez-la, ouvrez-
la par le dos; fendez-lui la tête, ôtez-en les
ouïes, la pierre jaune qui se trouve dans la tête,
et tout ce qu'elle a dans le corps; trempez-la
dans un peu de lait; farinez-la, faites-la frire;
lorsqu'elle sera à moitié cuite, farinez-en la
laitance ou les œufs; mettez-les dans la friture;
faites en sorte que votre carpe soit bien ferme
et d'une belle couleur; égouttez-la, ainsi que sa
laitance ou ses œufs; dressez votre carpe sur un
plat garni d'une serviette; mettez dessus sa laitance ou ses œufs, et servez.

Carpe grillée.

Echardez ou écaillez une carpe ; coupez-en les nageoires et le petit bout de la queue ; ôtez-en les ouïes ; videz-la sans lui trop ouvrir le ventre, et prenez garde d'en crever l'amer ; ciselez-la ; passez la laitance dans du beurre et des fines herbes, tels que persil et ciboules hachés ; assaisonnez-la de sel et de poivre ; remettez-la dans le ventre de votre carpe, et cousez-la ; mettez-la sur un plat ; marinez-la avec un peu d'huile, des branches de persil et de ciboules hachés, et un peu de sel fin ; faites-la griller ; ôtez-en les fils, et servez-la avec une sauce blanche et des câpres, ou une maître-d'hôtel chaude. (Voyez *Maître-d'Hôtel liée*, article SAUCES.)

Matelote de Carpes et d'Anguilles.

Ayez deux carpes, une laitée et une œuvée, un brocheton et une anguille ; echardez vos carpes et votre brochet ; videz-les ; faites-en cuire les œufs et les laitances à part ; coupez les nageoires et le bout des queues de vos poissons ; ôtez-en les ouïes ; coupez par tronçons d'égale grosseur votre brocheton et vos carpes, et supprimez des carpes la pierre amère qui se trouve dans la tête ; dépouillez votre anguille, passez-la au feu pour la limoner ; ôtez la tête et le bout de la queue, videz-la, coupez-la aussi par tronçons ; prenez une casserole, mettez dedans des oignons coupés en tranches, deux carottes coupées en lames, du persil en branche, quelques ciboules, une gousse d'ail, deux feuilles de laurier, du thym, deux clous de girofle, une pincée d'épices fines, sel, poivre, et deux bouteilles de vin blanc de Champagne; faites cuire à moitié votre anguille, ensuite joignez-y votre brocheton; quand il sera à moitié cuit, ajoutez-y vos carpes; faites partir le tout à grand feu; couvrez votre casserole : il faut peu de temps pour cuire vos carpes; mettez roussir une trentaine de petits oignons dans du beurre; retirez-les; vous aurez préparé des champignons tournés, quelques culs d'artichauts (voyez *Champignons* et *Culs d'Artichauts*, article GARNITURES); faites un roux dans la casserole où est le beurre, dans lequel vous aurez passé vos oignons; votre roux fait, prenez l'assaisonnement de votre poisson; délayez-en votre roux; faites bouillir et cuire votre sauce; passez-la à l'étamine dans une autre casserole; mettez-y vos petits oignons et vos champignons; faites cuire de nouveau et réduire votre sauce; dégraissez-la; vous aurez tenu chaudement votre poisson; épluchez-le, égouttez-le, dressez-le en mettant les têtes au milieu du plat, et en entremêlant ces divers poissons; garnissez-les de croûtes de pain en queue de paon, et passées dans le beurre; dressez sur le haut du plat les œufs et les laitances de carpes; mettez vos culs d'artichauts dans votre sauce; faites-leur jeter un bouillon; goûtez si votre sauce est d'un bon sel, et saucez votre matelote : vous pouvez y ajouter des écrevisses, si vous en avez (c'est assez l'usage d'en mettre); vous pouvez aussi, pour rendre votre matelote plus volumineuse, prendre un pain à potage ou un pain mollet d'une demi-livre, en ôter la croûte de dessous, en supprimer la mie, et mettre dans cette croûte creuse une omelette au naturel; de là vous pouvez servir.

Matelote à la Marinière.

Prenez carpes, barbillons, brochetons et anguilles; préparez-les comme il est énoncé à l'article précédent; ménagez-en le sang; faites blanchir des petits oignons en raison de votre poisson; laissez-les cuire aux trois quarts; ôtez-en la queue et rendez-les bien égaux; mettez du vin rouge dans un chaudron en suffisante quantité pour que votre poisson y baigne, un morceau de beurre, vos oignons, un bouquet de persil et ciboules, laurier, clous de girofle, sel, poivre, épices fines et un peu de basilic; jetez votre poisson dans cet assaisonnement; faites-le partir sur un feu de bois à la flamme; votre poisson cuit, liez votre matelote avec un morceau de beurre, manié avec de la farine, que vous y distribuerez par petits morceaux; vous pouvez y mettre aussi un petit beurre d'anchois (voyez *Beurre d'Anchois,* article SAUCES); remuez légérement votre poisson, de crainte de le rompre, et pour que votre sauce se lie également; dressez-le sur votre plat, comme il est indiqué à l'article précédent; faites réduire votre sauce si elle se trouve trop longue : lorsqu'elle sera réduite, ajoutez-y le sang de vos poissons, et ne faites plus bouillir votre sauce ; garnissez votre matelote de croûtons, des œufs et des laitances de vos poissons ; saucez et servez.

Fricandeau de Carpes.

Échardez et supprimez la peau de votre carpe ; levez-en les chairs et ne laissez que la colonne vertébrale ; piquez ces chairs de menu lard ; coupez-les par grenadins, et marquez-les de même : si c'est au gras (voyez *Grenadins de Veau*) ; si c'est en maigre, piquez-les de lardons d'anguille, et au lieu de lard pour foncer votre casserole, employez du beurre ; ajoutez-y tranches d'oignons et lames de cärottes, vin blanc et du bouillon de poisson maigre ; posez sur ce fond votre poisson ; couvrez-le d'un papier beurré ; faites-le partir et cuire comme un fricandeau, avec feu dessus et dessous : sa cuisson faite, égouttez-le, tirez par les gros bouts les côtes de votre carpe ; faites en sorte qu'il n'en reste aucune ; glacez vos fricandeaux (voyez *Glace*, et *Glace maigre*, article SAUCES), et servez-les sur une purée de champignons, d'oseille ou d'oignons.

Si vous n'avez point de glace, faites réduire votre fond, et servez-vous-en.

Laitances de Carpes frites.

Ayez quinze à dix-huit laitances de carpes : leur grosseur déterminera la quantité que vous devez en prendre ; supprimez-en les boyaux ;

mettez ces laitances dégorger dans de l'eau fraîche ; échangez-les d'eau plusieurs fois ; lorsqu'elles
seront bien blanches, mettez de l'eau dans une
casserole, avec un filet de vinaigre et une pincée
de sel ; posez-la sur le feu, et lorsque votre eau
bouillira, mettez-y vos laitances ; faites-leur jeter
un bouillon, et goûtez-les ; au moment de servir,
trempez-les dans une pâte légère ; faites-les frire
d'une belle couleur ; égouttez-les, dressez-les sur
votre plat avec du persil frit, et servez.

Caisse de Laitances de Carpes.

(Voyez l'article *Caisse de Laitances de Harengs*), et procédez en tout de même.

Ragoût de Laitances de Carpes.

(Voyez ce Ragoût, à son article).

Aspic de Laitances de Carpes.

Préparez votre aspic comme il est indiqué à
celui des crêtes et de rognons de coqs, article
VOLAILLE, et servez-vous, pour le remplir, de
laitances de carpes, que vous aurez fait cuire
dans un bon assaisonnement.

_____

ÉCREVISSES, HOMARDS, CREVETTES ET CHEVRETTES.

Les écrevisses se trouvent généralement dans
toutes les rivières et petits ruisseaux ; celles de
Seine sont les plus estimées ; celles qui nous
viennent du Rhin le sont davantage pour leur

grosseur. On connaît celles de Seine à leurs pattes, qui sont plus plates et plus alongées que celles des ruisseaux; elles ont une couleur beaucoup plus claire, et lorsqu'elles sont cuites elles sont d'un très-beau rouge. Celles du Rhin sont de même; mais elles ont le désavantage (venant de loin) de maigrir par suite du jeûne qu'elles éprouvent par la longueur du chemin. Les écrevisses de ruisseaux ou de lacs sont les moins estimées; cependant il y en a dont on fait beaucoup de cas. La petite rivière d'Etampes en fournit beaucoup qui sont passablement bonnes; elles sont faciles à reconnaître : elles ont l'écaille beaucoup plus noire, les grosses pattes fort rondes, et au lieu de les avoir roses dessous, comme celles de la Seine et du Rhin, elles les ont d'un blanc verdâtre.

Le homard est une écrevisse de mer; il y en a d'une grosseur étonnante : je préfère les moyens. Comme ce coquillage nous vient cuit des ports de mer, il est difficile, lorsqu'on n'en a pas une grande habitude, de distinguer les frais d'avec ceux qui ne le sont pas; mais, pour en juger, voici ce que l'expérience m'a appris :

1°. S'ils sont lourds à la main, en raison de leur grosseur, cela indique qu'ils n'ont pas été recuits une seconde ou troisième fois.

2°. Prenez la queue par le petit bout; si vous avez de la peine à l'étendre, et qu'elle revienne sur elle-même, cela est une preuve de la fraicheur des homards.

3º. Il faut les flairer sur le dos, entre la queue et le corsage, pour s'assurer qu'ils n'ont pas mauvaise odeur; s'ils ont toutes les qualités énoncées, vous êtes sûr d'acheter de bons homards.

Il en est de même pour juger des crevettes et des chevrettes. La crevette doit être d'un beau rouge-pâle, ne pas être collante au toucher, avoir la queue ferme et une odeur agréable. Les plus estimées sont celles qui nous viennent de Rouen.

La chevrette est d'un rouge tirant sur le noir; elle est plus petite et moins estimée que la crevette.

Ecrevisses, et Manière de les faire cuire, soit pour gros, moyens, petits Entremets ou Garnitures.

Prenez la quantité d'écrevisses dont vous croyez avoir besoin; lavez-les, et pour y parvenir sans risquer d'en être pincé, mettez-les dans une casserole; versez de l'eau dessus; sautez-les à plusieurs fois comme vous feriez d'une fricassée; jetez-les dans une passoire; essuyez la casserole où elles étaient; remettez-les dedans; mouillez-les avec du vin blanc, à moitié de leur volume; joignez-y des zestes de carotte, des oignons coupés en tranches, du persil en branche, quelques ciboules en deux, une ou deux feuilles de laurier, un peu de basilic, quelques clous de girofle, du sel, du gros poivre et un bon morceau de beurre fin; posez vos écrevisses sur un bon feu; couvrez-les, sautez-les, afin que

celles qui sont dessous viennent dessus ; couvrez-les chaque fois après les avoir sautées : sitôt
que leur assaisonnement montera en haut du
couvercle, ressautez-les, retirez-les du feu et
couvrez-les, afin qu'elles achèvent de cuire ainsi.
Si vous ne vous en servez pas tout de suite, déposez-les dans une terrine, et laissez-les cou-
vertes : lorsque vous voudrez vous en servir,
faites-les chauffer dans leur assaisonnement,
égouttez-les, dressez-les en pyramide sur une
serviette garnie de persil, et servez.

Ecrevisses à la Poulette.

Prenez une quantité suffisante d'écrevisses,
faites-les cuire dans une légère eau de sel ; leur
cuisson faite, égouttez-les, supprimez-en les petites pattes et la coquille de la queue ; coupez-leur
le bout du nez et les petits bouts des grosses
pattes ; mettez dans une casserole du velouté
réduit, un peu de persil haché et lavé, un peu
d'échalotes hachées de même ; faites bouillir,
ajoutez-y vos écrevisses ; liez-les de deux jaunes
d'œufs ; mettez-y un pain de beurre coupé par
morceaux ; sautez vos écrevisses, exprimez-y un
jus de citron, dressez-les, saucez-les et servez.

Ecrevisses en Matelote.

Prenez la quantité d'écrevisses que vous jugerez convenable, pour en faire une matelote ;
faites-les cuire au vin, comme celles à servir en
buisson ; épluchez-les, comme il est dit pour
celles à la poulette ; mettez-les dans une sauce à

matelote (voyez l'article de cette Sauce); dressez vos écrevisses et saucez-les; mettez autour des croûtes de pain passées dans le beurre.

Homard.

Prenez un homard qui ait les qualités que j'ai indiquées à l'article *Ecrevisses et Homards;* rompez-en les coquilles; fendez-le sur le dos, depuis la tête jusqu'à la queue; ôtez avec une cuiller tout ce qui se trouve dans le corps; mettez ce résidu dans un vase de faïence ou de terre, ajoutez-y une cuillerée à bouche de moutarde, du persil haché et une pincée d'échalotes hachées, lavées et pressées dans un linge blanc; mettez-y sel, gros poivre, et les œufs que souvent on trouve sous la queue; délayez le tout avec de l'huile et du vinaigre, et formez-en une rémoulade : cette rémoulade faite, goûtez si elle est d'un bon goût, mettez-la dans une saucière, et servez-la à côté de votre homard.

Crevettes.

Ayez une livre et demie de crevettes; remplissez le creux de votre plat de quelques herbages qui ne portent point d'odeur; couvrez-les d'une serviette posée en carré sur votre plat, et de laquelle vous relèverez les quatre coins, pour former un octogone; faites qu'il soit régulier, de manière qu'on ne distingue que le bord de votre plat; mettez une poignée de persil au milieu; dressez vos crevettes autour, formez-en une pyramide et servez-les. Il ne faut aucune sauce.

MOULES.

Les plus belles nous viennent de Flandre, d'Anvers et des environs; elles sont beaucoup plus grosses que celles des autres ports : il faut les choisir fraîches, en ouvrir quelques-unes avant de les acheter, afin de s'assurer s'il n'y a pas de petites crabes dedans, ce qui les rendrait fort indigestes.

Moules au Naturel ou à la Flamande.

Prenez une suffisante quantité de moules, ratissez-les toutes, les unes après les autres, afin qu'il ne reste à leurs coquilles aucun corps étranger; mettez-les dans un grand vase avec de l'eau en suffisante quantité pour bien les laver; prenez un manche à balai ou tout autre bâton; remuez-les bien; changez-les d'eau; continuez de les remuer; étant lavées, jetez-les dans une passoire; laissez-les égoutter; mettez-les dans une casserole avec du persil haché; posez-les sur le feu; couvrez-les, sautez-les de temps en temps; lorsqu'elles seront ouvertes, retirez-les du feu; supprimez une coquille à chacune, et même à une certaine quantité de ces moules supprimez les deux coquilles; ouvrez vos moules, visitez-les; prenez garde qu'il n'y ait des crabes; mettez-les dans l'eau qu'elles ont rendue; ajoutez-y du gros poivre, un bon jus de citron; sautez-les et dressez-les.

Moules à la Poulette.

Préparez vos moules comme les précédentes ; ôtez les coquilles, et visitez-les de même ; conservez l'eau qu'elles ont rendue ; mettez un morceau de beurre dans une casserole et de la farine en suffisante quantité ; maniez le tout avec une cuiller de bois ; mettez-y l'eau de vos moules ; tournez votre sauce ; laissez-la cuire et réduire ; ajoutez-y vos moules, une pincée de gros poivre, et un peu de persil haché ; liez-les avec des jaunes d'œufs ; forcez-les d'un jus de citron, ou d'un filet de verjus, et servez-les.

HUÎTRES.

On emploie dans la cuisine deux sortes d'huîtres, les fraîches et les marinées ; il faut toujours les choisir grosses, grasses et très-fraîches.

Huîtres en Coquilles.

Prenez autant de douzaines de grosses huîtres que vous voudrez faire de coquilles *dites* pélerines ; faites-les blanchir dans leur eau : si vous en supprimez la barbe et les noyaux, prenez-en deux fois autant ; mettez dans une casserole un morceau de beurre, en raison de la quantité de vos huîtres ; ajoutez-y des champignons, du persil, des échalotes hachées et une pincée de gros poivre : faites revenir vos fines herbes ; singez-les d'un peu de farine ; mouillez-les avec l'eau de vos huîtres et un peu de bouillon ;

faites cuire et réduire le tout à consistance de sauce ; retirez votre casserole du feu ; mêlez-y vos huîtres ; sautez-les ; ajoutez-y un jus de citron ; goûtez-les ; mettez-les dans vos coquilles ; panez-les avec de la chapelure ou de la mie de pain, et mettez dessus gros comme une noisette de beurre, séparé en plusieurs morceaux ; posez vos coquilles sur un plat creux ; mettez-les au four ou sous un four de campagne, avec feu dessous et dessus ; faites-leur prendre couleur, dressez-les et servez.

Si vous n'avez pas de coquilles, appelées communément pélerines, servez-vous de leurs propres écailles ; à cet effet, crevez-leur à toutes ce qu'on nomme ordinairement l'amer ; lavez-les bien, et mettez dedans deux ou trois de vos huîtres en ragoût, et procédez, pour les finir, comme pour celles ci-dessus.

Huîtres sur le Gril.

Prenez deux ou trois douzaines d'huîtres ; séparez-les des coquilles, mettez-les dans une casserole, faites-les blanchir dans leur eau ; supprimez cette eau ; mettez un morceau de beurre avec vos huîtres, une pincée de persil, d'échalotes hachées, et une pincée de gros poivre ; sautez-les sans les laisser bouillir ; mettez-les dans leurs propres coquilles, en procédant comme il est dit à l'article précédent ; posez-les sur le gril : sitôt qu'elles bouilliront dans leurs coquilles, retirez-les et servez-les.

Huîtres en Ragoût.

(Voyez l'article *Sauce aux Huîtres*).

BROCHET.

Brochet à la Chambor.

Procédez, pour ce brochet, comme il est dit à l'article *Carpe à la Chambor.*

Brochet au Bleu ou au Court-Bouillon.

(Voyez, pour ce brochet, l'article *Carpe au Bleu*), et procédez de même.

Brochet à l'Allemande.

Ayez un beau brochet; faites attention qu'il ne sente point la vase; laissez-le mortifier deux ou trois jours, et davantage, s'il fait froid; lorsque vous voudrez vous en servir, videz-le, ôtez-lui les ouïes, supprimez-en les nageoires et le petit bout de la queue; lavez-le et nettoyez bien le dedans; faites une eau de sel (voyez l'article *Eau de Sel*); mettez votre brochet dans une casserole, avec quelques branches de persil, une feuille de laurier et quelques carottes coupées en lames; mouillez-le avec moitié eau de sel et moitié eau de rivière; faites-le cuire; sa cuisson faite, égouttez-le, ôtez-en la peau, mettez-le dans une casserole, et versez dessus de son assaisonnement; tenez-le chaudement; posez une serviette sur un plat; remplissez le vide des tronçons avec du raifort râpé; dressez-les, et servez à côté une saucière remplie d'une sauce au beurre, ou de toute autre sauce.

Brochet en Dauphin.

Prenez un gros brochet; écaillez-le, videz-le par les ouïes, retroussez-lui la queue; à cet effet, passez-lui un hatelet dans les yeux et une ficelle au travers de la queue (il faut que les deux bouts se joignent de chaque côté du hatelet); posez votre brochet sur le ventre, et faites qu'il se maintienne; mouillez-le d'une braise maigre (voyez l'article *Braise Maigre*); et si c'est en gras, d'une bonne mirepois; mettez-le dans le four, retirez-le de temps en temps pour l'arroser de son assaisonnement; sa cuisson faite, égouttez-le et saucez-le d'une italienne rousse et grasse, ou d'une maigre.

Brochet à l'Arlequine.

Ayez un gros brochet mortifié; échardez-le, videz-le par les ouïes, levez-en la peau d'un côté, sans gâter les chairs; de ce côté piquez-en le quart de filets d'anchois, un autre quart de filets de cornichons, le troisième quart de filets de carottes, et le quatrième de filets de truffes; farcissez-le; si c'est en maigre, d'une farce de poisson; si c'est en gras, d'une farce cuite de volaille; mettez-le dans une poissonnière; mouillez-le avec une braise, et observez que les chairs piquées ne trempent pas; mettez-le sur le feu, arrosez-le souvent de son assaisonnement, couvrez-le d'un couvercle de casserole,

avec feu dessus; sa cuisson achevée, égouttez-
le, et servez dessous une sauce à l'arlequine.
(Voyez l'article *Sauce à la Nompareille ou à
l'Arlequine.*)

Grenadins de Brochet.

Procédez, à l'égard de ces grenadins, comme
il est indiqué aux Grenadins de Carpe ou Fricandeau; si c'est en gras, piquez-les de même
lard, et, si c'est en maigre, de lardons d'anguilles et de filets d'anchois; servez dessous, soit
une sauce tomate, soit une purée de champignons, ou toute autre sauce purée.

Côtelettes de Brochet.

Apprêtez et levez les chairs d'un brochet;
supprimez-en la peau, coupez ces chairs en
forme de côtelettes de veau ou de mouton;
faites-les cuire dans des fines herbes, hachées
telles que les côtelettes de veau en papillotes,
et procédez en tout comme pour ces côtelettes.
(Voyez l'article *Côtelettes de Veau en Papillotes.*)

Filets de Brochet à la Béchamelle.

Ayez un brochet froid ou de desserte; levez-
en les filets, mettez-les dans de la béchamelle
réduite; dressez-les sur un plat, panez-les; arrosez-les d'un peu de beurre, entourez-les de
bouchons de pain trempés dans une omelette;
faites prendre à vos filets une belle couleur au
four ou sous le four de campagne, et servez.

Salade de Brochet.

Procédez, pour cette salade, comme il est indiqué à la Salade de Poulet.

BARBILLON.

Ce poisson est moins estimé que la carpe ; cela n'empêche pas que dans différentes provinces on en fasse grand cas, lorsqu'il est pris dans de bonnes eaux, et qu'il est gras et d'une belle grosseur. On l'a nommé barbillon, parce qu'il porte près de la bouche deux barbes : on l'accommode généralement comme la carpe.

ANGUILLE.

Anguille à la Broche.

Ayez une belle anguille ; faites attention qu'elle ait le ventre bien argenté, et sur le dos une couleur d'ardoise (celles-là rarement sentent la bourbe); dépouillez-la, limonez-la ; à cet effet, mettez-la sur des charbons ardens, retournez-la, de manière qu'elle se grille partout ; essuyez-la avec un torchon, grattez-la avec votre couteau, supprimez-en les nageoires dorsales et celles de dessous le ventre, ôtez-lui toute la peau, coupez-lui la tête et le bout de la queue ; pour la vider, ouvrez-lui le haut de la gorge et un peu le bas du nombril ; introduisez-lui par le nombril une lardoire, du côté du gros bout, et que vous ferez sortir par le haut, ce qui emportera les intestins ; faites qu'il ne lui reste rien dans le corps ; lavez-la, tournez-la en rond comme une gimblette ; passez au travers des petits hatelets d'argent (faute de ces hatelets, servez-vous de brochettes de bois); fixez-la ainsi avec de la ficelle ; mettez-la dans une casserole, versez dessus une bonne mirepois (voyez *Mirepois et la façon de la faire*, article Sauces) ; faites cuire à moitié votre anguille ; égouttez-la, mettez-la sur la broche, emballez-la ; faites-la cuire, déballez-la ; faites-la un peu sécher, glacez-la ; dressez-la sur votre plat, ôtez-en les hatelets, et servez dessous une italienne rousse ou une ravigote. (Voyez l'article Sauces.)

Anguille à la Sainte-Menéhould.

Préparez cette anguille comme la précédente, sous tous les rapports, excepté qu'au lieu de la mettre à la broche, vous la poserez sur une tourtière ; couvrez toutes les parties de cette anguille d'une Sainte-Menéhould (voyez *Sauce Sainte-Menéhould*); panez-la, mettez-la au four ou sous un four de campagne, pour l'achever de cuire et lui faire prendre une belle couleur ; ces deux objets remplis, dressez-la sur votre plat ; ôtez-en les hatelets ou les brochettes et la ficelle ; servez dans son puits une italienne blanche, bien corsée, ou une ravigote blanche. (Voyez l'article Sauces.)

Anguille à la Poulette.

Prenez une anguille, dépouillez-la, limonez-la comme les précédentes ; supprimez-en la tête et le bout de la queue ; coupez-la par tronçons égaux ; lavez-la et laissez-la dégorger ; ôtez bien le sang qui se trouve proche l'arête, et grattez-la : mettez dans une casserole un morceau de beurre, ainsi que votre anguille et des champignons tournés ; passez-la un instant sur le feu ; singez-la avec de la farine passée au tamis ; mouillez-la avec du bouillon gras ou maigre et une demi-bouteille de vin blanc : ayez soin de la remuer avec une cuiller de bois, jusqu'à ce qu'elle bouille ; une fois partie, mettez-y un bouquet de persil et ciboules, garni d'une demi-feuille de laurier, d'un clou de girofle, avec sel et poivre ; ajoutez-y, si vous le voulez, une trentaine de petits oignons ; laissez cuire et réduire votre ragoût ; dégraissez-le, ôtez-en le bouquet, et liez-le avec deux ou trois jaunes d'œufs, délayés avec de la sauce de votre anguille et un jus de citron ; dressez-la sur votre plat, et masquez-la de sa garniture.

Anguille à la Tartare.

Ayez une anguille, dépouillez-la, limonez-la, videz-la, comme il est dit ci-dessus ; coupez-la par tronçons de cinq à six pouces ; ôtez le sang qui se trouve près de l'arête ; lavez-la, mettez-la dans une casserole, avec tranches d'oignons, zeste de carottes, quelques branches de persil, deux ou trois ciboules coupées en deux, du vin blanc, du sel, une feuille de laurier ; un ou deux clous de girofle et un peu de thym : mettez au feu vos tronçons, faites-les cuire, et, leur cuisson faite, égouttez-les, roulez-les dans de la mie de pain, trempez-les dans une anglaise (voyez *Anglaise*, article *Côtelettes de Pigeons*); repariez-les : un quart d'heure avant de servir faites-les griller; retournez-les sur les quatre faces, pour qu'ils soient d'une belle couleur : mettez dans votre plat une sauce à la tartare, dressez-les dessus et servez. (Voyez l'article *Sauce à la Tartare*.)

Matelote d'Anguille.

(Voyez *Matelote de Carpe*).

LAMPROIE.

La lamproie est une espèce d'anguille appelée aussi *sept-œils* ou *flûte*, parce qu'elle a sept trous de chaque côté : elle est pour l'ordinaire plus grosse que l'anguille. La lamproie de rivière est plus estimée que les autres : choisissez-la grasse, comme l'anguille, et de couleur moins brune.

Matelote de Lamproie.

Prenez-en une ou deux; limonez-les dans de l'eau presque bouillante; videz-les, coupez-les par tronçons; mettez le sang à part : supprimez-en la tête et le bout de la queue, comme à l'anguille : prenez une casserole d'une capacité assez grande pour les contenir; faites un petit roux (voyez l'article *Roux*); passez-y vos lamproies; mouillez-les, moitié vin rouge, moitié bouillon, ou avec de l'eau, faute de bouillon; ajoutez-y des petits oignons blanchis, des champignons, un bouquet de persil et ciboules, sel, poivre, une feuille de laurier et un peu de fines épices ; faites cuire et dégraissez : au moment de servir, liez votre matelote avec le sang de vos lamproies, assurez-vous si elle est d'un bon goût, dressez et servez.

Lamproie à la Tartare.

Procédez à ce sujet, comme il est dit pour l'anguille à la Tartare, excepté qu'on échaude la lamproie pour la limoner.

PERCHE.

La perche est un poisson de proie ; elle dévore jusqu'à ses enfans : il faut choisir celle que l'on prend dans les rivières ; celle des marais et des étangs est sujette à sentir la bourbe : il faut la choisir grande et grasse. C'est généralement un poisson d'eau douce fort estimé ; quoique la chair en soit ferme, elle est d'une facile digestion. Quand elle est d'étang ou de marais, elle est facile à connaître par sa couleur, plus rembrunie que celle de la perche de rivière.

Perches au Beurre.

Videz vos perches, ôtez-en les ouïes, lavez-les, ficelez-en les têtes ; mettez-les dans une casserole, avec tranches d'oignons, zeste de carotte, une feuille de laurier, quelques branches de persil et du sel ou eau de sel ; mouillez-les avec de l'eau, faites-les cuire : leur cuisson faite, égouttez-les ;

mettez dans une casserole de leur assaisonnement, passé à travers un tamis de soie; levez la
peau et les écailles de vos perches; ôtez-en les
nageoires; fichez-les au milieu du corps de vos
perches, d'espace en espace; tenez-les chaudement : lorsque vous voudrez les servir, égouttez-les, dressez-les et masquez-les d'une sauce au
beurre. (Voyez l'art. *Sauce blanche au Beurre.*)

Perches à la Pluche verte.

Procédez, à l'égard de ces perches, comme il
est énoncé pour les précédentes, et saucez-les
avec une pluche verte. (Voyez cette Sauce.)

Perches à la Hollandaise.

Procédez, au sujet de ces perches, comme il
est énoncé pour les précédentes, et saucez-les
avec une sauce hollandaise. (Voyez cette Sauce.)

Perches en Matelote.

Échardez des perches, videz-les, ôtez-en les
ouïes, coupez-les par tronçons, et procédez
comme pour la matelote de carpe. (Voyez cette
Matelote.)

Perches frites.

Écaillez ou échardez vos perches, videz-les,
ôtez-en les ouïes; lavez-les, ciselez-les des deux
côtés; mettez-les mariner avec du sel, un peu
d'huile, un peu de persil en branche, quelques
tranches d'oignons et un jus de citron; égouttez-
les, farinez-les, faites-les frire; qu'elles soient
fermes et d'une belle couleur, et servez.

Perches au Vin.

Écaillez ou échardez ces perches; ôtez-en les ouïes; mettez-les dans une casserole, avec moitié vin blanc et moitié bouillon, une feuille de laurier, une gousse d'ail, un bouquet de persil et ciboules, deux clous de girofle et du sel ; faites cuire; et, la cuisson achevée, passez le fond au travers d'un tamis; maniez du beurre dans une casserole avec un peu de farine; mouillez-le avec le fond de vos perches; tournez cette sauce jusqu'à ce qu'elle soit liée et cuite; ajoutez-y du gros poivre, un peu de muscade râpée, gros comme le pouce de beurre d'anchois : égouttez vos perches, dressez-les et servez, après les avoir saucées.

Perches à la Vassefiche.

Prenez trois belles perches; videz-les par les ouïes; supprimez-en les œufs; lavez-les, ficelez-leur les têtes; mettez-les dans une casserole avec une légère eau de sel, de la racine de persil coupée en filets, une carotte coupée de même, une pincée de feuilles de persil et une feuille de laurier : faites-les cuire; et leur cuisson faite, levez-en la peau et les écailles; que vos perches soient bien blanches : ôtez-en les nageoires, et plantez-les de distance en distance sur le corps de vos perches : cela fait, déposez-les dans une autre casserole; passez dessus, à travers un tamis de soie, leur bouillon; supprimez-en le laurier; mettez deux cuillerées de velouté dans une casserole, avec un quarteron de beurre, la chair d'un citron coupé en petits dés, sel et gros poivre ; ajoutez à cela les filets de persil et ceux de carottes ; passez bien le tout ; qu'il soit bien lié ; dressez vos perches et masquez-les avec cette sauce : si vous n'avez point de velouté, servez-vous de la sauce au beurre (voyez l'article *Sauce blanche au Beurre*), ou simplement de l'eau de leur cuisson.

———

TANCHE.

Tanches en Matelote.

Ayez trois ou quatre tanches vivantes ; jetez-les dans une casserole d'eau bouillante, pour les limoner : en les y jetant, ayez soin de couvrir la casserole de son couvercle et d'appuyer dessus, de crainte qu'elles n'échappent et ne vous échaudent : au bout d'un instant retirez-les de l'eau, et limonez-les ; coupez-en les nageoires, ôtez-en les ouïes, videz-les, coupez-les par tronçons, et procédez, pour leur assaisonnement, comme il est énoncé pour la matelote de carpe et d'anguille. (Voyez cette Matelote.)

Tanches à la Poulette.

Ayez trois ou quatre tanches ; préparez-les comme les précédentes ; et, pour leur accommodage, procédez comme il est dit pour l'anguille à la poulette. (Voyez cet article.)

Tanches à l'Italienne.

Ayez deux grosses tanches ; limonez-les, pa-

rez-les, videz-les, mettez-les dans une casserole,
avec oignons coupés en tranches, du zeste de
carotte, un bouquet de persil et ciboules, une
feuille de laurier, une pincée de thym et de basilic, un clou de girofle, un peu de zeste de citron, sel, gros poivre et fines épices : mouillez
le tout de vin blanc, en sorte que vos tanches
trempent dans leur assaisonnement : faites-les
cuire, et au moment de servir égouttez-les,
dressez-les sur votre plat, et saucez-les d'une
bonne italienne rousse.

Tanches frites.

Limonez deux belles tanches ; coupez-leur
les nageoires et l'arête dorsale ; ciselez-les des
deux côtés ; fendez-les par le dos, de la tête à
la queue ; videz-les, parez-les ; ôtez les ouïes ;
faites-les frire ; mettez une serviette sur votre
plat, dressez vos tanches dessus, et servez.

LOTTE.

La lotte est un poisson beaucoup plus petit
que l'anguille ; elle se prend dans l'eau douce,
qui est son élément : elle est très-estimée pour
sa délicatesse : les gourmets font grand cas de
son foie : elle est sans écailles, comme l'anguille,
et a la tête plus grosse et le ventre plus large : il
y en a peu qui passent quinze pouces de longueur. On ne peut la dépouiller ; il faut la limoner.

SAUMON.

Saumon au Bleu ou au Court-Bouillon.

On peut l'employer, soit entier ou par moitié, soit en le distribuant par hures et par dardes. (Voyez l'art. *Carpe au Bleu ou au Court-Bouillon*); et procédez de même pour votre saumon : c'est le même assaisonnement.

Darde de Saumon grillée.

Ayez une darde de saumon ; nettoyez-la , s'il est nécessaire ; mettez-la sur un plat ; marinez-la avec un peu de bonne huile , sel fin, feuille de laurier, persil et ciboules coupées en deux; retournez-la, et à cet effet servez-vous d'un couvercle de casserole, et reglissez-la sur le gril; arrosez-la de temps en temps de sa marinade (son épaisseur déterminera le temps de sa cuisson). Pour vous assurer si elle est cuite, écartez un peu la chair de l'arête : si elle est encore rouge, laissez-la cuire ; la cuisson faite, renversez-la sur le couvercle, supprimez-en la peau, saucez votre darde avec une sauce au beurre, parsemez-la de câpres et servez.

Darde de Saumon à l'Italienne, au Gras ou au Maigre.

Suivez en tout point, au sujet de cette darde, lé procédé énoncé pour la précédente; saucez-la d'une italienne grasse ou maigre : vous pouvez la saucer aussi d'une maître-d'hôtel ou de toutes autres sauces.

Saumon à la Genevoise.

Prenez une hure ou une darde de saumon ; ficelez-la, mettez-la dans une casserole, avec oignons coupés en tranches, zestes de carottes, un bouquet de persil et ciboules, du laurier, un ou deux clous de girofle, sel et fines épices : mouillez le tout de bon vin rouge de Bordeaux ou autre ; faites cuire votre saumon : sa cuisson achevée, passez dans une casserole et à travers un tamis de soie une partie de son assaisonnement ; mettez autant d'espagnole grasse ou maigre que vous avez mis d'assaisonnement ; faites réduire à consistance de sauce ; ajoutez-y un peu de beurre d'anchois et un morceau d'excellent beurre ; passez et liez votre sauce, égouttez votre saumon, dressez-le et servez.

Saumon à la Hollandaise.

Faites cuire une darde de saumon dans de l'eau de sel (voyez l'article *Eau de Sel*); la cuisson faite, égouttez-le, garnissez-le de pommes de terre cuites à l'eau, et servez-le avec une saucière remplie d'une sauce à la hollandaise ou au beurre, liée. (Voyez ces Sauces, à leurs articles.)

Saumon à l'Anglaise.

Faites cuire ce saumon comme je l'ai indiqué à l'article précédent ; garnissez-le aussi de pommes de terre, et servez à côté, dans une saucière, du beurre fondu. (Voyez l'article *Beurre fondu et lié.*)

Saumon à la Béchamelle, en Gras ou en Maigre.

Faites cuire dans de l'eau de sel (voyez *Eau de Sel*) du saumon la quantité dont vous jugerez avoir besoin, ou servez-vous de celui qui peut vous être revenu de desserte; ôtez-en la peau, levez-la par écailles; supprimez les arêtes qui peuvent s'y trouver; mettez de la béchamelle (maigre ou grasse) dans une casserole (voyez l'article *Béchamelle*); ajoutez-y votre saumon; faites chauffer le tout, sans laisser bouillir; dressez-le sur le plat que vous devez servir; unissez le tout avec la lame de votre couteau; entourez votre saumon de bouchons de mie de pain, dans laquelle vous aurez mis un peu de Parmesan râpé; arrosez votre gratin d'un peu de beurre fondu avec un pinceau de plumes, et, faute de ce pinceau, ciselez un poireau et servez-vous-en; une demi-heure avant de servir, mettez votre gratin au four ou sous un four de campagne, avec feu dessous et dessus; faites-lui prendre une belle couleur; ôtez vos bouchons de pain, substituez-en de passés au beurre, et servez.

Sauté de Saumon, ou Escalopes de Saumon, à la Maître-d'Hôtel ou à l'Espagnole.

Prenez du saumon cru; levez-en la peau, coupez-le par escalopes, de la largeur d'une pièce de cinq francs et de l'épaisseur de deux; trempez le manche de votre couteau dans de l'eau; aplatissez-les et arrondissez-les; vous aurez fait

fondre du beurre dans une sauteuse; rangez-y
vos escalopes, sans les mettre les unes sur les
autres; saupoudrez-les d'un peu de sel fin et
gros poivre; mettez dans une casserole, si c'est
en gras, trois cuillerées à dégraisser de velouté
réduit; si c'est en maigre, de l'espagnole maigre et gros de beurre comme deux œufs; faites
chauffer et liez votre sauce; sautez vos escalopes, retournez-les, et, leur cuisson faite, égouttez-les, dressez-les en couronne sur votre plat,
auquel vous aurez fait un bord (voyez *Bord de
Plat*, article GARNITURES); supprimez une partie
du beurre dans lequel vous avez fait sauter vos
escalopes, conservez-en le jus; mettez ce fond
dans votre sauce, liez-la de nouveau; ajoutez-y
un peu de persil haché et blanchi, un peu de
muscade râpée, un jus de citron; sautez et
servez.

Saumon au Court-Bouillon, pour servir comme Plat de Rôt.

Préparez votre saumon comme celui au bleu,
excepté que vous n'emploierez pas de vinaigre;
sa cuisson faite, égouttez-le, servez-le sur une
serviette, garnissez-le de persil, et servez un
huilier.

Salade de Saumon.

Faites cuire du saumon au court-bouillon,
ou, s'il vous en reste de desserte, coupez-le par
tranches le plus proprement possible; dressez-
le sur un plat et décorez-le; servez dessous le

même assaisonnement qui a été indiqué pour la salade de volaille (voyez l'art. *Poulets en Salade*); vous pouvez faire un bord de plat avec du beurre, cela dépendra de votre choix et de votre goût.

Saumon fumé.

Prenez du saumon fumé; coupez-le par lames; mettez de l'huile sur un plat d'argent, sautez vos filets; leur cuisson faite, égouttez-en l'huile, pressez dessus un jus de citron, et servez.

Saumon salé.

Faites dessaler votre saumon; mettez-le dans une casserole avec de l'eau fraîche, faites-le cuire; sitôt qu'il sera prêt à bouillir, écumez-le, retirez votre casserole du feu, couvrez-la d'un linge blanc; au bout de cinq minutes égouttez-le, et servez-le en salade, ou à tel autre accommodage qu'il vous plaira.

TRUITE.

La truite est le poisson qui ressemble le plus au saumon; elle a la chair moins rouge que lui. Il y en a de deux espèces, une qui a la chair semblable au saumon, et l'autre blanche; celles du lac de Genève sont les plus estimées; celles de la Meuse sont excellentes aussi; celles de Seine, quoique petites, sont également très-recherchées. Nous avons le bécard, qui tient le milieu entre le saumon et la truite; il a la peau fort rouge; on le nomme bécard, à cause d'une es-

pèce de dent qu'il a au bout de la mâchoire inférieure, laquelle entre très-avant dans la supérieure ; toutes ces espèces de poisson s'accommodent généralement comme le saumon ; aussi,
pour ne pas me répéter, je renvoie aux articles
Saumon, pour les préparer.

A.LOSE.

L'alose est un poisson plat comme la brême ;
il s'en prend une très-grande quantité dans la
Loire, dans la Seine et dans toutes les grandes
rivières ; celle de Seine est la plus estimée : on
la reconnaît à ses écailles argentées. Sa pêche a
lieu vers la moitié du carême, et dure environ
six semaines : il y a peu de manières de l'accommoder.

Alose à l'Oseille.

Choisissez une alose grasse et bien fraîche ;
videz-la par les ouïes, écaillez-la ; faites-la mariner avec un peu d'huile, sel fin, une feuille de
laurier en quatre, persil en branche et quelques ciboules coupées en deux ; retournez-la
dans sa marinade ; une heure ou trois quarts
d'heure avant de servir, et selon sa grosseur,
mettez-la sur le gril, arrosez-la de sa marinade ;
retournez-la, et servez-la sur une bonne purée
d'oseille. (Voyez l'article *Purée d'Oseille.*)

Alose grillée, sauce aux Câpres.

Préparez et faites griller une alose comme je
l'ai dit précédemment ; sa cuisson faite, dressez-

la sur son plat et saucez-la d'une sauce au beurre, que vous parsemerez de câpres (voyez l'article *Sauce Blanche ou au Beurre*); vous pouvez la faire cuire à l'eau de sel, et la servir de même. (Voyez l'article *Eau de Sel.*)

Alose au Court-Bouillon.

Préparez et faites cuire votre alose dans un court-bouillon (voyez l'article *Court-Bouillon*); sa cuisson faite, passez de ce court-bouillon au travers d'un tamis de soie; maniez un quarteron de beurre avec une pincée de farine, mouillez-le avec ce court-bouillon; faites cuire votre sauce, ayant soin de la tourner; sa cuisson faite, assurez-vous qu'elle est d'un bon goût, et ajoutez-y un beurre d'anchois; retirez-la du feu, égouttez votre alose; dressez-la, et servez à côté sa sauce dans une saucière.

Alose à la Hollandaise.

Apprêtez une alose, comme les précédentes, soit que vous la coupiez en tronçons, soit que vous la serviez entière, et servez à côté une sauce à la hollandaise. (Voyez l'article *Sauce à la Hollandaise.*)

ESTURGEON.

L'esturgeon est le plus grand poisson que l'on pêche dans les rivières où il vient pour frayer; il remonte presque toujours les grands fleuves, en suivant les bateaux de sel : on en a pris dans la Seine d'une grosseur et d'une longueur extraordinaires. Il n'a ni écailles ni arêtes; son corps est cuirassé d'une peau fort dure et armée de plaques osseuses en losanges, rayonnées et taillantes dans le milieu : il en a deux rangées de même sur les côtés. Il a plusieurs espèces de chairs; celle qui domine ressemble beaucoup au veau; il en a aussi qui ressemble à celle du bœuf. Les Russes font un grand cas de ses œufs; les Tartares en font un très-grand commerce; ils se vendent fort cher en Russie, on en compose un mets qui se nomme *kavia*. J'indiquerai la manière de le faire.

Esturgeon entier au Court-Bouillon.

Ayez un petit esturgeon; videz-le par la gorge et par le fondement, ôtez-en les ouïes, lavez-le, laissez-le s'égoutter; marquez-le dans une poissonnière avec un bon court-bouillon bien nourri, soit de lard râpé, si c'est au gras; soit de beurre, si c'est au maigre; assaisonnez-le plus que tout autre poisson d'aromates et de sel; faites-le cuire avec un feu dessous et dessus; arrosez-le souvent, égouttez-le, et servez-le avec une sauce italienne, grasse ou maigre, que vous mettrez dans une saucière. (Voyez ces sauces, article Sauces.)

Esturgeon à la Broche.

Préparez un manchon ou tronçon d'esturgeon; levez-en la peau et les plaques osseuses; piquez-le comme vous piqueriez une noix de

veau; si c'est en maigre, piquez-le avec de l'anguille et des filets d'anchois; couchez-le sur fer;
faites une marinade (voyez l'article *Marinade*),
dans laquelle, au lieu de vinaigre, vous mettrez
du vin blanc et beaucoup de beurre; arrosez-le
souvent, durant sa cuisson, avec cette marinade, que vous aurez passée au travers d'un tamis de crin; donnez-lui une belle couleur, et
servez-le avec une sauce poivrade. (Voyez l'article *Sauce poivrade.*)

Côtelettes d'Esturgeon en Papillotes.

Levez la peau de votre esturgeon et les plaques osseuses; coupez-le en côtelettes, de l'épaisseur d'un doigt; mettez un morceau de beurre
dans une casserole; faites-y revenir vos côtelettes;
retournez-les quand elles commenceront à blanchir, et procédez, pour ces côtelettes, comme
il est énoncé pour celles de veau (voyez cet
article). Si c'est en gras, mettez-y des petites
bardes de lard; si c'est en maigre, n'en mettez
point.

Esturgeon en Fricandeau.

Prenez un morceau d'esturgeon; levez-en la
peau et les plaques osseuses; battez-le légérement avec le plat du couperet; piquez-le de
petit lard, si c'est en gras; foncez une casserole
de tranches de veau, de lames de jambon, de
quelques carottes et d'oignons. Procédez pour
le tout comme il est indiqué pour les grenadins
de veau (voyez l'article *Grenadins de Veau*).

Si c'est en maigre, piquez votre esturgeon de filets d'anguille et de filets d'anchois ; et marquez-le comme les grenadins de brochet. (Voyez cet article.)

Esturgeon.

Si vous habitez un pays où l'esturgeon est commun, servez-vous-en pour tirer vos sauces maigres, au lieu de carpe et de tout autre poisson, et procédez en tout comme si c'était du veau que vous employeriez; vous en tirerez presque le même résultat : vos sauces seront onctueuses et surpasseront toutes celles que vous pourriez tirer de tout autre poisson.

Kavia.

Kavia, ou œufs d'esturgeon, tel que les Tartares l'apprêtent pour le vendre en Russie (ce que j'ai dit à l'article *Esturgeon*) : les Russes en font un grand cas et l'achètent fort cher.

Voici la façon de le préparer :

Prenez les œufs d'un ou de plusieurs esturgeons; pour cela il faut que ces œufs soient bien mûrs, qu'on leur voie un petit point blanc; mettez-les dans un baquet d'eau ; ôtez-en toutes les fibres, comme vous feriez à une cervelle de veau; prenez un fouet de buis, duquel on se sert pour fouetter les blancs d'œufs ; battez vos œufs dans l'eau, afin d'en tirer toutes les fibres qui s'attacheront à votre fouet ; secouez-le chaque fois qu'il y en aura : cela fait, déposez-les sur des tamis à passer la farine; ensuite remettez ces œufs dans de la nouvelle eau; continuez à les fouetter et à les changer d'eau, jusqu'à ce qu'il ne leur reste ni fibres, ni limon; enfin que l'on distingue bien ces œufs; alors vous les laisserez égoutter sur les tamis, et vous les assaisonnerez de sel fin et de poivre: mêlez bien le tout; déposez-le dans une étamine que vous lierez des quatre coins avec de la ficelle, en lui donnant la forme d'une boule; laissez égoutter ainsi ces œufs, et servez-les le lendemain, avec des tartines de pain grillées, des oignons hachés; ou des échalotes, le tout à cru. Si vous voulez les conserver plus long-temps, salez-les davantage. Ce ragoût, selon moi, ne convient qu'aux Russes, ou à ceux qui ont voyagé dans les contrées du Nord.

CABILLAUD OU MORUE.

Cabillaud, ou Morue fraîche, à la Hollandaise.

Choisissez un cabillaud frais et gras, ce qui sera facile de reconnaître à l'œil et en le flairant; qu'il ait la peau blanche et tachée de jaune (ce sont les meilleurs); videz-le; ôtez les ouïes; lavez-le à plusieurs eaux; ficelez-lui la tête; mettez-le dans une poissonnière; faites-le cuire dans une bonne eau de sel, sans le laisser bouillir: sa cuisson faite, et cinq minutes avant de le servir, retirez-le de l'eau; laissez-le s'égoutter sur la feuille; glissez-le avec sur le plat que vous devez servir ; servez-le avec des pommes de terre cuites à l'eau et épluchées, et avec une saucière remplie de beurre fondu. Vous pouvez le servir aussi avec une sauce aux huîtres (voyez l'article *Sauce aux Huîtres à la manière anglaise*); une sauce blanche aux câpres, ou une sauce à la bonne morue (voyez les articles de ces deux Sauces).

Cabillaud en Dauphin.

(Voyez l'article *Brochet en Dauphin*), et procédez en tout de même.

Cabillaud à la Sainte-Menéhould.

Prenez un cabillaud frais et gras; videz-le, lavez-le et mettez-lui dans le corps une farce cuite (si c'est en maigre, mettez-lui-en une de poisson); dressez-le sur le plat que vous devez servir (il faut que ce plat soit un peu creux); mouillez votre cabillaud d'une braise grasse ou maigre; mettez-le au four, et, sa cuisson faite, égouttez-le, sans l'ôter de dessus son plat; saucez-le d'une Sainte-Menéhould; panez-le avec de la mie de pain et un peu de fromage de Parmesan; arrosez-le de beurre fondu; servez-vous pour cela de plumes, ou d'un poireau ciselé; faites prendre au fond à votre cabillaud une belle couleur; égouttez-le de nouveau; nettoyez votre plat autour, et mettez-y une italienne blanche. (Voyez *Italienne blanche*, à son article.)

Cabillaud au gratin et à la Béchamelle.

S'il vous revient du cabillaud de desserte, épluchez-le; ôtez-en la peau et les arêtes; faites une Béchamelle (voyez l'article *Sauce à la Bécha-melle*); mettez-y votre cabillaud, surtout que votre sauce ne soit pas trop longue; faites-le chauffer, sans le faire bouillir; dressez-le sur votre plat; étendez-le également avec la lame de votre couteau; panez-le avec de la mie de pain, et mêlez-y, si vous le voulez, un peu de fromage de Parmesan; arrosez-le de beurre fondu, comme il est dit au Cabillaud à la Sainte-Menéhould; garnissez le tour de votre plat de bouchons de pain; faites-lui prendre couleur, soit au four, ou au four de campagne; retirez-le; supprimez ces bouchons; remplacez-les par d'autres passés au beurre, et servez.

Morue à la Maître-d'Hôtel.

Prenez une belle crête de morue; choisissez-la d'une peau blanche et piquée de jaune; pincez la chair, pour juger si elle est tendre; goûtez si elle est d'un bon sel; si elle se trouvait trop salée, mettez-la dans de l'eau, avec moitié lait; par ce moyen, vous la dessalerez promptement; enfin trempez-la dans de l'eau chaude; ôtez-en les écailles en la grattant avec votre couteau; remettez de l'eau fraîche dans une casserole avec votre morue; faites-la cuire; et sitôt qu'elle aura bouillie, retirez-la du feu, écumez-la; couvrez-la un instant; égouttez-la; dressez-la et saucez-la d'une sauce à la maître-d'hôtel, forcée d'un peu de citron ou de verjus (voyez l'article *Sauce à la Maître-d'Hôtel*) : si vous le voulez, supprimez-en la peau ; défaites-la par feuillets ; sautez-la dans une maître-d'hôtel ; ajoutez-y un jus de citron ou un filet de verjus ; dressez-la et servez.

Morue à la Provençale.

Préparez et faites cuire votre morue, comme je l'ai indiqué à l'article précédent ; égouttez-la ; supprimez-en les peaux ; divisez-la par petites feuilles ; mettez de l'excellente huile d'olive dans une casserole ; ajoutez-y votre morue avec une ou deux gousses d'ail que vous aurez écrasées avec votre couteau ; remuez bien le tout à force de bras, et cela, en faisant tourner et retourner votre morue, jusqu'à ce qu'elle ne fasse qu'un corps avec l'huile ; ajoutez-y un jus de citron et du gros poivre : si vous le voulez, dressez-la en rocher, et servez.

Morue au Beurre noir.

Préparez et faites cuire votre morue comme celle à la maître-d'hôtel ; égouttez-la ; faites un beurre noir (voyez *Beurre noir*, article SAUCES) : ajoutez à ce beurre du vinaigre en suffisante quantité : ne mettez point de sel ; dressez votre morue, saucez-la et servez.

Morue à la crème, ou bonne Morue.

Préparez et faites cuire votre morue, comme il est dit précédemment ; égouttez-la ; dressez-la et saucez-la d'une sauce bonne morue. (Voyez l'article *Sauce à la bonne Morue.*)

Morue au Gratin ou à la Béchamelle.

(Voyez l'article *Cabillaud au Gratin*).

Morue à la Hollandaise.

(Voyez l'article *Cabillaud à la Hollandaise*).

Morue à la Bourguignote.

Prenez cinq ou six gros oignons; coupez-les en rouelles; mettez un morceau de beurre dans une casserole, avec vos oignons; faites-les cuire et roussir : leur cuisson achevée, faites un beurre roux; tirez-le au clair; mettez-le sur vos oignons, avec sel, poivre et un fort filet de vinaigre; vous aurez fait cuire votre morue, de même qu'il est indiqué pour la morue à la maître-d'hôtel (voyez cet article); égouttez-la; dressez-la sur votre plat; saucez-la avec vos oignons au beurre roux, et servez.

Queues de Morues à l'Anglaise.

Faites cuire ces queues, comme la morue ci-dessus; égouttez-les bien : vous aurez fait une sauce avec de la chair d'un ou de deux citrons coupés en dés, des filets d'anchois, persil et ci-boules hachés, ainsi que de l'échalote, une pin-cée de gros poivre et une petite pointe d'ail : ayant ajouté à cela un morceau de beurre et au-tant d'huile, faites chauffer le tout à petit feu; remuez bien cette sauce; mettez-en la moitié dans le fond de votre plat; dressez-y votre morue; garnissez-la de croûtons frits dans le beurre; saucez cette morue avec le reste de votre sauce; panez-la avec de la chapelure de pain; mettez-la mijoter dans un four ou sous un four de campagne, environ un bon quart d'heure; nettoyez le bord de votre plat, et servez.

TURBOT.

Turbot entier pour premier ou second Service.

Ayez un beau turbot, sans taches et bien gras, c'est-à-dire le plus épais possible, et surtout qu'il soit très-frais; videz-le, lavez-le, nettoyez bien le dedans du corps; fendez-le jusqu'au milieu du dos, plus près de la tête que de la queue, et de la longueur de trois à quatre pouces, plus ou moins, selon sa grandeur; relevez-en les chairs des deux côtés; coupez-en les arêtes, de la longueur de l'ouverture; supprimez-en trois ou quatre nœuds; arrêtez la tête avec une aiguille à brider, et de la ficelle passée entre l'arête et l'os de la première nageoire; frottez votre turbot de citron; mettez-le sur une feuille, dans une turbotière proportionnée à la grandeur de votre turbot; mouillez-le avec une bonne eau de sel et une ou deux pintes de lait : joignez à cela deux ou trois citrons en tranches, desquels vous aurez ôté la peau et les pepins; faites-le partir sur un feu assez vif, si vous êtes en été (car le menant alors à un feu trop doux, vous courrez risque de le voir se corrompre) : sitôt que votre assaisonnement commencera à frémir, couvrez votre feu et faites cuire votre turbot, sans le faire bouillir; couvrez-le d'un papier beurré : sa cuisson faite, laissez-le dans son assaisonnement, jusqu'au moment de le servir : un demi-quart d'heure avant égouttez-le, arrangez une serviette sur un plat; garnissez-la en dessous de quelques herbages, tel que persil, etc., afin que votre turbot soit posé droit sur ce plat; faites-le glisser dessus : coupez avec de gros ciseaux les barbes qui pourraient être décharnées, ainsi que le bout de la queue; mettez autour de votre turbot du persil en branche, et s'il avait quelques déchirures, masquez-les avec du persil; servez à côté une saucière garnie d'une sauce blanche, avec des câpres ou du beurre fondu à la hollandaise, un plat de pommes de terre épluchées et cuites à l'eau, à l'anglaise; servez votre turbot, avec une sauce aux homards et du poivre de Caïenne (voyez l'article *Sauce aux Homards*) : en cas que votre turbot soit pour le second service, supprimez la sauce, et servez un huilier.

Turbot au Gratin et à la Béchamelle.

(Voyez l'article *Cabillaud*).

Filets de Turbot en Salade.

Prenez les filets d'un turbot de desserte, ôtez-en la peau, parez-les, coupez-les en rond ou en queue de paon; dressez-les en couronne; décorez-les de filets d'anchois, de câpres, de cornichons, de truffes, si c'est la saison, et de betteraves; garnissez-en le puits de laitues et de toutes autres salades de la saison ; assaisonnez-la d'huile, vinaigre, sel, gros poivre, et servez.

Turbotins sur le Plat.

Prenez un, deux ou trois turbotins ; videz-les, lavez-les, laissez-les égoutter ; fendez-leur le dos ; étendez du beurre dans le fond d'un plat ; saupoudrez-le d'un peu de sel et de fines herbes hachées ; posez vos turbotins sur le plat ; panez-les avec de la chapelure de pain et des fines herbes, un peu de sel en poudre et d'épices fines ; arrosez-les légérement de beurre fondu ; mettez dessous du vin blanc en suffisante quantité ; faites-les partir sur un fourneau, mettez-les sous un four de campagne, ou dans un grand four, *si vous en avez la commodité* ; assurez-vous de leur cuisson, en posant le doigt dessus : ils seront cuits, s'ils ne vous résistent point ; servez-les avec leur mouillement, ou égouttez-les, et saucez-les avec une italienne. (Voyez l'art. *Sauce à l'Italienne.*)

Turbotin, Sauce Tomate.

Ayez un turbotin ; apprêtez-le comme les précédens ; faites-le cuire comme le turbot ; égouttez-le, dressez-le, et servez à côté, dans une saucière, une sauce tomate, ou masquez-le de cette sauce. (Voyez l'article *Sauce Tomate.*)

Barbue.

La barbue est un poisson qui ressemble beaucoup au turbot pour sa forme, bien qu'elle soit plus alongée et qu'elle soit couverte de petites écailles, comme la limande : elle a la chair plus

blanche que le turbot; beaucoup de personnes
la trouvent plus délicate : elle se sert en général
comme le turbot; de plus, on la fait frire,
ou on la sert au court-bouillon, de même que
les petits turbotins.

Flotte ou Flotton.

Ce poisson est encore de la famille des turbots
et de la barbue; il est d'une forme beaucoup plus
alongée; il a la tête plus petite, il est plus épais
de corsage, et il a tant de ressemblance avec
le turbot, quand il est coupé, qu'on le vend souvent pour ce dernier : il a la chair plus molle.
En Flandre on en fait beaucoup de cas; on le
mange aux oignons et au beurre noir, comme
je l'ai indiqué à la *Morue à la Bourguignote*.
(Voyez cet article.)

SOLE.

La sole est un poisson de mer généralement
estimée : celle des côtes de Normandie est la
meilleure; la peau du dos est d'un jaune doré,
et celle du ventre est très-blanche, tirant sur le
rose, quand elle est très-fraîche. Il faut la choisir épaisse : celle de moyenne grosseur est plus
délicate. Pour se convaincre qu'elle est fraîche,
on la flaire à l'ouie, et l'on regarde si son œil
est bien vif (ce sont des marques distinctives de
grande fraîcheur. Celle de Flandre a la peau d'un
gris-noirâtre; elle est moins fine : on l'emploie
d'ordinaire pour le rôt et de diverses autres manières, que je vais indiquer.

Soles pour Rôt.

Prenez une ou deux soles, ratissez-les, videz-les, en faisant une petite incision au-dessous de l'ouïe; tirez-en les boyaux et les œufs; faites en sorte qu'il n'en reste point : pour cela, appuyez le pouce, en remontant depuis le nombril jusqu'à l'ouïe; lavez-les, égouttez-les, faites-leur une incision au dos, et passez la lame de votre couteau le long de l'arête, pour en détacher les chairs : au moment de servir, mettez du lait dans un plat, trempez-les des deux côtés; farinez-les et faites-les frire : pendant leur cuisson, soutenez votre friture par un bon feu : il faut que ce poisson, comme tous ceux qu'on fait frire, se tienne roide en sortant de la friture : sa cuisson faite et d'une belle couleur, égouttez-le sur un linge blanc; saupoudrez-le d'un peu de sel fin, mettez sur un plat une serviette pliée proprement, posez vos soles dessus, et servez à côté des citrons entiers.

Soles à la Flamande.

Préparez vos soles comme les précédentes; mettez-les dans une petite poissonnière; mouillez-les d'une petite eau de sel (voyez cet article); faites-les cuire, égouttez-les, dressez-les et servez-les, avec du beurre fondu, dans une saucière, ou avec une maître-d'hôtel, ou une sauce aux huîtres. (Voyez ces Sauces, à leurs articles.)

Soles sur le Plat ou au Four.

Ayez des soles, apprêtez-les comme les précédentes; fendez-les par le dos; soulevez-en les chairs des deux côtés; remplissez le dos de fines herbes hachées, passées dans le beurre et refroidies; étendez un peu de beurre dans votre plat; posez-y vos soles sur le dos; dorez-les avec un pinceau de plumes trempé dans du beurre fondu; saupoudrez-les d'un peu de sel fin et d'épices fines, panez-les de mie de pain, mouillez-les d'un peu de vin blanc et de bouillon; faites-les cuire au four ou sous un four de campagne; qu'elles aient une belle couleur, et servez.

Filets de Soles à la Horly.

Videz, nettoyez vos soles; fendez-les par le dos, depuis la tête jusqu'à la queue; levez-en les chairs; c'est-à-dire qu'il vous faut faire quatre filets; parez-les, mettez-les mariner dans une terrine, avec sel fin, persil en branche, ciboules, ou des tranches d'oignons, et le jus d'un ou de plusieurs citrons; remuez vos filets dans cette marinade, où il faut les laisser environ trois quarts d'heure : un instant avant de servir, égouttez-les, farinez-les, faites-les frire, qu'ils soient fermes et d'une belle couleur; dressez-les sur votre plat, et servez dessous une sauce italienne ou tomate. (Voyez ces Sauces, à leurs articles.)

Sauté de Filets de Soles à la Maître-d'Hôtel.

Levez vos filets de soles, comme je l'ai indiqué précédemment; levez-en la peau : pour cela, posez ces filets du côté de la peau sur la table; levez un peu de cette peau du bout le plus épais, et poussez le taillant de votre couteau de gauche à droite : ces peaux levées, coupez vos filets en plusieurs morceaux égaux et parez-les : vous aurez fait fondre du beurre dans une sauteuse assez grande pour contenir vos filets; arrangez-les dans cette sauteuse; saupoudrez-les d'un peu de sel fin; recouvrez-les d'un peu de beurre fondu : au moment de servir, posez-les sur le feu; lorsqu'il seront roidis d'un côté, retournez-les de l'autre : leur cuisson faite, égouttez-les, dressez-les en miroton, et saucez-les d'une bonne maître-d'hôtel, où vous aurez mis du velouté réduit, que vous forcerez d'un peu de citron : saucez vos filets, et servez.

Soles au Gratin.

Levez vos filets comme il est dit ci-dessus : levez-en la peau; étendez sur ces filets de la farce cuite, soit au gras, soit au poisson, de l'épaisseur d'une pièce de cinq francs; roulez-les entièrement, en commençant par le bout le plus mince, et faites qu'ils soient d'une égale grosseur : à cet effet, mettez plus de farce sur les filets qui se trouvent être les plus faibles; étendez dans le fond de votre plat de la farce environ de l'épaisseur d'un travers de doigt; posez-les sur ce plat, et formez-en une couronne, afin qu'il se trouve un vide au milieu : garnissez de farce tous les intervalles, en dedans, ainsi qu'en dessus, de sorte que vos filets ne fassent qu'une masse :

4.

unissez le tout avec la lame de votre couteau, que vous tremperez dans de l'eau tiède : panez-les de mie de pain; arrosez-les d'un peu de beurre; mettez-les cuire au four ou sous un four de campagne : la cuisson de votre gratin faite et d'une belle couleur, égouttez-les, et mettez dans son puits une provençale ou une italienne. (Voyez les articles de ces Sauces.)

Filets de Soles à l'Italienne.

Prenez des soles frites et froides, ou de desserte; levez-en les filets, supprimez-en les peaux, parez-les avec soin; mettez un peu de bouillon dans une sauteuse ou une casserole; arrangez-y vos filets, mettez-les chauffer sur de la cendre chaude; prenez garde qu'ils ne bouillent : au moment de servir égouttez-les sur un linge blanc, dressez-les sur votre plat, comme des lames de jalousie; saucez-les d'une sauce italienne (voyez l'article de cette Sauce), et servez.

Filets de Soles en Mayonnaise.

Prenez des soles frites et froides ou de desserte, levez-en les filets, parez-les, coupez-les de la longueur de deux pouces; dressez-les en couronne sur votre plat, et masquez-les d'une mayonnaise. (Voyez l'article de cette Sauce.)

Filets de Soles en Salade.

Préparez vos filets, comme il est dit aux articles précédens, et procédez, pour ces filets, comme il est indiqué à la salade de volaille. (Voyez cet article.)

LIMANDE, CARRELET ET FLAYE.

Ce sont des poissons de mer, plats comme la sole : la limande, qui est la plus délicate des trois, ressemble à la sole ; elle a la tête plus en pointe, et n'est pas si longue : le carrelet, plus délicat que la flaye, est parsemé, comme elle, de petites taches rouges sur les écailles, ce qui distingue ces deux poissons de la limande : les taches rouges de la flaye, qui a la peau plus noire et tirant sur l'ardoise, sont plus petites que celles du carrelet. Il faut choisir ces poissons très-frais et d'une chair blanche et ferme : on estime davantage les plus gros ; ils s'accommodent tous de la même façon.

Carrelets frits.

Ils se préparent et s'accommodent comme les soles, quoique moins délicats : il en est de même des limandes, des flayes et des plis.

MERLAN.

Merlans frits.

Ayez un ou plusieurs merlans, écaillez-les, coupez-en le bout de la queue et les nageoires ; videz-les, lavez-les, et remettez-leur les foies dans le corps ; ciselez-les des deux côtés ; farinez-les ; faites-les frire ; qu'ils soient fermes et d'une belle couleur : égouttez-les, saupoudrez-les d'un peu de sel fin, mettez une serviette sur le plat que vous devez servir, dressez-les dessus, et servez.

Merlans à la Hollandaise ou à la Flamande.

(Voyez les articles *Soles à la Hollandaise ou à la Flamande*).

Merlans sur le-Plat.

(Voyez l'article *Soles sur le Plat*).

Merlans grillés.

Écaillez et appropriez ces merlans, comme il est dit aux merlans frits; ciselez-les, farinez-les, mettez-les sur un gril bien propre; faites-les cuire sur un feu doux, et retournez-les : à cet effet, servez-vous d'un couvercle de casserole, de la grandeur de votre gril; posez-le légèrement sur vos merlans; renversez votre gril sens dessus dessous, et détachez avec le dos de votre couteau ceux de vos merlans qui pourraient tenir au gril, essuyez-le et coulez dessus vos merlans; achevez de les faire cuire : servez-vous encore du couvercle, comme il est dit plus haut, pour les ôter du gril sans les casser : coulez-les sur votre plat, et servez dessus une sauce blanche au beurre et parsemée de câpres.

Merlans aux fines Herbes.

Préparez vos merlans, comme il est indiqué aux merlans frits; appropriez-les de même; mettez-les dans un vase creux, dans lequel vous aurez étendu du beurre; saupoudrez ce beurre de

persil et ciboules hachés, d'un peu de sel fin
et d'un peu de muscade râpée; arrangez dessus
vos merlans tête-bêche; arrosez-les de beurre
fondu; mouillez-les avec moitié vin blanc et
moitié bouillon : retournez-les, lorsque vous les
croirez à moitié cuits : leur cuisson faite, versez leur mouillement dans une casserole, sans
les ôter de leur plat; ajoutez-y un peu de beurre
manié avec de la farine; faites cuire et lier votre
sauce, dans laquelle vous exprimerez un jus de
citron : mettez une pincée de gros poivre; saucez vos merlans, et servez-les.

Filets de Merlans à la Horly.

Prenez six ou huit merlans de moyenne grosseur, écaillez-les, videz-les, lavez-les, coupez-en
les têtes bien près du corps, et le bout des
queues; levez-en les filets; parez-les, faites-les
mariner; mettez du citron, un peu de sel, du
persil en branche, et la moitié d'un oignon
coupé en rouelle : au moment de servir, égouttez
vos filets, farinez-les; à cet effet, passez-les dans
un linge avec une poignée de farine, ôtez-les et
faites-les frire; qu'ils soient fermes et d'une belle
couleur; égouttez-les, dressez-les, saucez-les
d'une italienne ou d'une sauce tomate, et servez.
(Voyez ces Sauces, à leurs articles.)

Hatelettes de Filets de Merlans.

Levez les filets de douze merlans, comme à
l'article ci-devant; levez-en les peaux, sans en-

dommager les chairs. Vos filets levés, faites fondre du beurre, mettez-y un jaune d'œuf et un peu de sel fin; remuez bien le tout ensemble; trempez vos filets, retirez-les, roulez-les; passez vos hatelettes en travers, en sorte qu'elles ne puissent se dérouler; mettez quatre ou cinq filets à chaque hatelette ; faites fondre légérement le beurre dans lequel vous avez trempé vos filets; trempez-y vos hatelettes; mettez sur la table de la mie de pain bien fine, roulez-y légérement vos filets, afin qu'il n'y reste que ce qu'il faut de mie de pain; mettez-les proprement sur un gril, et, trois quarts d'heure avant de servir, faites-les cuire sur une cendre rouge : renouvelez souvent cette cendre, sans faire de poussière : retournez-les sur les quatre faces : étant cuits et d'une belle couleur, dressez-les ; mettez dessus un jus gras ou maigre bien corsé, dans lequel vous aurez exprimé un fort jus de citron, et servez.

Filets de Merlans en Turban.

Ayez quinze ou dix-huit merlans, levez-en les filets; prenez les douze inférieurs, levez-en les peaux, pilez-en les chairs, faites-en une farce à quenelles (voyez l'art. *Farce à Quenelles de Merlans*) : votre farce achevée, faites un fort bouchon de pain, posez le bout le plus étroit sur votre plat; entourez ce bouchon de bardes de lard, et dressez autour votre farce en talus; posez-y vos filets, donnez-leur la forme d'une bande de mousseline qui enveloppe un turban : si c'est la saison, garnissez le haut de petites truffes que vous aurez tournées de la forme de grosses perles; humectez vos filets avec un peu de beurre fondu; couvrez le tout de bardes de lard très-minces, et par-dessus un papier beurré; faites cuire votre turban au four, avec une légère paillasse dessous; sa cuisson faite, supprimez le bouchon de pain et toutes les bardes de lard; égouttez le beurre de ce turban; versez dans son puits une bonne ita-lienne, et servez. On peut y mettre un ragoût.

Filets de Merlans au Gratin.

Levez des filets de merlans, comme il est in-diqué précédemment; étendez-les sur la table les uns après les autres; garnissez-les de toute leur longueur d'une farce cuite, si c'est en gras, et d'une farce de merlans si c'est en maigre, et roulez-les; étendez dans le fond du plat que vous devez servir l'épaisseur d'un travers de doigt de votre farce, arrangez dessus vos filets en couronne, couvrez-les de cette farce en de-dans et en dehors, ainsi que dessus; unissez le tout avec la lame de votre couteau trempée dans de l'eau tiède; donnez à votre gratin une forme régulière, panez-le, arrosez-le avec un pinceau trempé dans du beurre fondu; mettez-le au four ou sous un four de campagne, avec feu dessous et dessus; faites-lui prendre une belle couleur, saucez-le d'une italienne rousse ou d'une espa-gnole réduite (voyez ces sauces, article SAUCES); nettoyez le bord de votre plat, et servez.

ÉPERLAN.

L'éperlan est un petit poisson de mer qui se prend dans les rivières. Ceux qui nous viennent à Paris se pêchent du côté de Rouen ; il faut choisir les plus gras, sans être crevés ; frais, ils doivent être brillans et sentir une odeur de violette et de concombre.

Eperlans frits.

Ayez une quantité suffisante d'éperlans ; videz-les, écaillez-les, essuyez-les l'un après l'autre ; enfilez-les par les yeux avec un hatelet ou brochette ; trempez-les dans du lait, farinez-les, faites-les frire ; qu'ils soient d'une belle couleur ; mettez une serviette sur votre plat, dressez-les dessus et servez.

Eperlans à l'Anglaise.

Mettez deux cuillerées d'huile dans une casserole, du sel et du poivre, la moitié d'un citron coupé en tranches, dont vous aurez ôté la peau et les pepins ; ajoutez-y deux verres de vin blanc, autant d'eau que de vin ; faites bouillir cet assaisonnement environ un quart d'heure, mettez-y vos éperlans, après les avoir vidés, écaillés et bien essuyés ; faites-les cuire, égouttez-les, saucez-les avec la sauce ci-après indiquée.

Faites blanchir une gousse d'ail, pilez-la avec le dos de votre couteau, mettez-la dans une cas-

serole avec persil et ciboules bien hachés, et
deux verres de vin de Champagne; faites bouillir votre sauce cinq minutes, ajoutez-y un pain
de beurre manié avec de la farine, et un autre
sans être manié, du sel et une pincée de gros poivre; faites lier votre sauce, et sa cuisson faite,
ajoutez-y un jus de citron; goûtez-la et servez.

———

GRONDIN.

Le grondin est un poisson de mer dont la
peau est rouge; il a la tête fort grosse et la chair
extrêmement blanche quand il est frais: on l'appelle à Paris communément rouget, quoiqu'il
ne le soit point et qu'il ne ressemble au rouget
barbet que par la couleur; au total c'est un assez
bon poisson, que l'on sert sous différentes for-
mes et à diverses sauces.

Grondins à la Maître-d'Hôtel.

Prenez quatre ou cinq grondins, ce qui dépend de leur grosseur; videz-les, ficelez-leur la
tête; faites-les cuire dans une eau de sel assaisonnée et à petit feu, de crainte que vos grondins ne se déchirent; leur cuisson achevée,
égouttez-les, arrangez-les sur votre plat à tête-
bêche; ôtez-en les feuilles et saucez-les d'une
bonne maître-d'hôtel un peu relevée (voyez l'article Maître-d'Hôtel); vous pouvez les servir
avec toute autre sauce, soit en gras, soit en
maigre.

Grondins en Cornets et aux Fines Herbes.

Prenez sept à huit petits grondins; videz-les, lavez-les, et laissez-les s'égoutter; passez de fines herbes, comme pour les côtelettes en papillotes; ajoutez-y seulement un peu plus de beurre; mettez vos grondins mijoter dans cet assaisonnement; quand ils seront un peu plus qu'à moitié cuits, laissez-les presque refroidir; faites autant de cornets avec du fort papier blanc, que vous avez de grondins; mettez-les dans ces cornets, en les y faisant entrer par la queue; remplissez-les de vos fines herbes; fermez vos cornets hermétiquement; mettez-les sur le gril, achevez de faire cuire, ainsi et à petit feu vos grondins; faites que votre papier ait une belle couleur, et servez.

Grondins à la Pluche Verte.

Ayez quatre grondins; videz-les, lavez-les, mettez-les dans une casserole, mouillez-les d'une mirepois, si c'est au gras (voyez *Mirepois*, article SAUCES); si c'est au maigre, mouillez-les d'un court-bouillon (voyez l'article *Court-Bouillon*); faites-les cuire, égouttez-les, dressez-les, et saucez-les d'une pluche verte. (Voyez l'article *Pluche Verte*.)

ROUGET BARBET.

Ce poisson vient rarement frais à Paris; cependant il en arrive quelquefois d'assez bons: la manière de l'accommoder, après l'avoir vidé et écaillé, est de le mariner dans un peu d'huile, de le faire griller, et de le servir avec une sauce blanche au beurre ou aux câpres.

SAINT-PIERRE, OU POULE DE MER.

C'est un poisson extrêmement plat et dont la tête est grosse et plate comme le corps; la chair en est fort délicate, et on l'accommode comme le rouget: ce saint-pierre a l'inconvénient du rouget barbet, c'est de venir rarement frais à Paris.

ÉGLEFIN.

Ce poisson ressemble assez au cabillaud pour sa forme et la blancheur de sa chair; il a, de plus que le cabillaud, une raie longitudinale de chaque côté du corps; il a les yeux plus grands et plus à fleur de tête que le cabillaud; le bec plus pointu; ses écailles sont fines, et sa peau est d'un léger bleu d'ardoise. Il s'accommode et se sert généralement comme le cabillaud : il y a des gourmets qui le préfèrent à ce dernier.

BAR.

Le bar est un poisson de mer qui ressemble assez à l'églefin; il est plus rouge de corsage; il a les écailles beaucoup plus larges. Il y en a de fort gros (ceux-là se servent pour grosses pièces, ou par dardes pour entrées). On le fait cuire au court-bouillon quand il est gros; il reçoit généralement les sauces qu'on veut lui donner. Selon moi, les plus convenables sont celles acidulées. Les petits se servent d'ordinaire grillés, ou avec une sauce blanche aux câpres.

MULET ET SURMULET.

Ces deux poissons diffèrent peu entre eux : on n'en voit pas d'aussi gros que le bar : leur corsage est rond ainsi que leur tête, qui est un peu camarde. Leur chair est fort délicate aussi. On les fait cuire généralement à l'eau de sel, ou bien on les fait griller. A mon avis, la meilleure façon de l'accommoder, après la sauce blanche au beurre, est de les mettre à la ravigote froide et crue.

VIVE.

La vive est un petit poisson de mer, d'un corsage rond, aplati, taché de jaune, et rayé transversalement : elle est armée, à chaque oreille et sur le dos, d'arêtes piquantes et très-dangereuses, auxquelles on ne saurait trop faire attention : s'il se faisait, en l'apprêtant, qu'on en fût piqué, il faudrait faire-saigner long-temps la plaie, et la frotter du foie écrasé de la vive, ou piler un oignon avec du sel, et le délayer avec de l'esprit-de-vin, pour en faire un topique qu'on appliquerait sur la plaie jusqu'à ce qu'elle fût guérie.

Vives, Sauce aux Câpres.

Ayez cinq ou six vives, coupez-en les piquans des ouïes et du dos ; videz-les, lavez-les, ciselez-les des deux côtés, mettez-les mariner dans un peu d'huile, avec persil en branche et un peu de sel fin : un quart d'heure avant de servir, mettez-les griller, arrosez-les de leur marinade, faites-les cuire des deux côtés, dressez-les et servez-les avec une sauce blanche au beurre. (Voyez l'article de cette Sauce.)

Vives à la Maître-d'Hôtel.

Préparez et faites griller ces vives comme les précédentes, et servez-les avec une sauce à la maître-d'hôtel. (Voyez l'article de cette Sauce.)

Vives à l'Italienne.

Ayez cinq ou six vives, videz-les et préparez-les comme il est indiqué ci-dessus; coupez-leur la tête et la queue; ne les ciselez point; mettez-les dans une casserole, avec une demi-bouteille de vin blanc, quelques tranches d'oignons, zeste de carotte, quelques branches de persil, une demi-feuille de laurier, et du sel en suffisante quantité : faites-les cuire, et leur cuisson faite, égouttez-les; dressez-les, saucez-les d'une italienne blanche (voyez l'article de cette Sauce), et servez.

Vives à l'Allemande.

Préparez cinq ou six belles vives, comme il est expliqué précédemment : leur ayant aussi coupé la tête et le petit bout de la queue, lardez-les de filets d'anchois et de filets d'anguilles; mettez-les dans une casserole avec un morceau de beurre, une demi-bouteille de vin blanc, un peu de basilic, une demi-feuille de laurier, un clou de girofle, quelques branches de persil, quelques tranches d'oignons et zeste de carotte; faites cuire ainsi vos vives; et, leur cuisson faite, passez la majeure partie de leur fond au travers d'un tamis, dans une casserole; ajoutez-y un pain de beurre manié dans un peu de farine; faites cuire et réduire à consistance de sauce, et, au moment de servir, exprimez-y le jus d'un citron; égouttez vos vives, dressez-les, saucez-les dans cette sauce, et servez.

MAQUEREAU.

Maquereaux à la Maître-d'Hôtel.

Ayez trois ou quatre beaux maquereaux; faites attention qu'ils soient bien frais et d'une égale grosseur, afin qu'ils soient cuits en même temps; videz-les par l'une des ouïes, et ôtez-leur avec votre couteau le boyau par le nombril; essuyez-les, fendez-leur le dos et la tête, coupez-leur le bout du bec et le bout de la queue; mettez-les sur un plat de faïence ou de terre, saupoudrez-les d'un peu de sel fin, arrosez-les d'un peu d'huile, joignez-y quelques branches de persil, des ciboules en deux, et retournez-les dans cette marinade. Une bonne demi-heure avant de servir, ou davantage s'ils sont très-gros, mettez-les sur le gril, et de crainte que leur ventre ne vienne à s'ouvrir, couvrez-les d'une feuille de romaine : cette précaution est pour éviter qu'ils ne perdent leur laite : faites-les cuire sur une cendre rouge,

retournez-les, et, pour achever leur cuisson, posez-les sur le dos : leur cuisson achevée, dressez-
les, et avec une cuiller de bois mettez-leur une
maître-d'hôtel froide dans le dos; forcez de citron
ou saucez-les d'une maître-d'hôtel liée (voyez les
articles de ces deux Sauces), et servez.

Maquereaux à l'Anglaise.

Prenez trois ou quatre maquereaux de la plus
grande fraîcheur; videz-les par l'ouïe, tirez-leur
le boyau, ficelez-leur la tête, coupez le petit
bout de la queue, et ne leur fendez point le dos :
mettez une bonne poignée de fenouil vert dans
une poissonnière qui ait sa feuille, et vos maquereaux dessus; mouillez-les d'une légère eau
de sel; faites-les cuire à petit feu : leur cuisson
faite, tirez votre feuille, égouttez-les, dressez-les
sur votre plat, saucez-les d'une sauce au fenouil,
ou de celle dite à groseilles à maquereau.) Voyez
les articles de ces Sauces.)

Maquereaux à la Flamande.

Préparez vos maquereaux comme ceux à l'anglaise, sans leur fendre le dos; maniez un morceau de beurre, avec échalotes, persil et ciboules hachés, du sel et un jus de citron; remplissez-en le ventre de ces maquereaux; roulez-les
chacun dans une feuille de papier d'office beurrée; liez-la fortement par les deux bouts, avec
de la ficelle; frottez votre papier d'huile; mettez
griller vos maquereaux sur un feu doux et égal,
environ trois quarts d'heure : leur cuisson faite,

ôtez-les du papier, dressez-les sur votre plat;
faites tomber sur vos maquereaux le beurre qui
peut se trouver dans leur papier, et servez-les.

Maquereaux à l'Italienne.

Préparez et faites cuire trois ou quatre maquereaux, comme les vives à l'italienne : leur
cuisson achevée, saucez-les d'une italienne blanche, dans laquelle vous incorporerez un morceau de bon beurre. (Voyez l'article *Italienne
blanche.*)

Filets de Maquereaux à la Maître-d'Hôtel.

Levez les filets de trois maquereaux; coupez
ces filets en deux, parez-les; faites fondre du
beurre dans une sauteuse, et posez-y vos filets
du côté de la peau; saupoudrez-les d'un peu de
sel; recouvrez-les légèrement de beurre fondu;
couvrez-les d'un rond de papier; mettez-les au
frais, jusqu'à l'instant de vous en servir, et préparez la sauce suivante :

Mettez deux cuillerées de velouté réduit dans
une casserole, persil et échalotes hachés et lavés; faites bouillir votre sauce; ajoutez-y la valeur de trois petits pains d'excellent beurre et
un fort jus de citron; prenez vos laitances; faites-
les dégorger, blanchir et cuire avec un grain de
sel : au moment de servir, mettez vos filets sur
le feu, faites-les roidir, retournez-les : leur cuisson faite, égouttez-les, en épanchant une partie
du beurre; dressez vos filets en couronne sur
un plat auquel vous aurez fait une bordure de

petits croûtons frits dans du beurre ou de l'huile; passez votre sauce et servez.

Maquereaux au Beurre noir.

Préparez ces maquereaux comme ceux à la maître-d'hôtel; faites-les cuire de même : leur cuisson faite, saucez-les d'un beurre noir, où vous aurez mis sel, vinaigre et persil frit.

RAIE.

Il y a plusieurs espèces de raies : la raie bouclée est la meilleure et la plus estimée de toutes; après vient la raie douce, qui est sans boucles et qui a deux fortes membranes près de la queue, lesquelles ressemblent à deux moignons. Quand cette raie est fraîche, elle est coriace. Après celles-ci est la grande raie, qu'on appelle *tyr*, et ensuite la raie *longe*, qui a la tête fort grosse et les ailes très-étroites pour la grosseur de son corps. Il y a aussi les petits *raietons*, desquels nous parlerons à leur ordre.

Raie bouclée, Sauce aux Câpres.

Ayez une moyenne raie bouclée; levez-en les deux ailes, le plus près du corps qu'il vous sera possible, afin que ces ailes ne se rompent pas à la cuisson : vos ailes levées, jetez-les dans un seau d'eau fraîche et lavez-les : pour cet effet, servez-vous d'une brosse rude, pour en ôter le limon et ne pas vous blesser avec les boucles, dont il est dangereux d'être piqué; égouttez ces ailes, mettez-les dans un chaudron, avec une

poignée de sel, des tranches d'oignons, persil
en branche, deux feuilles de laurier, une gousse
d'ail, une branche de basilic et un demi-setier
de vinaigre blanc; de suite mettez votre chaudron sur le feu; faites jeter un bouillon à votre
raie; retirez votre chaudron du feu; mettez-y
le foie de la raie, duquel vous aurez ôté l'amer;
couvrez votre chaudron d'un linge; laissez votre
raie ainsi près de dix minutes, pour l'achever
de cuire; retirez le foie, déposez-le dans une petite casserole, avec partie de son assaisonnement : de là retirez avec une écumoire une des
ailes; posez-la sur un couvercle de casserole;
ôtez-en la peau et les boucles, et le peu de chair
noire qui se trouve adhérente à la blanche; retournez votre aile sur un autre couvercle, et
faites de ce côté comme à l'autre; parez cette
aile, coulez-la dans une casserole, et procédez
de même pour l'autre aile; passez sur ces ailes
et à travers un tamis partie de leur cuisson : une
demi-heure avant de servir, faites chauffer votre
raie, sans la laisser bouillir; égouttez-la sur un
linge blanc, dressez-la sur votre plat avec son
foie, faites quelques dessins dessus; saucez-la
d'une sauce blanche au beurre, parsemez-la de
câpres ou de cornichons coupés en petits dés
ou en liards, et servez.

Raie à l'Espagnole.

Préparez, nettoyez, faites cuire, dressez et
décorez votre raie comme la précédente; mettez

dans une casserole trois ou quatre cuillerées à dégraisser d'espagnole; faites-la bouillir; ajoutez à l'instant de servir gros comme deux œufs d'excellent beurre; sassez bien votre sauce : si elle se trouvait trop liée, mettez-y un peu de consommé, saucez votre raie, parsemez-la de câpres et de cornichons coupés, soit en liards ou en dés, et servez.

Raie Sauce au Beurre noir.

Préparez et faites cuire votre raie, comme la précédente; coupez-en les ailes par morceaux carrés, de la longueur de trois travers de doigt sur trois pouces et demi de long; dressez-les en couronne autour de votre plat, saucez-les d'un beurre noir, assaisonné de sel et de vinaigre; garnissez-les de persil frit, et servez.

Raie Frite ou en Marinade.

Préparez, faites cuire et appropriez votre raie, comme celle dite sauce aux câpres; coupez-la par morceaux comme celle au beurre noir; faites mariner ces morceaux avec un peu de sel et de vinaigre; au moment de servir, égouttez-les, trempez-les l'un après l'autre dans une légère pâte à frire; faites-les frire et d'une belle couleur, égouttez-les, dressez-les en miroton, et servez dessous une sauce poivrade (voyez l'article *Sauce Poivrade*); vous pouvez servir de cette façon de la raie de desserte et de la raie qui serait médiocrement fraîche.

Raieton frit à cru.

Prenez plusieurs ailes de petits raietons; arrachez-en la peau des deux côtés, mettez-les mariner avec sel, vinaigre, oignons et quelques branches de persil; au moment de servir, égouttez-les, farinez-les; faites-les frire d'une belle couleur, égouttez-les; dressez-les; servez-les sans sauce, ou avec celle que vous jugerez convenable.

―――

HARENG.

Le hareng est un poisson qui se pêche dans les mers du Nord; il s'en prend beaucoup sur les côtes de France, dans les provinces de la Normandie et de la Bretagne. C'est un poisson généralement estimé, dont il se fait une grande consommation. Il y a trois espèces de harengs renfermées en une; 1° le hareng frais : il est le plus recherché; il faut le choisir les ouïes très-rouges, les écailles brillantes, laité et gras, c'est-à-dire fort arrondi du dos; 2° le hareng pec; 3° le hareng sauret, qui est salé et fumé. Après ces harengs viennent les sardines, qu'on ne reçoit guère à Paris que salées ou à demi-sel; cependant on en a quelquefois de fraîches; mais elles sont beaucoup plus grosses. Elles se trouvent parmi les harengs frais auxquels elles ressemblent beaucoup.

Harengs frais, Sauce à la Moutarde.

Prenez douze ou quinze harengs; videz-les

par les ouïes, écaillez-les, essuyez-les avec un linge
propre ; mettez-les sur un plat de faïence ou de
terre, versez un peu d'huile dessus, saupoudrez-
les d'un peu de sel fin, ajoutez-y quelques branches de persil, et retournez-les dans cet assaisonnement ; un quart d'heure avant de servir
mettez-les griller, retournez-les ; leur cuisson
faite, dressez-les sur votre plat et saucez-les
d'une sauce blanche au beurre, dans laquelle
vous aurez mis une cuillerée à bouche de moutarde, que vous aurez le soin de ne point laisser bouillir; vous pouvez servir vos harengs avec
une sauce grasse, et, si vous les servez froids,
saucez-les avec une sauce à l'huile, de telle nature que vous le jugerez convenable.

Caisse de Laitances de Harengs.

Ayez une trentaine de harengs laités ; prenez-en les laitances, faites-les blanchir et égouttez-les ; mettez un morceau de beurre dans une
casserole, avec champignons, persil, échalotes
et ciboules hachés très-fin, sel, poivre et fines
épices; passez ces fines herbes légérement sur le
feu, prenez garde qu'elles ne roussissent; ajoutez-y vos laitances; faites-les mijoter un instant
dans cet assaisonnement; vous aurez fait une
caisse ronde ou carrée, dans laquelle vous aurez étendu au fond un gratin, soit gras ou maigre, de l'épaisseur d'un demi-travers de doigt;
huilez le dessus de votre caisse et le dehors,
mettez-la sur le gril, posez ce gril sur une cendre

chaude ; faites cuire ainsi ce gratin ; un instant avant de servir mettez vos laitances dans cette caisse, posez le four de campagne dessus, avec un feu doux ; au moment de servir retirez votre caisse, dégraissez-la, dressez-la, saucez-la d'une espagnole réduite, dans laquelle vous aurez exprimé le jus d'un citron, et servez.

Harengs pecs.

On ne les sert généralement que pour hors d'œuvre dans les bonnes tables. Dans le carême, on fait griller les harengs pecs, et on les masque, soit d'une purée de pois, soit de toute autre purée ou d'une sauce blanche.

Harengs pecs pour hors d'œuvre.

Prenez cinq ou six de ces harengs ; lavez-les, coupez-leur la tête et le petit bout de la queue, levez-en la peau, supprimez leurs nageoires, mettez-les dessaler dans moitié lait et moitié eau ; lorsqu'ils le seront à leur point, égouttez-les, dressez-les sur votre assiette avec des tranches d'oignons et de pommes de rainette crues : servez un huilier à côté.

Harengs saurets.

Prenez cinq ou six de ces harengs ; essuyez-les, coupez-leur la tête et le bout de la queue ; fendez-leur le dos, de la tête à la queue ; ouvrez les, mettez-les sur un plat de faïence, arrosez-les d'huile ; à l'instant de servir, mettez-les sur le gril ; retournez-les ; j'observe qu'on ne doit

les laisser qu'un instant sur le feu ; cela fait,
retirez-les, dressez-les sur une assiette, et servez-les.

FARCES EN GÉNÉRAL.

Godiveau.

Prenez une partie de la noix ou de la sous-
noix entière, ou bien celle *dite* du pâtissier ;
ôtez-en toutes les peaux et les nerfs ; hachez-la
bien (servez-vous de couteaux à hacher) ; pilez-
la (non dans un mortier de fonte), en sorte
que vos chairs fassent pâte ; hâchez le double de
graisse de rognons de bœuf ; choisissez-la de
manière qu'en la cassant, elle soit grelleuse et
friable sous les doigts, c'est-à-dire qu'elle soit
sèche : si elle était grasse, vous ne feriez ni beau,
ni bon godiveau ; ôtez-en les grosses et petites
peaux avec soin ; cela fait, pilez le tout ensemble, jusqu'à ce qu'on ne puisse plus distinguer
la graisse d'avec le veau ; assaisonnez-la de sel,
poivre, épices fines ; répilez le tout, mêlez-le
bien, mettez un œuf entier, et flairez bien ceux
que vous employerez, de crainte qu'ils n'aient
un mauvais goût ; mettez-en un second, quand
le premier sera bien incorporé ; et un troisième,
si vous avez à-peu-près deux livres pesant de
godiveau ; mouillez-le avec de l'eau la valeur de
la moitié de la coquille d'un œuf : continuez
chaque fois que votre eau sera bien incorporée ;
ne mouillez pas trop vîte, de crainte de noyer

votre godiveau : ayez également attention de ne le pas faire trop liquide ; saupoudrez ensuite de farine une partie de votre table ; faites un essai d'une boulette de cette manière : mettez dans une casserole du bouillon ; faites-le bouillir, et mettez-y votre boulette, quand elle sera cuite, ce dont vous pouvez juger en appuyant le doigt dessus, si elle rend sous le doigt ; coupez-la, goûtez si elle est d'un bon goût et si elle est assez légère : si elle se trouvait trop délicate, remettez un œuf dans votre godiveau pour lui donner plus de corps ; ensuite roulez-en ce dont vous aurez besoin et de la grosseur que vous jugerez à propos ; pochez-les comme vous aurez poché l'essai ; égouttez-les, et servez-vous-en pour tous les ragoûts où il entre du godiveau.

Chair à petits Pâtés et Pâte à la Ciboulette.

Prenez un quarteron de rouelle de veau, autant de tranche de bœuf, autrement dit de noix de bœuf, et une livre de graisse de rognons de bœuf ; hachez le veau et le bœuf ensemble le plus menu possible (servez-vous pour cela de couteau à hacher) ; hachez de même votre graisse de bœuf ; mêlez le tout ensemble, et continuez de le hacher ; assaisonnez-le de sel, de poivre et d'épices fines ; quand le tout sera bien mêlé, mettez-y deux œufs, l'un après l'autre, et continuez de hacher ; lorsque vos œufs seront bien mêlés, mouillez votre chair avec une goutte d'eau, et continuez de la mouiller peu à peu jusqu'à ce qu'elle soit à la consistance d'une farce : ayez toujours soin de la relever avec le couteau, afin que la graisse se mêle parfaitement ; finissez-la avec du persil et de la ciboule hachés très-fin ; mêlez bien le tout ; relevez-la et mettez-la dans un vase, pour vous en servir, soit pour petits pâtés ou pâtés à la ciboulette.

Gratin.

Prenez une demi-livre de rouelle de veau ; coupez-la en petits dés ; mettez-la dans une casserole avec un morceau de beurre, un peu de fines herbes hachées, tels que champignons, persil et ciboules ; mettez-y un peu de sel, d'épices fines et poivre fin : passez le tout en le remuant avec une cuiller de bois ; faites cuire cette chair environ un quart d'heure ; égouttez-en le beurre ; hachez-la le plus fin possible ; mettez-la dans le mortier ; prenez quinze foies de volaille ou de gibier, desquels vous aurez ôté l'amer et la partie du foie où il porte ; faites-les dégorger et blanchir à moitié, c'est-à-dire, faites jeter deux bouillons ; rafraîchissez-les ; égouttez-les ; mettez-les dans le mortier avec votre veau ; pilez le tout ; joignez-y autant de panade qu'il y a de chair (voyez l'article *Panade*) ; vous aurez fait cuire des tetines de veau dans la grande marmite et les aurez laissées refroidir ; parez-les en supprimant toutes leurs peaux ;

mettez par tiers autant de tetine que de chair et de mie pain (si vous n'aviez pas de tetine, employez du beurre); assaisonnez de sel votre gratin ; mettez-y, en le pilant, trois œufs entiers, l'un après l'autre, et trois jaunes, desquels vous fouetterez les blancs comme pour le biscuit ; le tout bien pilé, ôtez le pilon ; ramassez ce gratin au milieu du mortier avec une cuiller ; faites-en l'essai ; sachez s'il est d'un bon goût ; s'il était trop délicat, remettez-y quelques jaunes d'œufs ; arrivé à son degré de perfection, mêlez-y vos blancs au fur et à mesure, en les écrasant le moins possible (vous pouvez y incorporer des truffes bien hachées); retirez-le et servez-vous-en au besoin.

Remarque. On peut faire ce gratin en n'employant pour toute chair que des foies crus, et, au lieu de veau, de la volaille ou du gibier.

Panade.

Ayez un ou plusieurs pains à potage ; prenez-en la mie ; mettez-la dans une casserole avec de la crème réduite ; laissez tremper cette mie ; lorsqu'elle aura absorbé la crème, posez votre casserole sur le feu ; faites bien cuire votre panade et qu'elle soit desséchée jusqu'à consistance de pâte ferme : si vous voulez une panade au consommé, au lieu de crème, employez du consommé, et procédez de la même manière ; étant desséchée, liez-la de deux jaunes d'œufs.

Mie de Pain.

Prenez un pain rassis, levez-en les croûtes ; coupez cette mie en morceaux ; mettez-la dans un linge blanc ; broyez-la avec la paume de la main ; passez-la au travers d'un tamis ou d'une passoire : il est plus propre et plus commode de la passer au travers d'un tambour à mie de pain. Observez que vous devez la repasser chaque fois que vous vous en serez servie ; ayez soin de la flairer aussi chaque fois, pour vous assurer si elle n'a pas pris un goût de moisi, ou si elle n'est pas échauffée.

Autre manière de faire la Mie de Pain, et que je préfère à la précédente.

Prenez des mies de pain bien blanches ; mettez-les sécher dans un tamis à un four très-doux ; ensuite pilez-les ; passez-les au travers d'un tamis et servez-vous-en : vos fritures et grillades panées seront infiniment plus belles.

Farces cuites.

Prenez la quantité de volaille dont vous croirez avoir besoin, ou du veau, faute de volaille, que vous couperez en dés, et que vous passerez aux fines herbes, comme il est indiqué au Gratin (voyez cet article) ; levez-en les chairs, ôtez leurs nerfs et leurs peaux ; hachez ces chairs et pilez-les bien ; mettez autant de panade que de chair, et de même de la tetine, c'est-à-dire que le tout soit par tiers; ayant pilé le tout à part, repilez ces trois portions réunies; mettez-y des œufs entiers, en raison du volume de votre farce; ayez soin qu'elle ne soit pas trop liquide; assaisonnez-la de sel, épices fines et fines herbes, passées au beurre; faites un essai; arrivée à son degré, finissez-la avec quelques blancs d'œufs fouettés, et servez-vous-en au besoin.

Quenelles de volaille.

Prenez deux poulets; levez-en les chairs, ôtez-en les peaux et les nerfs; pilez ces chairs, faites-les passer au travers d'un tamis à quenelles, à l'aide d'une cuiller de bois; ramenez-les, repilez celles qui n'auraient pu passer, et passez de nouveau; ensuite prenez autant de panade desséchée à la crême ou au consommé que vous avez de chair, et de même autant de beurre ou de tetine, c'est-à-dire que le tout soit par tiers, ayant pilé en trois portions à part; mêlez-les et pilez-les encore, en y ajoutant un œuf entier, jusqu'à la concurrence de trois, et trois jaunes d'œufs, l'un après l'autre : au fur et à mesure qu'ils seront incorporés avec votre farce, assaisonnez-la de sel, d'un peu de muscade râpée; repilez-la, ramassez-la bien en masse dans votre mortier; prenez-en gros comme le pouce pour en faire un essai, dans de l'eau bouillante ou du bouillon (*idem*); goûtez si elle est d'un bon goût, et si elle se trouvait trop délicate, mettez-y entiers un œuf ou deux ; ôtez le pilon, fouettez le blanc des trois jaunes que vous avez employés, mettez-les par partie dans votre farce bien mêlée ; retirez-la et lorsque vous voudrez l'employer, prenez-vous-y de cette façon :

Si c'est pour garnir une grosse pièce, ayez une cuiller à dégraisser ; remplissez-la de votre farce à quenelles et avec votre couteau, que vous tremperez dans de l'eau un peu plus que tiède, vous lui donnerez au dehors la forme que la cuiller a au dedans ; vous aurez une autre cuiller de même forme, que vous tremperez aussi dans cette eau, et vous la coulerez entre la farce et la coquille de la cuiller où cette quenelle se trouve ; de là enlevez-la, déposez-la dans une casserole dont vous aurez beurré le fond, et continuez ainsi, jusqu'à ce que vous en ayez assez de dressée ; lorsque vous voudrez les pocher, ayez du bouillon très-chaud, versez-le dans votre casserole où seront ces quenelles ; ayez soin de l'incliner, afin que le bouillon les mette à flot sans les endommager ; faites-les bouillir doucement, retournez-les légérement avec une cuiller, pour qu'elles pochent également : leur cuisson achevée, égouttez-les sur un linge blanc, et dressez-les : si vos quenelles sont pour un vol-au-vent, dressez-les comme les précédentes, mais avec deux cuillers à bouche ; et si vous les voulez encore plus petites, prenez pour les dresser deux cuillers à café.

Quenelles de Lapereaux.

Ayez un lapin de garenne : après l'avoir dé-
pouillé, videz-le proprement, levez-en les chairs,
ôtez les nerfs et les peaux, mettez-en les chairs
dans un mortier, pilez-les, et suivez en tout le
même procédé que celui énoncé à l'égard de
celles de volaille, article précédent.

Quenelles de Perdreaux.

Ces quenelles se font comme celles de lapereaux, ainsi qu'il est indiqué ci-dessus.

Quenelles de Faisans.

Elles se font de même que celles de lapereaux.
(Voyez cet article.)

Boudin de Lapereaux à la Richelieu.

Prenez la chair d'un lapin, pilez-la, passez-la,
comme il est indiqué aux quenelles de volaille :
vous suivrez en tout, pour cette farce, le même
procédé que pour celle de lapereaux (voyez
cet article), excepté cependant qu'il vous faut
employer de la pomme de terre, au lieu de panade : en conséquence, prenez six ou huit belles
pommes de terre; faites-les cuire sous la cendre :
lorsqu'elles le seront, épluchez-les avec soin,
mettez-les dans le mortier, pilez-les à force de
bras; ensuite servez-vous-en en place de panade
et en même quantité : votre farce achevée, éten-
dez-en sur un couvercle de casserole bien également, l'épaisseur d'un travers de doigt, un carré
long de cinq pouces de hauteur sur trois de lar-

geur; mettez sur la longueur et au milieu un salpicon (voyez l'article *Salpicon*); trempez la lame de votre couteau dans de l'eau chaude, comme vous avez fait pour former vos quenelles de volaille; enfermez ce salpicon en relevant et en rabattant les deux côtés, ainsi que les deux bouts sur votre salpicon, en sorte qu'il soit bien enveloppé de la farce à laquelle vous donnez la forme d'un boudin blanc : beurrez le fond d'une casserole assez grande pour que votre couvercle puisse toucher au fond; chauffez ce couvercle légèrement, et faites couler votre boudin dans le fond de cette casserole, ayant soin qu'il y soit droit, et ainsi de suite, en continuant votre opération; prenez les mêmes précautions, pour pocher ces boudins, que celles indiquées pour les *Quenelles de Volaille*; lorsqu'ils le seront, égouttez-les, laissez-les refroidir. Si vous voulez les faire griller, dorez-les d'œufs avec un petit pinceau de plumes, et roulez-les légérement dans de la mie de pain; posez-les sur le gril et mettez-les sur une cendre rouge : faites qu'ils prennent partout une belle couleur, et cela en les retournant sur les quatre faces : ensuite dressez-les, soit sur une bonne italienne blanche, ou rousse, soit sur une périgueux, et servez.

Boudin d'Ecrevisses.

Faites une sauce à quenelles de volaille; servez-vous-en comme il est dit à l'article *Boudin à la*

Richelieu; faites un salpicon de queues d'écrevisses, de champignons et de truffes (voyez l'article *Salpicon*); vous envelopperez de ce salpicon avec de votre farce à quenelles, et vous en ferez vos boudins; ensuite lavez et faites sécher les coquilles des queues d'écrevisses employées dans votre salpicon, et faites-en un beurre (voyez l'article *Sauce au Beurre d'Ecrevisses*) : lorsque vos boudins seront pochés, vous les mettrez sur un plafond, vous les dorerez de ce beurre d'écrevisses, vous les panerez et les arroserez avec votre beurre, et vous leur ferez prendre au four une belle couleur; de là dressez-les, et servez dessous un bon velouté réduit, que vous aurez lié avec le restant de ce beurre d'écrevisses : surtout que votre sauce soit d'un beau rouge.

Boudin de Merlans.

Ce boudin se fait comme ceux de lapereaux, excepté que la farce à quenelles est faite avec de la chair de merlans. Si on le veut maigre, on compose le salpicon de foies de merlans, de champignons, de truffes et d'espagnole maigre (voyez *Espagnole maigre*, article MAIGRE); on le pane, comme ceux d'écrevisses; on le dore avec du beurre, et on sert dessous une espagnole maigre ou une italienne.

Boudins en général.

On peut en faire de faisans, de perdreaux, de volaille, de saumon, etc. Les procédés pour les

composer sont les mêmes que ceux énoncés ci-
dessus, article *Boudins*.

Croquettes de Lapereaux.

Faites cuire un lapereau à la broche; laissez-
le refroidir; levez-en les chairs; supprimez-en
la peau et les nerfs; coupez ces chairs en petits
dés, ainsi que des truffes ou des champignons,
quelques foies gras ou demi-gras; faites réduire
une cuillerée à pot de velouté à la consistance
de demi-glace; ajoutez-y persil et ciboules hachés; laissez cuire cinq ou six minutes; mettez
vos chairs et vos truffes dans votre sauce, sans
la laisser bouillir; liez le tout avec deux jaunes
d'œufs, ayant soin de le remuer avec une cuiller de bois; versez cet appareil sur un plafond;
étendez-le avec la lame d'un couteau; laissez-le
refroidir; divisez-le en parties égales, grosses
comme la moitié d'un œuf; formez-en des poires ou des cannelons; ainsi préparées, roulez-
les dans de la mie de pain; trempez-les dans
une omelette où vous aurez mis un peu de sel fin;
roulez-les encore une fois dans la mie de pain,
en leur conservant la forme qu'il vous aura plu
de leur donner; faites-les frire à friture un peu
chaude; qu'ils soient d'une belle couleur; égouttez-les; dressez-les, et servez-les avec une pincée de persil frit.

Quenelles de Merlans.

Levez les filets de cinq ou six merlans;

ôtez-en les peaux, en posant ces filets sur la
table, et levez-les en faisant glisser votre couteau, comme si vous leviez une bande de lard;
mettez les chairs dans un mortier avec un peu
de sel fin; pilez-les; passez-les au travers
d'un tamis à quenelles; ensuite pilez votre
panade et passez-la de même au tamis (voyez
Panade, à son article); mettez-en autant que
vous avez de volume de chair; et du beurre en
même quantité, le tout par tiers : pilez le tout
ensemble; assaisonnez votre farce de sel en suffisante quantité, d'épices fines, d'une cuillerée
à bouche de fines herbes passées au beurre, et
d'œufs ce qu'il en faut, en procédant à cet égard
comme il est indiqué pour les autres farces; faites-en l'essai et finissez-la avec des blancs d'œufs,
comme il est dit aux autres Quenelles.

Quenelles de Saumon.

Ces quenelles se font comme celles de merlans, excepté qu'on y met moins de beurre, attendu que le saumon est gras par lui-même.

Quenelles de Brochet.

Ces quenelles se font comme celles de merlans; mais on y incorpore la chair de deux ou
trois anchois : elles se servent de même que les
autres.

Quenelles de Carpes.

Prenez deux moyennes carpes; échardez-les;
ce que vous ferez en glissant la pointe de votre

couteau sous les premières écailles de la queue,
entre ces écailles et la peau, jusqu'à la tête de
votre poisson; ensuite faites descendre votre couteau jusqu'aux nageoires du ventre; après tournez le taillant de votre couteau de l'autre côté,
et faites-le glisser jusqu'à la nageoire dorsale :
de suite enlevez et supprimez les écailles de la
carpe; cela fait, ciselez-en la peau légérement,
le plus près possible de la tête, et glissez la pointe
de votre couteau le long de l'arête, de manière
à ne couper que la peau : vous en ferez autant
du côté du ventre; puis ensuite vous détacherez également la peau sur le chignon de la carpe,
afin de vous donner un peu de prise pour pin-
cer cette peau (avec un linge blanc) et la tirer
de la tête à la queue : de cette manière vous
dépouillez votre carpe comme une anguille;
levez-en les chairs, en glissant votre couteau le
long de l'arête dorsale et le long des côtes, jusqu'au centre, afin de les enlever d'une seule
pièce du même côté; supprimez la partie ner-
veuse qui se trouve au bout de la queue; retournez votre carpe et répétez votre première
opération; hachez bien ces chairs, en y mettant
un peu de sel, pour leur donner plus de facilité
à se piler; pilez-les; ajoutez-y la chair de deux
anchois, et des fines herbes passées au beurre;
mettez les mêmes proportions de beurre, de
chair, de panade et d'œufs que dans les autres
quenelles; assaisonnez cette farce d'épices fines,

faites-en l'essai et finissez-la avec des blancs d'œufs fouettés, comme les autres quenelles.

La manière que je viens d'indiquer pour écharder les carpes et en enlever les chairs, est celle dont on se sert pour les brochets.

PÂTISSERIE.

Pâte à dresser.

PRENEZ un quart de fleur de farine, ce que les boulangers nomment gruau; mettez-le sur un tour à pâte; formez un trou au milieu de cette farine, assez grand pour contenir l'eau : maniez une livre de beurre; mettez-le au milieu de ce trou, *dit* fontaine; ajoutez-y une once de sel fin; versez de l'eau, et lorsque vous avez lavé vos mains (soit dit une fois pour toutes), prenez peu à peu la farine; maniez bien votre beurre, pétrissez bien votre pâte : lorsqu'elle sera en masse et bien ferme, tourez-la deux ou trois fois, c'est-à-dire écrasez-la avec les paumes des mains; cela fait, ramassez votre pâte en un seul morceau; moulez-la : à cet effet, saupoudrez votre tour d'un peu de farine; ensuite mettez votre pâte dans un linge un peu humide; laissez-la reposer ainsi une demi-heure avant de l'employer : vous pouvez la faire à cinq ou six livres par boisseau; celle à quatre livres sert ordinairement pour les gros pâtés froids et les timbales froides; celle à cinq ou six livres par boisseau, et en ajoutant un œuf par litron, sert pour les pâtés chauds, les timbales de macaroni et autres.

Pâte brisée.

Prenez un quart de farine, plus ou moins, si

le cas le requiert; passez-la au tamis; mettez-la
sur votre tour à pâte; faites un trou au milieu,
appelé fontaine; mettez-y une once de sel fin et
une livre et demie de beurre manié; versez de
l'eau ce qu'il en faut pour faire votre pâte d'une
consistance ferme; maniez ce beurre et cette farine ensemble, sans trop diviser le beurre; as-
semblez le tout à force de bras, et, s'il est nécessaire, arrosez-la d'un peu d'eau, faites-en une
masse; saupoudrez votre tour de farine, et mettez votre pâte dessus; moulez-la, laissez-la reposer, couvrez-la d'un linge humide, et servez-vous-
en pour des gâteaux de pâte brisée, pour le fond
de divers entremets : à ce sujet, donnez-lui trois
ou quatre tours, selon que le beurre se trouve
divisé, et s'il l'est peu, donnez-lui plus de
tours (on appelle tourer, étendre la pâte avec
un rouleau) : à cet effet, l'on saupoudre sa table
ou son tour à pâte avec un peu de farine, afin
que la pâte ne s'y attache pas : on saupoudre
cette même pâte; on prend le rouleau des deux
mains; on le fait rouler sur la pâte, depuis le
bout des doigts jusqu'à la paume de la main;
chaque fois qu'il est arrivé, on le reprend et on
le fait rouler de nouveau : il faut que ce rouleau
ne marque point sur la pâte en l'étendant; de
suite formez de cette pâte un carré long : quand
elle est assez amincie, il faut prendre un des
bouts, le ployer jusqu'au milieu, l'étendre de
nouveau, plier l'autre bout sur celui-là, en sorte
que la pâte se trouve doublée en trois : si vous

donnez un second tour, aussitôt alongez votre
pâte à contre-sens, repliez-en de même les deux
autres extrêmités; continuez ainsi pour les autres
tours, en changeant votre pâte du côté opposé
à celui que vous venez de plier : vous donnerez
plus ou moins de tours; cela dépendra de la quantité de beurre que vous aurez mise dans votre
farine : vous aurez soin de donner les derniers
tours plus minces que les premiers; et lorsque
vous plierez votre pâte, vous ne la saupoudrerez que de fort peu de farine; autrement cette
pâte ou feuilletage ne serait pas claire, c'est-à-
dire qu'à la cuisson elle serait bise : si, comme
cela arrive, il se trouvait trop de farine dessus,
époussetez-la légérement avec un pinceau de
plumes, et passez-en un autre un peu mouillé
sur votre pâte, pour qu'elle se lie bien : lui
ayant donné son dernier tour, laissez-la reposer; couvrez-la d'un linge pour qu'elle ne se hâle
point. Si c'est un gâteau ou un objet rond que
vous voulez faire, prenez les quatre pointes de
votre pâte, ramenez-les au centre du carré, de
manière qu'ils se touchent sans se croiser, et
ainsi des autres parties, afin d'en faire une masse
ronde : cela fait, abaissez votre pâte avec le rouleau, et formez-en, soit un gâteau, comme il
est dit, ou le fond d'une tourte, etc.

Pâtes à Nouilles.

Mettez un demi-litron de farine sur votre table; formez une fontaine au milieu; cassez-y
trois ou quatre œufs; ajoutez-y un peu de sel et

un peu d'eau pour le fondre et du beurre gros comme une noix; formez du tout une pâte, la plus ferme possible; fraisez-la avec la paume de la main, assemblez-la, laissez-la reposer; donnez-lui un tour ou deux; séparez-la en quatre parties, dont vous ferez autant d'abaisses le plus minces possible; coupez-les par bandes de la largeur d'un pouce et demi; saupoudrez-les légérement de farine; coupez-les de la grosseur d'un fort vermicelle, et le plus également possible; étendez ces nouilles sur du papier, laissez-les une heure ou deux à l'air, et pendant ce temps soulevez-les légérement pour qu'elles sèchent; pochez-les dans de l'eau bouillante, dans laquelle vous aurez mis un peu de sel; faites-les bouillir un demi-quart d'heure, écumez-les, jetez-les sur un tamis et laissez-les égoutter : si vous voulez vous en servir pour potage, ayez un excellent consommé, bien limpide; mettez-y vos nouilles; faites-leur jeter deux ou trois bouillons; dégraissez le potage, et servez-le.

Feuilletage.

Prenez un quart de fleur de farine; passez-le au tamis sur votre tour; faites au milieu une fontaine; mettez-y une once de sel fin et de l'eau en suffisante quantité, deux ou quatre jaunes d'œufs, si vous le voulez (je parle ainsi, parce qu'on peut s'en dispenser) : lorsque vous croirez votre sel fondu, mêlez votre farine avec votre eau, sans pour cela crever votre farine, jusqu'à ce que vous ayez bien assemblé toute votre pâte:

alors pétrissez-la, en la tourant sur elle-même, de manière à ce qu'il ne reste rien d'attaché sur votre tour : observez qu'il ne faut mettre, autant que faire se peut, votre pâte qu'à consistance de votre beurre ; évitez d'y ajouter de l'eau à plusieurs reprises, ce qui corderait votre feuilletage, c'est-à-dire le rendrait coriace, et dès-lors très-difficile à travailler ; de plus la pâtisserie en serait et moins bonne et moins belle : cela fait, laissez reposer votre pâte ; maniez deux livres de beurre, si votre feuilletage est à huit livres par boisseau, ou deux livres et démie, s'il est à dix livres ; étendez un peu votre pâte ; mettez votre beurre dessus, étendez-le presque de la largeur de la pâte ; reployez-la des quatre coins, pour envelopper le beurre ; aplatissez la masse de votre pâte avec la paume de la main, laissez-la reposer encore un quart d'heure, et tourez-la comme il est indiqué à l'article *Pâte brisée* : à huit livres, vous lui donnerez cinq tours ou cinq et demi ; cela dépend néanmoins de la manière dont vous l'avez tourée : à dix livres de beurre par boisseau de farine, donnez-lui six tours ou six et demi : le demi-tour est de ployer la pâte en deux de suite : servez-vous-en pour des vols-au-vent, des tourtes d'entremets, des petits pâtés au naturel, des tartelettes, et tout ce qui est de pâtisserie légère, telles que celles aux confitures, etc.

Petits Pâtés au Naturel.

Abaissez d'une ligne d'épaisseur des rognures

de feuilletage ou un morceau de pâte brisée; prenez un coupe-pâte de la grandeur que vous voudrez avoir ces petits pâtés; coupez-en les abaisses;
mettez-les sur un plafond; posez au milieu de
ces abaisses gros comme le pouce de chair à petits pâtés (voyez, article FARCES, celle *à la Ciboulette ou de Godiveau*) : si vous voulez les
faire en maigre, servez-vous de la farce de carpes;
refaites des abaisses de feuilletage de l'épaisseur
de trois lignes; couvrez vos chairs de petits pâtés;
que les fonds ne débordent pas les couvercles;
appuyez légérement sur vos petits pâtés, dorez-
les : un quart d'heure avant de servir faites-les
cuire, et servez-les sortant du four.

Petits Pâtés au Jus.

Faites une abaisse de pâte brisée; foncez-en
des petits moules à darioles (voyez l'article *Darioles*) : remplissez-les de chair à la ciboulette
ou de godiveau; si c'est en maigre, d'une farce
de carpes, et saucés d'un coulis maigre; coupez-
les de vos couvercles de feuilletage : pour cela,
servez-vous d'un coupe-pâte goudronné, de la
grandeur de vos moules; dorez vos couvercles;
mettez cuire vos petits pâtés : leur cuisson faite,
ôtez-en les couvercles; ciselez la farce, retirez vos
petits pâtés de leurs moules, dressez-les, saucez-
les d'une bonne espagnole réduite, et servez.

Petits Pâtés à la Béchamelle.

Faites une abaisse de feuilletage de quatre
lignes d'épaisseur, et à laquelle vous aurez donné

cinq tours ; ayez un coupe-pâte d'un pouce et
demi de diamètre, coupez vos petites abaisses,
mettez-les sur un plafond, ayant soin de les
retourner ; dorez-les, cernez-les à quelques lignes du bord pour leur former un couvercle ;
faites-les cuire, et, leur cuisson faite, ôtez-en la
mie ; vous aurez coupé des blancs de volaille
en petits dés ou en émincées ; au moment de servir ayez une béchamelle réduite et bien corcée (voyez *Béchamelle*, article SAUCES) ; mettez-y vos blancs de volaille ; faites chauffer le
tout sans le faire bouillir, remplissez-en vos
petits pâtés, et servez.

Vous pouvez faire de même des petits pâtés,
soit de foie gras, soit en salpicon ou de laitances de carpes, etc.

Petits Pâtés bouchés à la Reine.

Faites des abaisses plus minces que les précédentes ; coupez-les de la grosseur d'une bouchée, mettez-les sur un plafond, dorez-les,
cernez-les ; faites-les cuire, et leur cuisson achevée, levez-en les couvercles, ôtez-en la mie,
remplissez-les du ragoût ci-après indiqué.

Hachez des blancs de volaille très-menu,
mettez-les dans une bonne béchamelle bouillante ; mêlez bien le tout, remplissez-en vos petits pâtés, et servez.

Petits Pâtés à la Mancelle.

Faites des croustades comme pour les pâtés
au jus ; prenez un perdreau cuit à la broche,

coupez-en les chairs en petits dés, pilez-en les carcasses; mettez dans une casserole un demi-verre de vin blanc, deux échalotes, trois cuille-rées d'espagnole; faites réduire cela; dégraissez-le, supprimez-en les échalotes, et ajoutez-y ces carcasses; délayez-les sans les laisser bouillir; passez cette purée à l'étamine à force de bras, faites-la chauffer au bain-marie; au moment de servir ajoutez-y vos chairs de perdreaux, le jus d'une orange amère, dont vous ôterez les pe-pins, la moitié d'un pain de beurre; remplissez de ce ragoût vos croustades, et servez-les.

Petits Pâtés au Salpicon.

Procédez pour ces petits pâtés comme il est énoncé pour ceux au jus; lorsqu'ils seront cuits, ôtez-en les chairs, coupez-les en dés; ajoutez-y des champignons cuits, des truffes, quelques foies de volaille, des culs d'artichauts, tous coupés d'égale grosseur; mettez tous ces ingrédiens dans de l'espagnole réduite; faites-leur jeter un bouillon; dégraissez, assurez-vous si c'est d'un bon goût; remplissez-en vos pâtés, et servez.

Tourte d'Entrée de Godiveau.

Moulez un morceau de pâte; abaissez-le de la grandeur d'un plat d'entrée; mettez votre abaisse sur une tourtière de même grandeur, étendez un peu de godiveau au milieu de votre abaisse, posez dessus une bonne pincée de cham-pignons; passez et égouttez (voyez à ce sujet l'article GARNITURES.); mettez quelques culs d'artichauts coupés en quatre ou six; ayez du godiveau (voyez *Godiveau*, article FARCES); roulez-en des andouillettes de la grosseur que vous le jugerez convenable; mettez-en au-dessus de vos garnitures et tout autour, en sorte que le tout forme un dôme un peu aplati; faites une seconde abaisse un peu plus grande que la première; mouillez le bord de la première, posez la seconde dessus pour en former le couvercle, soudez les deux ensemble; videlez les bords, dorez votre tourte, et mettez-la cuire au four ou sous un four de campagne; sa cuisson faite, levez-en le couvercle, dressez-la, saucez-la d'une bonne espagnole réduite, et servez-la; autrement vous pouvez vider votre tourte dans une casserole pour faire jeter un bouillon à sa garniture dans l'espagnole que vous avez soin de dégraisser; dressez votre toute, remplissez-la de sa garniture, et servez : employez le même procédé à l'égard des tourtes de divers ragoûts.

Pâté à la Ciboulette.

Prenez de la pâte à dresser; moulez-la, formez-en un pâté de la forme indiquée au flan de nouilles; remplissez-le de farce à la ciboulette (voyez *Farce à la Ciboulette*, article FARCES); faites une seconde abaisse, formez-en un couvercle, soudez-le, rognez le bord de la pâte, pincez votre pâté, recouvrez-le d'un faux couvercle de feuilletage, que vous échiqueterez et

goudronnerez; dorez-le, mettez-le au four, et, sa
cuisson faite, levez-en le couvercle; dégraissez
votre pâté; coupez-en la farce en losange, sans
la retirer; saucez-le d'une bonne espagnole réduite; ajoutez, si vous le voulez, un jus de citron; recouvrez-le de son couvercle, et servez de
suite.

Pâté chaud de Godiveau.

Prenez de la pâte à dresser, et formez-en un
pâté, comme il est indiqué au pâté à la ciboulette; dressez-le un peu plus haut, et faites qu'il
ait de la grâce; étendez dans le fond un peu de
godiveau; garnissez-le comme il est énoncé à la
tourte de godiveau, et finissez-le de même.

Pâté à la Financière.

Dressez un pâté; remplissez-en la croûte de
farine ou de viandes de sauces; lorsque votre
caisse sera cuite et d'une belle couleur, ôtez les
viandes ou la farine, ainsi que la mie de votre
caisse, et remplissez-la d'une bonne financière.
(Voyez *Financière*, article RAGOUTS.)

Pâté chaud, maigre, de Carpe et d'Anguille.

Dressez une caisse de pâté; garnissez-en le
fond d'un peu de quenelles de carpe, de champignons, de culs d'artichauts et de tronçons
d'anguille, que vous aurez fait cuire dans un
bon assaisonnement (voyez à ce sujet l'*Anguille
à la Broche* ou *à la Tartare*, article MAIGRE);
achevez de remplir votre pâté de quenelles de
carpe, que vous aurez roulées dans de la farine

et desquelles vous aurez formé des andouillettes; couvrez votre pâté, mettez-lui un faux couvercle; faites-le cuire, et aux trois quarts de sa cuisson cernez le couvercle; lorsque votre pâté sera cuit, retirez-le, découvrez-le, saucez-le d'une bonne espagnole maigre et réduite, dans laquelle vous aurez mis quelques laitances de carpes, et servez.

Pâté de Pigeons à l'Anglaise.

Ayez trois pigeons; épluchez-les, videz-les, flambez-les, coupez-leur les pattes, les cous et les ailerons; mettez-les dans une casserole avec leurs abatis, tels que foies, gésiers, têtes, ailerons (excepté les pattes); ajoutez-y un bouquet de persil et ciboules, une feuille de laurier, du sel, du poivre, lequel doit dominer un peu, des fines épices, une petite pincée de basilic et du petit lard coupé en lames; mouillez le tout avec un peu de bouillon et un peu du derrière de la marmite; faites cuire vos pigeons un peu plus qu'aux trois quarts, retirez-les du feu, laissez-les refroidir, et mettez-les dans un vase creux, avec leur assaisonnement et six jaunes d'œufs que vous aurez fait durcir; couvrez le tout avec un couvercle de pâte, que vous souderez au vase; dorez ce couvercle et piquez dessus les pattes de vos pigeons; achevez de faire cuire votre pâté, et servez-le tel qu'il est.

Pâté de Giblettes piaté, à l'Anglaise.

Ce pâté se fait comme le précédent, sinon

qu'au lieu de pigeons on emploie des abatis d'oies, de dindons, ou tous autres.

Vol-au-Vent.

Faites un litron de feuilletage, comme il est indiqué ; beurrez-le à dix livres, donnez-lui cinq tours, abaissez-le de la grandeur du plat que vous voulez servir ; prenez un couvercle de la grandeur du fond de ce même plat, posez-le sur votre feuilletage ; couvrez votre abaisse, enlevez votre vol-au-vent de dessus votre tour, retournez-le en le plaçant sur un plafond ; dorez-le, cernez-en le couvercle à un pouce et demi du bord ; faites avec votre couteau le dessin qu'il vous plaira, tant sur la bande que sur le couvercle ; mettez-le cuire au four ou sous un four dit de campagne ; sa cuisson faite, levez-en le couvercle, ôtez la mie qui s'y trouve ainsi que dans le vol-au-vent, et servez-vous-en pour entrée ou pour entremets ; si c'est pour entrée, mettez-y, soit un ragoût à la financière, soit des filets de turbot à la béchamelle, ou tel autre ragoût qu'il vous plaira ; si c'est pour entremets, mettez-y, soit des légumes, soit des compotes, soit des soufflés.

Pâté froid de Veau.

Ayez une ou deux noix de veau ; battez-les ; ôtez-en les nerfs et les peaux ; lardez-les de gros lardons, assaisonnés de poivre, fines épices, persil et ciboules hachés, un peu d'aromates pilés et passés au tamis ; faites une farce avec une sous-noix de veau et une égale quantité de lard haché bien menu; assaisonnez cette farce de sel, poivre, de fines épices, d'aromates, et, si vous le voulez, d'une petite pointe d'ail; pilez cette farce dans le mortier; ajoutez-y quelques œufs entiers, les uns après les autres, et une goutte d'eau de temps en temps, de manière cependant qu'il y ait plus d'eau que d'œufs: cela fait, garnissez une casserole de bardes de lard; posez dedans un peu de cette farce; lorsque vous aurez assaisonné votre veau de sel, poivre et fines épices, rangez-le dans une casserole sur votre farce; et garnissez-le tant au bord de cette casserole, que dans les vides qu'il peut laisser : foulez-le un peu, afin qu'il reste moins de ces vides; ensuite couvrez ces chairs avec un couvercle, et mettez-les revenir une heure dans le four; retirez-les, laissez-les refroidir; quand elles le seront, prenez de la pâte à dresser (voyez l'article *Pâte à dresser*); mouillez-la, abaissez-la de l'épaisseur d'un travers de doigt; faites en sorte qu'elle soit ronde; posez-la sur une ou deux feuilles de fort papier beurrées et collées ensemble; garnissez-la d'un peu de farce que vous avez dû conserver à cet effet; étendez cette farce de la grandeur de la casserole où vous aurez fait revenir votre viande; faites chauffer légérement cette casserole pour en détacher les chairs; renversez-les sur un couvercle, et glissez-les sur le milieu de votre abaisse; maniez du beurre; saupoudrez votre tour de farine; roulez dessus votre beurre; donnez-lui l'épaisseur du petit doigt; formez-en une couronne sur le haut de votre pâté, et mettez-en dessus quelques morceaux, ainsi que deux ou trois demi-feuilles de laurier ; ensuite faites une seconde abaisse, moins épaisse de moitié que la première : il faut qu'elle soit assez grande pour envelopper vos chairs et retomber sur l'autre abaisse; mouillez votre pâte au bord des chairs; mettez votre seconde abaisse dessus ; soudez-la avec la première ; ôtez la pâte qu'il pourrait y avoir de trop au pied du pâté; humectez avec un doroir le tour de vos abaisses, et montez votre pâté en relevant celle de dessous jusqu'au haut ; donnez du pied à votre pâté; faites une troisième abaisse pour former un couvercle; humectez le dessus de votre pâté ; soudez avec son bord votre troisième abaisse ; rognez-les également; pincez votre pâté tout autour, ou faites-lui le dessin qu'il vous plaira; faites un faux couvercle de feuilletage (voyez l'article *Feuilletage*); couvrez votre pâté, et faites-lui au milieu un trou appelé cheminée; dorez-le; mettez-le cuire dans un four bien atteint, que vous aurez laissé un peu tomber, et faites-lui prendre une belle couleur : si durant sa cuisson il était dans le cas d'en prendre trop, couvrez-le d'un peu de papier ; laissez-le cuire trois ou quatre heures; retirez-le; sondez-le avec une lardoire de bois; si elle entre facilement, c'est qu'il est cuit; dans ce cas, mettez-y un poisson d'eau-de-vie ; remuez-le et finissez de le remplir avec un peu de consommé ; lorsqu'il sera presque froid, bouchez la cheminée ; retournez sens dessus dessous sur un linge blanc votre pâté, afin que la nourriture s'y trouve bien répandue : quand vous voudrez le servir, ôtez-en le papier ; grattez le dessous du pâté ; s'il a pris trop de couleur, posez une serviette sur le plat ; dressez-le dessus et servez-le comme grosse pièce.

Pâté en Timbale.

Préparez vos chairs, comme il est indiqué à l'article précédent : prenez une casserole bien étamée, de la grandeur convenable au pâté que vous voulez faire. Ayant fait un dessin dans votre casserole avec de la même pâte que celle destinée à votre pâté, faites une abaisse à-peu-près de l'épaisseur d'un demi-travers de doigt, et foncez-en cette casserole ; que votre pâte la déborde d'un demi-pouce au dehors : garnissez cette abaisse de bardes de lard ; mettez un peu de farce dans le fond ; arrangez-y vos viandes, nourrissez-les d'un peu de beurre, et assaisonnez-les comme il est indiqué au Pâté froid ; mouillez avec un doroir de plumes la pâte qui déborde votre casserole ; faites une autre abaisse pour en faire le couvercle ; couvrez-en vos chairs, soudez-le et videlez-le avec la pâte qui déborde ; faites un trou au milieu comme pour y fourrer le doigt ; mettez votre timbale sur une tourtière ou un plafond pour qu'elle ne prenne pas trop d'âtre ; faites-la cuire trois ou quatre heures à un four bien atteint, que vous laisserez tomber un peu : lorsque vous croirez votre pâté cuit, il faut vous en assurer en le sondant avec une lardoire, comme au pâté froid, et le remplir de même, ayant soin de le bien remuer ; laissez-le presque refroidir dans son moule ; bouchez-le ; mettez chauffer légérement la casserole sur un fourneau ; retournez votre timbale sens dessus dessous et servez-la.

Pâté froid à la Déforge.

Ayez un moule de fer-blanc, que Déforge, pâtissier, a inventé ; posez ce moule sur un plafond ; faites une abaisse comme il est dit ci-devant ; formez-en votre moule ; incrustez-y bien la pâte dans les cannelures ou dessins ; mettez-y des bardes de lard et remplissez-le de farce ainsi que de chairs, etc., et, pour le finir, suivez en tout, le même procédé qui est indiqué au Pâté en timbale.

Pâté de Jambon.

Ayez un bon jambon de Westphalie ou de Baionne ; parez-le, désossez-le, supprimez-en le combien ; mettez-le dessaler huit ou dix heures ; enveloppez-le dans un linge ; mettez-le cuire dans une marmite à-peu-près de sa grandeur, avec trois livres de tranche de bœuf, une livre de sain-doux, du lard râpé, et une livre et demie de bon beurre ; assaisonnez-le de carottes, un bouquet de persil et ciboules, oignons piqués

de trois clous de girofle, du laurier, du thym, du
basilic et une gousse d'ail; faites-le cuire au
trois quarts; retirez-le, levez-en la couenne,
laissez-le refroidir, parez-le de nouveau; prenez
sa parure et le bœuf qui a cuit avec; hachez-le
bien menu avec une livre de lard; pilez le tout;
ajoutez-y, l'un après l'autre, deux ou trois œufs
entiers et des fines herbes hachées; dressez
votre pâté: à cet effet, prenez de la pâte à dresser, moulez-la; abaissez-la de l'épaisseur d'un
bon travers de doigt; posez-la sur deux feuilles
de papier beurrées; marquez au milieu la place
de votre jambon; diminuez-en l'épaisseur presque de moitié, en l'appuyant avec le poing; cela
fait, relevez les bords et dressez votre pâté,
en rentrant la pâte sur elle-même; faites en sorte
qu'il n'y ait aucun plis; donnez du pied à votre
pâté en y passant une des mains et en appuyant
de l'autre votre pâte en dehors : observez de ne
faire cette pâte qu'à quatre livres de beurre par
boisseau; garnissez le fond de votre pâté d'une
partie de votre farce; posez-y votre jambon;
remplissez les vides avec le reste de la farce;
couvrez votre pâté d'une abaisse bien soudée;
ajoutez-y un faux couvercle de feuilletage ou de
pâte beurrée; faites une cheminée au milieu;
mettez-le cuire à un four bien atteint, qu'il
prenne une belle couleur: sa cuisson presque
faite, passez au travers d'un tamis de crin l'assaisonnement sans le dégraisser, et duquel votre
jambon a cuit; remplissez-en votre pâté, ayant

soin de le remuer ; remettez-le au four mijoter
environ une demi-heure ; retirez-le ; remplissez-
le de nouveau ; laissez-le refroidir ; bouchez-le ;
retournez-le sens dessus dessous ; laissez-le dans
cette position jusqu'au lendemain ; ôtez-en le
papier ; ratissez le dessous ; dressez et servez-le.

Pâté de Perdreaux.

Prenez trois ou quatre perdreaux , plus ou
moins; videz-les, après les avoir plumés; retrous-
sez les pattes en poule ; refaites-les un peu
ferme ; essuyez-les, épluchez-les et lardez-les
de gros lardons , assaisonnés de sel, poivre,
fines épices, aromates pilés, persil et ciboules
hachés ; faites une farce avec leurs foies., dont
vous aurez ôté l'amer, quelques-uns de volaille,
si vous en avez, un morceau de veau dont vous
aurez ôté les nerfs et les peaux, de la tetine
blanchie, et, au défaut, un morceau de lard;
hachez le tout ; assaisonnez-le comme vos lardons; mettez cette farce dans un mortier ; pilez-
la; mouillez-la de quelques œufs entiers et d'un
peu d'eau ; fendez vos perdreaux par le dos;
mettez dans chaque un peu de votre farce;
faites une abaisse comme pour le pâté de veau,
ou dressez-le comme le pâté de jambon; mettez
une partie de cette farce sur le fond de votre
abaisse; arrangez dessus vos perdreaux, assaisonnez-les; remplissez-en les intervalles avec
votre farce ; couvrez-les de bardes de lard;
nourrissez-les avec du beurre manié, et procé-

dez pour le reste comme il est indiqué à l'article *Pâté de Veau.*

Pâté de Perdreaux rouges, à la Périgueux.

Ayez quatre ou cinq de ces perdreaux et deux livres et demie de truffes; préparez ces perdreaux comme il est dit pour ceux du pâté précédent; lavez, brossez, épluchez vos truffes; hachez celles qui sont inférieures; faites une farce des foies de vos perdreaux, auxquels vous joindrez aussi des foies de volailles : ajoutez-y du lard râpé autant qu'il y a de foies, et vos truffes hachées, ainsi que des fines herbes, du sel, des fines épices et un peu d'aromates; pilez cette farce; mettez-y deux œufs entiers et un peu d'eau; faites-en l'essai; assurez-vous si elle est d'un bon goût; fendez le dos de vos perdreaux; remplissez-les de cette farce et de quelques truffes entières; faites une abaisse, comme il est indiqué pour le *Pâté de Veau* (voyez cet article), ou dressez-le comme un pâté de jambon; posez un lit de farce sur le fond de cette abaisse; arrangez dessus vos perdreaux avec vos truffes entières; assaisonnez votre pâté de sel, d'épices et d'aromates pilés; garnissez-en les vides du reste de votre farce et de vos truffes, en lui donnant la forme, soit ronde, soit ovale, ou en bastion; enveloppez-le de bardes de lard; faites-lui une couronne de beurre manié et roulé, et finissez-le tel que les précédens.

Pâtés de Poulardes et de toute autre Volaille, comme Dindon, Poulet, etc.

Ces pâtés se font tous de la même manière : bref, épluchez, videz, flambez deux poulardes ; fendez-les par le dos ; désossez-les à forfait ; lardez-en les chairs de lardons assaisonnés comme il est dit pour les autres pâtés : si vous ne voulez pas entièrement désosser vos poulardes, ôtez-leur les os des reins et rompez les autres ; lardez-les ; faites-les revenir dans une casserole, soit dans le four, soit sur un fourneau ; laissez-les refroidir ; faites une farce comme celle indiquée au pâté de veau ; procédez, pour faire votre pâté, comme il est énoncé à l'article précédent, soit que vous le dressiez en pâté, ou que vous le mettiez en timbale.

Pâté de Pithiviers.

Ayez huit douzaines de mauviettes ; après les avoir flambées et épluchées, fendez-les par le dos ; ôtez tout ce qu'elles ont dans le corps ; séparez de ces intestins les gésiers ; prenez les intestins, hachez-les ; ajoutez-y du lard râpé et des fines herbes ; pilez le tout ; formez-en une farce ; remplissez-en les corps de vos mauviettes ; moulez et abaissez votre pâte, et sur le fond de votre abaisse où vous aurez étendu un peu de farce rangez vos mauviettes ; assaisonnez-les à fur et à mesure, et enveloppez-les chacune, si vous voulez, d'une petite barde de lard ; mettez dessus une couronne de beurre, deux ou trois demi-feuilles de laurier et un peu de fines épices : couvrez le tout de votre seconde abaisse ; dressez votre pâté, soit carré ou rond ; faites-le cuire environ deux heures et demie ; laissez-le refroidir et servez-le.

Ceux de bécasses, bécasseaux, pluviers et autres petits oiseaux, se font de même : on y ajoute plus ou moins de farce, cela dépend de celui qui le fait.

Pâte à Brioche.

Prenez un quart de farine, plus ou moins, si vous voulez augmenter ou diminuer, pour faire cette pâte, les doses des ingrédiens qui vont vous être indiquées : pour un quart, employez douze ou treize œufs et deux livres de beurre ; ce qui fait votre pâte à huit livres au boisseau (on met une demi-livre de beurre de plus pour la faire à dix livres), une once de levure de bière, une once de sel fin; bref, voici la manière de faire cette pâte : passez un quart de belle farine au tamis, séparez-en le quart; formez deux fontaines dans la petite; mettez une once de levure; faites chauffer de l'eau un peu plus que tiède ; ayez attention qu'elle ne soit pas trop chaude, de crainte de brûler votre levain; délayez avec les doigts votre levure dans la fontaine avec l'eau chaude ; lorsque vous ne sentirez plus de grumeaux , mêlez-y votre farine, tournez-la sur elle-même, comme il est indiqué au Feuilletage; ramassez bien le tout en une seule masse, saupoudrez un peu de farine sur votre tour, et moulez dessus votre levain, qui ne doit pas être ferme, en un mot, comme un boulanger moule un pain rond; fendez légérement ce levain en quatre; essuyez le vase où vous avez fait chauffer votre eau, saupoudrez-le de farine et mettez-y votre levain; couvrez-le d'un linge blanc, mettez-le au chaud; pendant qu'il reviendra, mettez dans votre grande fontaine votre sel fondre avec un peu d'eau, cassez vos œufs dans un vase, en les flairant les uns après les autres, et mettez-les dans cette fontaine; ajoutez-y le beurre, comme il est indiqué à l'article précédent, une pincée de sucre en poudre, et maniez bien vos œufs avec votre beurre, en prenant un peu de farine en dedans de votre fontaine; mêlez bien le tout, assemblez-le, rapprochez-le près de vous, fraisez-le avec les paumes des mains, en l'éloignant de votre corps, et rapprochez-le près de vous; voyez si votre levain est revenu, ce qui sera facile à juger, si la croix que vous avez faite dessus avec le taillant de votre couteau s'est beaucoup élargie, et si ce levain est gonflé; si ce levain est bien revenu, il doit être fibreux comme une dentelle; alors versez-le sur votre pâte et coupez-le avec vos deux mains; remettez toujours ce que vous avez coupé sur la masse de votre pâte : cela fait, fraisez-la légérement une seconde fois; faites que votre levain y soit bien incorporé; ramassez le tout, étendez une serviette dans un vase, saupoudrez-la de farine, et mettez-y votre pâte; pliezlà, de manière à ce que cette pâte soit un peu serrée; laissez-la revenir quatre à cinq heures en été, et huit en hiver (cela dépend de la température); votre pâte revenue, corrompez - la lorsqu'elle forme des yeux et qu'elle est coriace, ce dont vous jugerez en appuyant la main dessus; si elle la repousse, c'est un signe certain que votre pâte est bien faite; laissez-la reposer et servez-vous-en au besoin.

Pâte d'Echaudés.

Prenez le quart d'un boisseau de belle farine; passez-la au tamis; faites au milieu une fontaine, mettez-y deux onces de sel en poudre et la valeur d'un verre d'eau; cassez dans un vase vingt à vingt-deux œufs, mettez-les dans cette fontaine, joignez-y une livre de bon beurre; il doit avoir beaucoup de corps, et il n'est pas nécessaire qu'il soit très-fin; maniez-le avec vos œufs, et petit à petit avec la farine; finissez de rassembler votre pâte; coupez-la en partie et jetez-la avec force sur votre tour; cela fait, rapprochez-la près de vous, tourez-la, non avec les paumes des mains, mais avec les phalanges de vos doigts; lorsque vous aurez donné le premier tour. ramassez votre pâte devant vous; recoupez-la et continuez de lui donner cinq à six tours de la même manière; coupez-la bien pour la finir, ramassez-la, mettez - la sur une planche que vous aurez saupoudrée de farine, et aplatissez-la; laissez-la ainsi passer la nuit; le lendemain coupez-la par bandes, saupoudrez votre table de farine, roulez dessus ces bandes; coupez vos échaudés de la grosseur que vous les voulez; saupoudrez de farine un plafond, arrangez-les dessus et sur une de leurs coupures; faites chauffer de l'eau; lorsqu'elle frémira pour bouillir, jetez-y vos échaudés, laissez-les s'échauder sans bouillir; rafraîchissez-les de temps en temps avec de l'eau fraîche; quand ils seront fermes sous le doigt, retirez-les de l'eau, mettez-les dans un seau d'eau fraîche, changez-les d'eau; retirez-les au bout de deux heures, arrangez-les sur un plafond, un peu écartés d'un de l'autre, et mettez-les au four.

Pâte à Biscuits ordinaires.

Prenez vingt œufs; séparez les blancs des jaunes; faites en sorte qu'il n'y ait nulle parcelle de jaune dans les blancs, et de blanc dans les jaunes; mettez ces derniers dans un vase, avec une livre de sucre en poudre, deux ou trois gouttes d'esprit de citron ou de jasmin; si ces deux objets vous manquent, prenez un citron, frottez-le sur un morceau de sucre pour en avoir l'huile essentielle; râpez ce sucre dans vos jaunes; battez-les bien; plus vous les battrez, plus ils deviendront fermes : il est indispensable qu'ils le soient pour faire de beaux biscuits : incorporez-y dix onces de farine; vous pouvez y mettre moitié fécule de pommes de terre, si vous le jugez à propos : mettez vos blancs dans un vase, de cuivre non étamé : si vous n'avez pas de bassin, prenez une poêle ou une terrine d'office ; faites attention qu'elle ne soit pas grasse : ayez un fouet de branches de buis ou d'osier ; fouettez vos blancs, en les commençant doucement, et augmentez au fur et à mesure de vitesse, jusqu'à ce qu'ils soient assez fermes pour porter un petit écu en le posant dessus ; mêlez ces blancs avec vos jaunes ; servez-vous pour cela d'une cuiller de bois ; faites en sorte de ne point écraser vos blancs, et servez-vous de cette pâte pour biscuits de Savoie ou biscuits ordinaires.

Observez que cette pâte n'est que pour tous les gros biscuits, tels que ceux de Savoie ; et que, pour les fins, vous devez recourir à l'article des *Biscuits d'Office*.

Pâte royale.

Mettez dans une casserole un demi-setier d'eau, environ deux onces de beurre, une pincée de sel fin, une écorce de citron vert, de l'essence ou de la fleur-d'orange ; mettez le tout sur le feu ; retirez-le lorsque le tout commence à bouillir : vous aurez passé de la farine, vous en mettrez dans cette eau autant qu'elle en pourra boire : délayez bien votre farine, c'est-à-dire qu'il n'y reste pas de grumeaux ; mettez de nouveau sur le feu ; remuez-la et faites-la dessécher, jusqu'à ce qu'elle quitte la casserole et qu'elle ne tienne pas aux doigts ; changez de casserole ; laissez-la un peu refroidir ; mettez-y deux œufs, et de suite œuf par œuf, jusqu'à ce qu'elle s'attache aux doigts, et servez-vous-en pour des choux, des pains à la duchesse, des pains à la Mecque, et pour tous les petits entremets.

Pâte de Choux à la Reine.

Mettez dans une casserole un demi-setier de lait ou de crême, un quarteron de beurre, une pincée de sel fin; posez cet appareil sur le feu, et lorsqu'il sera près de bouillir, retirez-le sur le bord du fourneau; incorporez-y de la farine, comme il est indiqué à l'article précédent, et, sa cuisson achevée, retirez-le du feu; ajoutez-y un quarteron de sucre en poudre, avec des œufs, et finissez comme il est dit à l'article ci-dessus : de là couchez vos petits choux de la grosseur que vous les voulez, et faites-les cuire à un four doux.

Pouplin.

Faites une pâte royale (voyez l'article précédent); mettez-y cependant moins de beurre que pour une pâte ordinaire de cette espèce, et au contraire plus de farine; desséchez votre pâte, mouillez-la avec des œufs, autant qu'elle en pourra boire, sans la rendre liquide; beurrez une casserole ou une pouplinière, avec du beurre clarifié; servez-vous, à ce sujet, d'un pinceau; retournez votre vase, laissez-les égoutter; mettez-y de votre appareil de pouplin, faites-le cuire à un four un peu moins chaud que pour du feuilletage; observez que votre moule ne soit rempli qu'au tiers ; laissez cuire ce pouplin environ deux heures, ou plus, suivant sa grosseur : sa cuisson faite, retirez-le ; levez le dessus comme vous lèveriez le couvercle d'un pâté ; videz ce pouplin, c'est-à-dire, ôtez-en toute la mie ; beurrez légérement le dedans, mettez-le sécher au four, retirez-le ; saupoudrez le dehors de sucre fin, glacez-le avec une pelle rouge ; dorez-le en dedans de confitures ; mettez une serviette sur un grand plat, dressez-le dessus, et servez-le pour grosse pièce.

Pâte à Ramecain.

Mettez dans une casserole un demi-setier d'eau, plus ou moins, suivant la quantité de pâte que vous voulez faire ; ajoutez-y environ trois onces de fromage de Gruyères, et autant de beurre ; posez le tout sur le feu : lorsque l'eau bouillira, retirez du feu votre casserole, incorporez dans cette eau de la farine, comme il est indiqué pour les petits choux ; et, pour finir, procédez de même qu'il est énoncé aux articles précédens ; de suite couchez vos ramecains comme les petits choux, et faites-les cuire à un four doux.

Pâte à Ramecain, d'une autre Manière.

Faites une pâte royale (voyez cet article) : lorsqu'elle sera desséchée, mettez-y des œufs ce qu'il en faut pour ne pas rendre vos ramecains trop mous ; ajoutez-y une bonne poignée de fromage de Parmesan et de Gruyères ensemble, et autant que les deux objets réunis, du fromage de Gruyères, coupé en petits dés ; mêlez bien le tout ; couchez vos ramecains sur un plafond de la grosseur que vous le jugerez à propos, dorez-les, et un quart d'heure avant de servir faites-les cuire à un four doux : si c'est pour un buisson, dressez-les sur une serviette.

Talmouse sans Fromage.

Faites une pâte royale ordinaire (voyez l'article *Pâte royale ordinaire*), mouillez-la avec des œufs, de manière qu'elle ne soit pas trop liquide : vous aurez abaissé du feuilletage ou de ses rognures, de l'épaisseur d'une pièce de trente sous ; coupez-le en rond avec un coupe-pâte, de la grandeur de trois pouces et demi ; couchez de votre appareil sur ces abaisses, et formez-en une espèce de chapeau à trois cornes ; dorez légérement le dessus ; mettez-les à un four un peu vif : leur cuisson achevée, dressez et servez chaud autant que faire se pourra.

Talmouses à la Saint-Denys.

Ayez une livre et demie de fromage à la pie ; ajoutez-y un quarteron de fromage de Brie bien nettoyé et un peu de sel ; maniez le tout avec la main ; joignez à cela une poignée de belle farine, passée au tamis ; maniez le tout de nouveau ; mettez-y un quarteron de beurre que vous aurez fait fondre ; remaniez cet appareil ; couchez et dressez vos talmouses, comme il est indiqué à l'article ci-devant ; faites cuire, et servez, soit pour buisson ou pour entremets.

Fondus.

Prenez du fromage de Gruyères et de Parmesan; râpez ces fromages en égale proportion; mouillez-les avec des jaunes d'œufs, desquels vous réserverez les blancs; ajoutez à votre appareil un peu de beurre fondu; mêlez bien le tout; fouettez vos blancs, qu'ils soient bien pris; mettez-en une partie dans votre appareil; remuez légérement avec une cuiller de bois, pour bien incorporer le tout; mettez le reste de vos blancs, et incorporez-les de même; cela fait, dressez vos fondus dans des caisses que vous aurez préparées à cet effet; ne les remplissez qu'à moitié; faites-les cuire à un four chauffé comme pour des biscuits, et servez-les aussitôt qu'ils seront sortis du four.

Gâteau au Fromage.

Ayez le quart d'un fromage de Brie, gras et bien affiné, que vous pilerez et passerez au tamis; ayez un litron et demi de farine; faites-y un trou, mettez-y trois quarterons de beurre que vous aurez manié; joignez-y votre fromage et cinq ou six œufs entiers; pétrissez bien votre pâte; tourez-la avec la paume de la main, comme il est dit à l'article *Pâte à dresser*; ramassez votre pâte; moulez-la comme un boulanger qui fait un pain; laissez-la reposer une demi-heure; après abaissez-la avec un rouleau; faites-en un gâteau de l'épaisseur de deux doigts et demi; échiquetez-le autour avec le taillant de

8.

votre couteau; retournez-le, dorez-le, rayez-le; faites-le cuire à un bon four ordinaire, et servez-le.

Brioche au Fromage.

Faites un quart de pâte à brioche (voyez cette Pâte); laissez-la revenir; lorsque vous serez pour la corrompre, mêlez-y une livre ou une livre et demie de bon fromage de Gruyères, coupé en dés; séparez votre pâte en deux parties, l'une du quart de la totalité; moulez-les toutes deux; posez la plus forte du côté de la moulure, sur un fort papier beurré; aplatissez-la dans le milieu avec la paume de la main; moulez l'autre petite partie et ensuite la grosse; soudez-les ensemble, en les rapprochant et en les appuyant l'une sur l'autre, la petite dessus; cassez deux œufs; battez-les comme pour une omelette; dorez-en votre brioche; coupez du fromage de Gruyères en lames ou en cœur; faites-en une rosette sur la tête de votre brioche; mettez-la à un four bien atteint; laissez-la cuire trois heures environ; retirez-la, ôtez-en le papier; dressez-la sur une serviette, et servez-la comme grosse pièce.

Gâteau au Lard.

Prenez du petit lard coupé en lames; mettez-le un peu dessaler dans de l'eau; vous aurez fait une pâte brisée, dans laquelle vous aurez mis moins de sel qu'on en met ordinairement (voyez l'article *Pâte brisée*); formez-en un gâteau; échiquetez-en les bords; mettez-le sur un

plafond; dorez-le; couvrez-le de lames de votre
petit lard, que vous aurez égouttées, et desquelles vous aurez ôté les couennes.

Gâteau de Compiègne.

Passez un quart de belle farine au tamis; faites
deux fontaines, comme à la pâte à brioche; prenez un peu plus que le quart de votre farine pour
faire un levain; mettez-y un peu plus de levure;
tenez votre levain un peu moins ferme que pour
la brioche; faites-la revenir; pendant ce temps
mettez dans votre grande fontaine une once de
sel, un bon verre d'eau, une bonne poignée de
sucre fin, le zeste de deux citrons bien hachés,
du cédrat confit et coupé en petits dés; faites
votre pâte comme il est indiqué à l'article *Pâte
à Brioche*; tenez-la plus molle, et si elle se trouvait trop ferme, mettez-y de l'eau; vous aurez
beurré un moule, comme pour le *Pouplin* (voyez
cet article) : posez-y votre pâte; laissez-la revenir cinq à six heures; mettez votre gâteau à un
four bien atteint; faites cuire environ deux heures et demie; renversez-le du moule, et servez-
le froid, pour grosse pièce.

Crème Pâtissière.

Ayez et cassez dans une casserole deux œufs;
ajoutez-y une pincée de sel et de la farine passée
au tamis, autant qu'ils en pourront boire; délayez cet appareil avec un demi-setier de lait;
posez votre casserole sur le feu; tournez cette

crême, ne la laissez pas attacher et faites-la cuire,
jusqu'à ce qu'elle ne sente plus la farine : sa cuisson faite, incorporez-y gros comme la moitié
d'un œuf de beurre excellent ; survidez-la dans
une terrine, et frottez-la d'un peu de beurre
par-dessus, pour qu'elle ne fasse pas peau.

— Crême Frangipane.

Ayez de la crême pâtissière, comme celle indiquée ci-dessus ; assaisonnez-la de sucre fin,
d'eau de fleur d'orange et de macarons écrasés ;
mêlez bien le tout, et faites qu'il n'y ait point
de grumeaux ; ajoutez à cette crême des œufs
entiers, les uns après les autres, jusqu'à ce
qu'elle ait la consistance d'une épaisse bouillie,
et servez-vous-en pour vos tourtes de frangipane, vos tartelettes de crême, beignets, etc.

Baba.

Prenez un quart de farine ; faites-en deux fontaines comme ci-dessus ; faites un levain de même ;
mettez-le revenir dans un endroit chaud ; jetez
dans votre grande fontaine une once de sel ; mouillez-le d'un peu d'eau ; joignez-y vingt œufs, jaunes
et blancs, un quarteron de raisin de Corinthe,
que vous aurez épluché, une livre de raisin de
caisse, que vous aurez épepiné, lavé et fait égoutter ; mettez ces raisins autour de votre fontaine,
avec ceux de Corinthe : vous aurez fait infuser
un gros de safran dans un poisson d'eau, sans la
faire bouillir ; exprimez-le à travers un linge dans

votre fontaine ; ajoutez à cela deux livres de beurre fin, une demi-bouteille de vin de Malaga et une poignée de sucre en poudre ; maniez le tout, comme il est indiqué à l'art. *Pâte à Brioche :* votre levain revenu, étendez-le sur votre pâte à brioche ; coupez-la, fraisez-la, donnez-lui deux tours ; ramassez-la près de vous et mettez-la dans un moule, comme le gâteau de Compiègne ; laissez-la revenir cinq à six heures, si c'est en été, et huit ou dix, si c'est en hiver : votre pâte revenue, mettez-la dans un four un peu plus chaud que pour celui de Compiègne, et servez de même.

Plumbuting.

Ayez deux livres de moelle de bœuf, ou, à défaut de moelle, deux livres de graisse de rognons de bœuf ; ôtez-en la peau et les nerfs ; hachez-la bien menu et mettez-la dans un grand vase ; épepinez une livre et demie de raisin de caisse, épluchez une demi-livre de raisin de Corinthe, et mêlez ces raisins avec votre graisse ou moelle ; ajoutez à cela trois livres de mie de pain passée au tambour ou dans une passoire, un bon verre de vin de Malaga, deux petits verres d'eau-de-vie de Cognac, le zeste de la moitié d'un citron, haché bien fin, une poignée de cédrat confit, coupé en petits dés, une bonne poignée de farine, du sel fin en suffisante quantité, et huit œufs entiers ; mouillez le tout avec du lait ; maniez-le avec les mains, de manière que ce tout soit bien mêlé ; formez-en une pâte un peu liquide : faites bouil-

lir de l'eau dans une marmite capable de contenir votre plumbuting; votre eau bouillante, farinez un torchon, posez-le dans une passoire
(laquelle sert de moule pour former votre plumbuting), et mettez-y votre appareil : rassem-
blez les coins de ce torchon, liez-les fortement,
sans trop serrer votre pâte; mettez le tout dans
votre marmite, qui doit bien bouillir; retirez-la
alors au bord du fourneau, et conduisez-la comme
un pot-au-feu : observez qu'il ne faut la couvrir
qu'à moitié, qu'il ne faut pas qu'elle cesse de
bouillir, que, pour l'entretenir, il faut toujours
avoir de l'eau bouillante, et que sans tout cela
l'eau pénétrerait dans votre plumbuting : laissez-le cuire six ou sept heures, et retournez-le
d'heure en heure : durant sa cuisson, faites la
sauce indiquée ci-après : mettez dans une casserole un quarteron de beurre fin, une pincée
de farine, une pincée de zeste de citron, une
écorce de cédrat hachée, de même une petite
pincée de sel et une cuillerée à bouche de sucre
fin; mouillez le tout avec du vin de Malaga; faites cuire comme une sauce ordinaire : au moment de servir, égouttez votre plumbuting un
instant, déliez et ouvrez-en le torchon; posez
un plat sur votre plumbuting, retournez-le, ôtez-
en le torchon; saucez et glacez-le avec la sauce
énoncée ci-dessus, et de suite servez-le.

Observez que vous pouvez également faire
cuire votre plumbuting au four, en le mettant
dans une casserole beurrée.

Wouelche rabette, ou *Lapin gallois.* —

Faites des rôties de pain, qui soient grillées d'une belle couleur; ayez du fromage anglais *dit* Glocester; ôtez-en la croûte, coupez-le en petits dés, mettez-le fondre, avec un peu d'eau, dans une casserole; ajoutez-y une pincée de gros poivre ou de poivre rouge, *dit* de Caïenne; étendez sur ces rôties ce fromage fondu; glacez-les avec une pelle rouge, en la tenant élevée dessus à une certaine distance, pour leur faire prendre une belle couleur : cela fait, dressez-les sur un plat, et servez à côté de la moutarde anglaise.

Biscuits de Niauffes.

Faites un demi-litron de feuilletage; donnezlui un tour ou deux de plus qu'on ne lui donne ordinairement; formez-en deux abaisses carrées, de l'épaisseur d'un petit écu; couvrez une plaque d'office d'une de ces abaisses; étalez dessus de la crême pâtissière, de l'épaisseur de trois écus de six livres, dans laquelle vous aurez mis une bonne poignée de pistaches pilées, deux amandes amères, jointes à une poignée d'amandes douces émondées et un peu d'épinards blanchis, passés au beurre; pilez et passez au travers d'un tamis de crin; ajoutez une bonne poignée de sucre en poudre, de l'eau de fleur d'orange, et un ou deux œufs entiers, que vous aurez bien incorporés dans cette crême; étendez-la également sur votre première abaisse; couvrez-la de la seconde; dorez-la avec du lait; piquez-la, rayez-

la, en formant des carrés de trois pouces de longueur sur deux de largeur : dorez cette abaisse
avec du lait une seconde fois; saupoudrez-la de
sucre passé au tamis de crin, de fleur d'orange
pralinée et hachée : laissez fondre un peu votre
sucre; faites fondre ces niauffes à un four un peu
plus chaud que pour les biscuits, et dans lequel
four vous aurez allumé un éclat pour les faire
grêler : leur cuisson achevée, retirez-les, divi-
sez-les par carrés, parez-les, dressez-les, et servez-les pour entremets.

Tourte de Frangipane.

Prenez une tourtière de la grandeur que vous
jugerez à propos; foncez-la d'une pâte légérement
feuilletée; étendez dessus de la frangipane d'un
pouce d'épaisseur (voyez l'article *Créme à la Frangipane*); laissez autour ce qu'il faut pour une
bande de feuilletage, de la largeur d'un pouce,
plus ou moins, selon la grandeur de votre tourte :
mouillez ce bord; appliquez-y votre bande; soudez-en les deux bouts, de manière que cette sou-
dure ne s'aperçoive que le moins possible : dorez
le dessus de cette bande; faites sur votre frangipane le dessin qu'il vous plaira, et mettez cuire
votre tourte à un four un peu chaud : sa cuisson presque achevée, saupoudrez-la de sucre fin,
glacez-la, et servez-la chaude ou froide.

Tourte à la Moelle.

Ayez environ un quarteron de moelle de bœuf,
épluchez-la, ôtez-en les petits os et les fibres,

faites-la blanchir ; pendant qu'elle est un peu
chaude, concassez-la, et incorporez-la dans votre frangipane : vous procéderez en tout, pour
cette tourte, comme pour celle à la frangipane,
article précédent.

Cette tourte ne se sert que chaude.

Tourte aux Rognons de Veau.

Prenez un rognon de veau cuit à la broche,
avec une partie de la graisse qui l'enveloppe ;
hachez-en une portion ou le tout, selon la grandeur de la tourte que vous voulez faire ; incorporez une partie ou la totalité de ce rognon dans
votre frangipane, et procédez, pour cette tourte,
comme il est énoncé pour celle à la frangipane,
article ci-contre.

Tourte de Confitures.

Faites une abaisse de pâte brisée, de la grandeur que vous voulez faire votre tourte ; posez
cette abaisse sur une tourtière ; étendez sur cette
abaisse de la confiture, en laissant au bord une
distance d'un pouce et demi ; mouillez cette
distance ; faites des petites bandes roulées ; bandez votre tourte ; faites dessus le dessin qu'il
vous plaira, ou une seconde abaisse à laquelle
vous ferez un dessin à jour ; couvrez-en votre
confiture, et mettez une bande de tour à votre
tourte comme à celle de frangipane ; faites-la
cuire, et glacez-la de même.

Tourte de Pêches.

Faites une abaisse ; foncez-en une tourtière ;

mouillez-en les bords; mettez-y une bande de
tourte, comme aux tourtes précédentes; dorez
le dessus de cette bande; faites cuire et glacer:
vous aurez fait une compote de pêches, comme
il est indiqué à l'article de l'Office (voyez *Compote de Pêches*, article OFFICE); garnissez-en
votre caisse; faites réduire le sirop, et à l'instant de servir glacez-en vos pêches dans toutes
les saisons; procédez de cette manière pour vos
tourtes de fruits en général, ainsi que pour les
tartelettes.

Feuilletage à l'Espagnole.

Prenez une livre de graisse de rognons de
bœuf; choisissez-la, si vous le pouvez, de la
nature de celle que j'ai indiquée pour le godiveau (voyez l'article *Godiveau*); hachez-la bien
menu ; mettez-la fondre dans une casserole
sur un feu doux; ajoutez-y un verre d'eau;
lorsqu'elle sera bien fondue, tordez-la dans un
torchon sur un vase rempli d'eau fraîche; lorsque cette graisse sera refroidie, mettez-la égoutter sur le fond d'un tamis, et de suite dans un
mortier; pilez-la; mouillez-la peu à peu avec
un peu d'excellente huile d'olive, jusqu'à ce
qu'elle ait la consistance du beurre ; détrempez
la valeur d'une livre de farine; mettez-y un œuf
ou deux entiers et un quart d'once de sel fin;
formez-en votre feuilletage; laissez-le reposer
une demi-heure; mettez-y votre graisse, comme
il est indiqué à l'article *Feuilletage* : obser-

vez, 1º que cette pâtisserie doit être mangée chaude; 2º que l'on ne fait guère ce feuilletage que dans les pays où il n'y a pas de beurre.

Feuilletage à l'Anglaise, ou de Minimes.

Mettez sur votre tour un litron de farine; formez-en une fontaine, en faisant un trou au milieu; mettez-y un quart d'once de sel fin, un œuf entier, de l'eau, un quarteron d'huile, et finissez cette pâte comme celle de feuilletage; laissez-la reposer deux heures : abaissez-la bien fin plusieurs fois, et chaque fois dorez votre abaisse avec vos trois quarterons d'huile, jusqu'à ce qu'ils soient employés : servez vous de ce feuilletage pour toutes vos pâtisseries maigres.

Pouting à l'Anglaise.

Mettez dans un vase un litron de farine, une demi-livre de raisin de caisse, épluché et épepiné, du sel en suffisante quantité, une pincée de citron vert haché, une pincée de cannelle mise en poudre impalpable, trois quarterons de graisse de bœuf hachée bien fin, huit œufs entiers, une cuillerée à bouche de fleur d'orange, un petit verre de bonne eau-de-vie et une chopine de crème; délayez bien le tout, et finissez-le en y incorporant un demi-setier de lait; beurrez une casserole avec du beurre clarifié; retournez-la pour la laisser égoutter; mettez-y votre appareil, ayant soin de le remuer de suite :

faites cuire votre pouting à un four passablement chaud : sa cuisson achevée, retournez-le; saupoudrez-le de sucre; glacez-le, soit au four, soit avec une pelle rouge, et servez.

Gâteau au Riz.

Epluchez, lavez et faites blanchir une demi-livre de riz; faites-le crever dans un peu de lait que vous aurez fait bouillir avec le zeste d'un citron; mouillez ce riz petit à petit, et maintenez-le ferme; lorsqu'il sera bien crevé, laissez-le refroidir; incorporez-y une douzaine de macarons, dont six amers, une pincée de sel fin, un quarteron et demi de sucre, quatre œufs entiers et quatre jaunes, dont vous conserverez les blancs; beurrez une casserole avec du beurre clarifié; mettez-la sens dessus dessous, afin qu'elle s'égoutte; saupoudrez-la de mie de pain; fouettez vos quatre blancs d'œufs; incorporez-les légérement dans votre riz; versez-le dans votre casserole qui devra vous servir de moule; mettez-le au four une demi-heure ou trois quarts d'heure avant de servir; sa cuisson achevée, dressez-le et servez-le de suite.

Vous pouvez faire un gâteau de vermicelle, et procéder en tout, comme il est dit pour le gâteau de riz.

Si vous voulez servir ce gâteau comme pouting de riz, masquez-le d'une sauce ainsi préparée :

Mettez dans une casserole la moitié d'une

cuillerée à bouche de farine que vous délayerez
avec de la crême, une cuillerée à café de fleur
d'orange, un peu de sel fin, une cuillerée à
bouche de sucre fin et gros de beurre comme
une noix ; mettez sur le feu cet appareil, tournez-
le et faites-le cuire : sa cuisson faite, masquez,
en le sortant du four, votre gâteau de riz, lequel,
ainsi saucé, se nomme pouting : le gâteau de
vermicelle se fait de même que celui de riz.

Gâteau de Carottes.

Prenez douze grosses carottes, les plus rouges
possible ; ratissez-les, lavez-les ; faites-les cuire
dans une marmite avec de l'eau et un grain de
sel : leur cuisson faite, supprimez-en les cœurs ;
laissez-les égoutter ; passez-les à l'étamine ; mettez-les dans une casserole, et faites-les dessécher
sur le feu, comme une pâte royale ; faites une
crême pâtissière de la valeur d'un demi-setier de
lait ; forcez-la un peu en farine ; et, sa cuisson
faite, incorporez-y votre purée de carottes, une
pincée de fleur d'orange pralinée et hachée,
trois quarterons de sucre en poudre, quatre
œufs entiers que vous mettrez l'un après l'autre ;
six jaunes d'œufs dont vous réserverez les
blancs, et un quarteron de beurre que vous aurez fait fondre ; mêlez bien le tout ; fouettez vos
blancs ; incorporez-les dans votre appareil ; préparez une casserole, comme il est indiqué pour
le gâteau de riz ; trois quarts d'heure avant de
servir, versez votre appareil dans votre casse-

role; mettez-le au four; la cuisson achevée, dressez votre gâteau et servez-le.

Gâteau aux Pistaches.

Faites une crême pâtissière, comme il est indiqué ci-dessus; émondez un quarteron de pistaches et un d'amandes douces; pilez-les ensemble; arrosez-les de temps en temps d'une goutte d'eau pour que vos amandes ne tournent point en huile. Ces amandes et pistaches bien pilées, retirez-les du mortier; ayez gros comme un œuf d'épinards blanchis; passez-les au beurre, pilez-les; passez-les au travers d'un tamis, et incorporez-les avec votre pâte d'amandes dans votre crême pâtissière : procédez du reste comme au gâteau de carottes ci-dessus : cependant, au lieu de fleurs d'orange pralinées, mettez-y la valeur d'une cuillerée à café d'eau de fleur d'orange.

Flanc de Nouilles méringuées.

Ayez un morceau de pâte à dresser; mouillez-la; abaissez-la à l'opposé de la moulure, de l'épaisseur de trois ou quatre lignes; faites au milieu de cette pâte un rond aplati avec la main pour former le fond de votre flanc; élevez les bords de cette pâte en la faisant rentrer en elle-même : ayez l'attention de n'y former aucun pli; donnez du pied à votre pâte en dehors; remplissez-le de farine jusqu'à un demi-pouce du bord; faites un faux couvercle avec un morceau de pâte moulée; abaissez-le; coupez-

le en rond, de la grandeur de votre flanc; mouillez ce faux couvercle; couvrez-en votre flanc et
soudez-le : rognez la pâte qu'il pourrait y avoir
de trop; dorez votre flanc; pincez-le et décorez-
le comme vous le jugerez à propos : faites-le
cuire au four comme un pâté; votre croûte ou
flanc étant cuit, videz-en la farine, ratissez-en
bien la croûte; cela fait, ayez des nouilles (voyez
Pâté à Nouilles, à son article) ce qu'il en faut
pour garnir votre flanc; pochez-les dans du lait;
égouttez-les; mettez-y des jaunes d'œufs, du
sucre, de la fleur d'orange ou du citron vert
haché, des macarons et massepains bien écrasés:
ajoutez gros comme un œuf de beurre fin fondu
et un peu de sel fin : mêlez le tout; fouettez la
moitié des blancs des œufs que vous aurez employés dans votre appareil, et incorporez-y légérement ces blancs; trois quarts d'heure avant
de servir mettez ces nouilles ainsi préparées dans
votre flanc, que vous ferez cuire à un four doux;
lorsqu'elles seront bien montées, fouettez le
reste de vos blancs; assaisonnez-les dessus
comme pour méringues; recouvrez-en votre
flanc; glacez cette méringue de gros sucre passé
au tamis de crin; formez votre méringue (voyez
Méringues, article OFFICE); votre méringue
cuite et d'une belle couleur, servez votre flanc.

Flanc de Vermicelle.

Faites pocher votre vermicelle dans du lait;
égouttez-le, et procédez en tout pour ce flanc,

comme pour celui de nouilles, indiqué précédemment.

Flanc Suisse.

Dressez un flanc, comme j'ai tâché de l'indiquer au Flanc de Nouilles, et faites qu'il soit
d'une belle couleur; durant sa cuisson, vous
ferez bouillir une chopine de crême dans laquelle vous mettrez un quarteron de bon beurre;
vous en ferez une pâte royale bien fine; en
place de farine ordinaire, employez celle de
fécule de pommes de terre : mettez dans une
terrine du fromage de Gruyères râpé, du fromage à la piè et du fromage de Brie, que vous
aurez épluchés et pilés ensemble (faites en sorte
qu'il n'y ait pas de grumeaux), et du beurre
fondu, le tout en égale quantité, c'est-à-dire,
par quart de chaque objet pour le tout : ajoutez
du gros poivre à cet appareil; délayez-le avec
des jaunes d'œufs crus; à cet effet, servez-vous
d'une cuiller de bois, et donnez à votre pâte un
peu plus de consistance qu'à celle du biscuit;
prenez la moitié des blancs, des jaunes qui ont
servi à liquéfier votre pâte; fouettez-les, et lorsqu'ils seront bien fermes, incorporez-les légérement dans votre pâte ; de suite versez-la dans
votre flanc et ne le remplissez qu'un peu plus de
moitié; mettez-le cuire à un four moyennement
chaud : sa cuisson achevée, servez-le aussitôt.

Croque-en-Bouche.

Faites une pâte royale (voyez l'article *Pâte*

royale), dans laquelle vous mettrez fort peu
de beurre et que vous forcerez en farine; délayez-la avec des œufs; faites qu'elle soit un peu
ferme; couchez-en des petis choux bien égaux,
et autant qu'il en faut pour garnir votre moule :
il faut qu'étant cuits, ils ne soient pas plus gros
que le bout du petit doigt; dorez-les, mettez-
les cuire au four; qu'ils soient d'une belle couleur et bien ressuyés; huilez le moule dont vous
voulez vous servir; faites clarifier et cuire du
sucre à la cuisson du boulet. (Voyez *Sucre*
au Boulet, article OFFICE.) Prenez vos petits
choux, les uns après les autres, au bout d'une
petite baguette, en les enfilant par-dessous; trempez-les dans votre sucre et commencez par en
mettre un au milieu de votre moule; continuez
de les placer autour, jusqu'à ce que vous soyez
parvenu jusqu'au bord, en les faisant toucher
les uns contre les autres : cela fait, renversez
votre moule sens dessus dessous : s'il arrivait
que votre croque-en-bouche tienne au moule,
faites chauffer celui-ci, afin de détacher votre
croque-en-bouche; dressez-le sur une serviette
et servez-le.

Gâteau de Mille-Feuilles.

Faites un quart de feuilletage (voyez cet article); lorsqu'il sera achevé d'être touré; coupez-le en cinq parties, une plus forte du double
des autres; abaissez les quatre petites autres à
l'épaisseur d'un écu de six livres; posez-les sur

quatre plaques différentes; prenez la cinquième partie qui doit être plus épaisse que les autres, pour en former le dessus, tel que vous le jugerez à propos; dorez-la; faites cuire au four les cinq parties; glacez le couvercle: leur cuisson faite, laissez-les refroidir; posez sur une plaque la première abaisse; mettez dessus de la gelée de groseilles, de l'épaisseur d'un écu de six livres; posez la première abaisse sur la seconde; mettez la même quantité de marmelade d'abricots, que vous avez mis de groseilles sur l'autre; posez sur la seconde abaisse la troisième, et garnissez-la de même de confiture de verjus; posez sur la troisième abaisse la quatrième, et garnissez-la de confiture de cerises; posez sur cette quatrième abaisse le couvercle qui en fait le dessus, et coupez-le sur le modèle des huit pans de dessous; dorez avec des confitures différentes ces huit pans, et servez votre gâteau sur une serviette, comme grosse pièce d'entremets.

Pâte d'Amandes.

Prenez une livre d'amandes douces et quatre amandes amères; émondez-les, comme il est indiqué au Potage au Lait d'Amandes: lorsque vous les retirerez de l'eau fraîche, laissez-les se ressuyer sur un linge blanc; quand elles le seront, pilez-les; arrosez-les de temps en temps d'une goutte d'eau, afin qu'elles ne tournent pas en huile, et alternativement d'un peu de blanc d'œuf; pour n'en pas trop mettre à-la-fois, faites un petit trou à la pointe de l'œuf, et faites-en tomber le blanc goutte à goutte : pour blanchir ces amandes, mettez alternativement aussi un peu de jus de citron : lorsqu'elles seront bien réduites en pâte, que vous ne sentirez nul grumeau sous les doigts, mettez-y trois quarterons de sucre royal en poudre ; cela fait, retirez du mortier votre pâte ; mettez-la dans un poèlon d'office ; posez-la sur un feu doux ; desséchez-la, ayant grand soin de la remuer, jusqu'à ce qu'en appuyant le doigt dessus, elle ne s'y attache plus ; saupoudrez une table de sucre fin ; roulez votre pâte dessus ; et lorsqu'elle sera froide, enveloppez-la de papier blanc, pour vous en servir au besoin.

Pâte d'Office.

Prenez un litron de farine, trois quarterons de sucre en poudre, gros de beurre comme une noix, un peu de sel, une cuillerée à café de fleur d'orange et deux œufs entiers ; pétrissez bien le tout : comme il faut que cette pâte soit très-ferme, assemblez-la ; battez-la avec le rouleau à pâte ; si elle se trouvait trop ferme, mettez-y un peu de blanc d'œuf ; tournez-la (cette pâte vous servira pour faire les plafonds des rochers, des maisonnettes ou chaumières et des croquantes découpées) ; vous aurez toujours le soin de beurrer légérement les moules sur lesquels vous voudrez faire vos croquantes ; faites-les cuire à l'entrée d'un four d'une chaleur douce.

Pâte à la Génoise.

Ayez un litron de farine, trois quarterons de sucre et une demi-livre de beurre; frottez le zeste d'un citron sur une partie du sucre énoncé; écrasez-le avec le rouleau; réduisez-le en poudre; faites un trou dans votre farine; mettez-y deux œufs entiers et deux jaunes, avec un peu de sel fin; maniez bien le tout ensemble; formez-en une pâte; fraisez-la une fois ou deux avec la paume de la main; ramassez-la, laissez-la reposer; donnez-lui un tour ou deux; coupez-la par bandes, de la largeur d'un travers de doigt et de l'épaisseur de trois ou quatre lignes; coupez-les d'égale longueur; formez-en des espèces d'S ou de fer à cheval; arrangez-les sur un plafond ou sur une plaque d'office; dorez-les; faites-les cuire à un four un peu plus chaud que pour le biscuit, et servez-les comme petits entremets.

Gâteau à la Madeleine.

Cassez dix œufs; séparez les blancs des jaunes; ajoutez aux jaunes trois quarterons de sucre en poudre, une pincée de citron vert haché et un peu de sel fin; battez le tout ensemble, comme pour un biscuit; joignez-y une demi-livre de farine passée au tamis, et mêlez le tout; incorporez dans cet appareil une demi-livre de beurre fin clarifié; prenez six blancs d'œufs; fouettez-les : lorsqu'ils seront bien pris, mêlez-les légérement dans votre pâte; vous aurez beurré des petits moules à Madeleine; remplissez-les de

cette pâte, et mettez-les cuire à un four doux ;
observez qu'il leur faut plus de cuisson qu'à des
biscuits : si vous n'avez pas de petits moules,
faites une grande caisse de papier ; mettez-y cette
pâte ; faites cuire, et coupez ce gâteau en losange, ou comme il vous plaira, et servez.

Tartelettes à la Chantilly.

Prenez de la pâte d'amandes (voyez cet article) ; saupoudrez votre tour de sucre fin ;
abaissez votre pâte, et servez-vous de sucre
pour la saupoudrer en place de farine : lorsque
votre pâte sera abattue de l'épaisseur d'une forte
feuille de papier, prenez un petit coupe-pâte
rond, comme pour des petits pâtés ordinaires ;
coupez les fonds de vos tablettes, ainsi que des
bandes de la même pâte, de la hauteur de trois
quarts de pouce et de la même épaisseur ; mouillez avec du blanc d'œuf un peu battu le bord
de vos fonds ; soudez-y les bandes que vous
avez coupées, et donnez à vos tablettes la forme
de petits gobelets ; faites en sorte qu'on ne voie
pas la jonction des bandes au bord de vos tartelettes ; posez une feuille de papier sur une
feuille d'office ou un plafond ; arrangez-y vos
tartelettes, sans qu'elles se touchent ; laissez-les
sécher à l'air libre : lorsqu'elles le seront, mettez-
les à l'entrée d'un four doux pour qu'elles achèvent de sécher, sans prendre de couleur, ou
très-peu ; remplissez-les de crême fouettée à la
Chantilly (voyez *Crême à la Chantilly*, article
OFFICE) ; assaisonnez-les de sucre et d'eau de

fleur d'orange : si vous êtes en été, vous pouvez les couvrir de fraises; servez-les pour petits entremets.

Petites Génoises.

Faites avec de la pâte d'amandes, et comme il est énoncé ci-dessus, des petites tartelettes de la grandeur d'une pièce de quarante sous; donnez-leur un peu plus de hauteur qu'aux tartelettes à la Chantilly; faites une abaisse avec cette pâte d'amandes, de la grandeur à-peu-près du plat que vous voulez servir; donnez à cette abaisse une forme ronde ou goudronnée; ajoutez-y un rebord de la hauteur de vos petites génoises, et faites autant de ces petites génoises que votre abaisse peut en contenir; mettez-les sécher et cuire, comme il est dit aux Tartelettes à la Chantilly : quand vous serez pour les servir, remplissez-les de trois ou quatre espèces de confitures de diverses couleurs; formez-en un quadrille ou d'autres dessins.

Bouchées de Dame.

Ayez six œufs; mettez-les dans une terrine d'office, avec un quarteron de sucre en poudre et trois onces de fécule de pommes de terre; battez le tout comme pour un biscuit; ensuite beurrez un plafond, dans lequel vous verserez cet appareil; étendez-le légèrement, mettez-le cuire environ un quart d'heure à un four doux; sa cuisson faite, retirez-le, coupez-le par parties avec un emporte-pièce, de la grandeur d'un écu de trois livres, et glacez ces parties ou plutôt ces bouchées, soit au chocolat, soit au blanc; à cet effet, mettez dans une terrine d'office, pour former votre glace, du sucre fin passé au tamis de soie, avec un blanc d'œuf; battez cela avec une cuiller de bois, en y incorporant petit à petit un jus de citron; jusqu'à ce qu'elle soit bien blanche; si votre glace est au chocolat, incorporez-y environ une tablette de bon chocolat en poudre; cela fait, masquez de votre appareil, nommé glace, vos bouchées; faites-les sécher à la bouche du four; dressez-les et servez.

Gaufres aux Pistaches.

Ayez une demi-livre de pâte à brioche; mouillez-la avec un demi-verre de vin de Madère; incorporez-y trois onces de sucre en poudre et deux onces de raisin de Corinthe; versez sur un plafond beurré cet appareil; étendez-le de l'épaisseur d'un demi-pouce; faites-le cuire environ un quart d'heure à un four vif; sa cuisson faite, formez vos gaufres, en coupant cet appareil de deux pouces carrés; glacez-les au sucre au café (voyez *Sucre au Café*, article OFFICE), et masquez-les légèrement avec des pistaches hachées, ou servez-les au naturel.

Génoises Glacées à l'Italienne.

Mettez dans une casserole d'office cinq onces de sucre en poudre et cinq œufs entiers; mêlez cela comme pour du biscuit; ensuite joignez-y un quarteron de farine et autant d'amandes douces pilées; beurrez un plafond, mettez votre appareil dessus, étendez-le et donnez-lui l'épaisseur d'une pièce de cinq francs; faites-le cuire à un four vif, et qu'il soit d'une belle couleur; sa cuisson faite, coupez et formez-en vos génoises, soit en croissant, soit en rond, soit en losange; clarifiez une livre de sucre au soufflé (voyez *Sucre au Soufflé*, article OFFICE); votre sucre clarifié, mettez le cul du vase dans l'eau, ramassez bien votre sucre; vous aurez en même temps fouetté cinq blancs d'œufs; étant bien pris, mêlez-les peu à peu avec votre sucre; ensuite masquez vos génoises avec cette glace; mettez-les sécher dans une étuve un quart d'heure, et servez-les.

Mirlitons de Rouen.

Ayez une demi-livre de feuilletage; abaissez-le de l'épaisseur d'une pièce de vingt sous; coupez avec un coupe-pâte vos mirlitons en rond ou goudronnés; posez-les dans des petites tourtières de la grandeur du coupe-pâte; mettez dans une terrine un quarteron de sucre fin avec un œuf entier, faites-le blanchir; joignez-y une quantité suffisante de beurre fondu; travaillez bien le tout en remettant un œuf; versez-y un peu de fleur d'orange; remplissez vos moules de cet appareil, saupoudrez-les de sucre; faites-les cuire à un four très-doux; leur cuisson achevée, dressez-les et servez-les.

Gâteau à la Reine.

Emondez et pilez une livre d'amandes douces; ajoutez-y une livre de sucre et quatre blancs d'œufs à fur et à mesure; de cet appareil bien préparé, faites vos gâteaux décorés de plusieurs manières; posez-les sur un plafond, faites-les cuire à un four doux; masquez-les comme les génoises, et décorez-les comme vous le jugerez à propos.

Mirlitons à la Parisienne.

Mettez dans une terrine deux œufs et un quarteron de sucre en poudre; délayez le tout; ayez trois blancs d'œufs, fouettez-les; lorsqu'ils seront pris, incorporez-les dans votre appareil avec une pincée de farine passée au tamis et un peu de fleur d'orange; ayez des moules préparés comme pour les mirlitons de Rouen; versez-y cet appareil, et finissez-les de même.

Gâteau d'Amandes.

Emondez une livre d'amandes; pilez-les, et lorsqu'elles le seront bien, ajoutez-y trois quarterons de sucre, un peu de fleurs d'orange pralinées et environ un demi-verre de crême; ayez du feuilletage ce qu'il en faut pour votre gâteau (voyez l'article *Feuilletage*); donnez-lui un demi-tour de plus, abaissez-le de l'épaisseur d'une pièce de cinq francs; donnez-lui une forme ronde et la grandeur que vous jugerez à propos; mettez dessus votre appareil d'amandes, recouvrez-le d'une autre abaisse de même épaisseur, que vous échiqueterez dessus; goudronnez le tour de ce gâteau, mettez-le à un bon four; sa cuisson faite, saupoudrez-le de sucre, et servez-le.

Gâteau de Pithiviers.

Ayez des amandes préparées comme à l'article précédent; ajoutez-y une livre de sucre en poudre, un peu de zeste de citron haché et une demi-livre de bon beurre fin; mettez-y à fur et à mesure six œufs; ayez du feuilletage, comme il est dit ci-dessus, et procédez de même pour établir votre gâteau : vous pouvez faire de ces gâteaux en petit.

Gâteau à la Portugaise.

Ayez une demi-livre d'amandes émondées; pilez-les, incorporez-y trois jus d'oranges avec leurs zestes hachés; mettez dans une terrine d'office cet appareil; ajoutez-y une demi-livre de sucre, deux onces de fécule et six jaunes d'œufs; battez-en les blancs, incorporez-les aussi avec votre appareil; faites une caisse longue, beurrez-la, mettez cet appareil, et faites cuire à un feu doux; sa cuisson faite, couvrez votre gâteau de glace royale, de l'épaisseur d'une pièce de quinze sous (voyez l'article *Glace Royale aux Bouchées de Dame*); servez ce gâteau entier, ou coupez-le de diverses manières.

Biscuit manqué.

Mettez dans une terrine d'office une demi-livre de sucre, six jaunes d'œufs et un peu de fleur d'orange; battez bien le tout; ajoutez-y

une poignée d'amandes bien pilées, six onces
d'excellent beurre, quatre onces de farine, que
vous aurez fait sécher et que vous aurez passée au tamis; fouettez vos six blancs d'œufs,
incorporez-les légérement dans votre appareil;
faites une caisse de papier, versez-y cet appareil, et faites-le cuire à un four, comme pour le
biscuit; durant la cuisson de votre manqué,
coupez des amandes en petits dés; mettez-y du
sucre, un tiers de leur volume; mouillez-les
avec un peu d'eau ou du blanc d'œuf battu;
aux trois quarts de la cuisson de ce manqué,
dorez-le et glacez-le de cet appareil d'amandes;
remettez-le au four pour achever sa cuisson et
lui faire prendre une belle couleur; ensuite retirez-le et coupez-le, soit en losange, soit en
carré, ou de toute autre manière.

Fanchonnettes.

Mettez dans une casserole deux onces de farine, trois onces de sucre, du zeste de citron
vert, deux jaunes d'œufs, un œuf entier et deux
onces d'amandes pilées; délayez le tout avec un
demi-setier de lait; mettez cet appareil sur le
feu, et faites-le prendre comme une crême; ayez
du feuilletage, abaissez-le de l'épaisseur d'une
pièce de vingt sous; coupez-le avec un coupe-
pâte, de la grandeur d'un écu de six livres; mettez ces petites abaisses dans des moules de la
même grandeur; versez-y votre appareil, et mettez ces moules à un four gai : aux trois quarts
de leur cuisson, retirez-les, méringuez-les (voyez

Méringues, article OFFICE); saupoudrez-les de sucre, remettez-les au four, et faites-leur prendre une belle couleur.

Petits Gâteaux polonais.

Ayez du feuilletage suivant la quantité de petits gâteaux que vous voulez faire, donnez-lui un tour ou un demi-tour de plus, abaissez-le à deux ou trois lignes d'épaisseur, et coupez cette abaisse par carrés de trois pouces; mouillez légérement le dessus de ces carrés, ramenez-en les quatre coins au centre; posez-les sur une plaque, dorez-les et mettez-les au four : leur cuisson presque faite, saupoudrez-les de sucre fin, glacez-les au four, en sorte qu'ils soient d'une belle couleur; mettez au milieu de chacun d'eux une cerise ou un grain de verjus, dressez-les et servez-les.

Vous pouvez les servir en gros buisson ou comme petit entremets.

Cannelons.

Abaissez du feuilletage ou de ses rognures : si c'est du feuilletage, donnez un tour de plus (voyez l'article *Feuilletage*); coupez ce feuilletage en rubans de la largeur d'un demi-pouce; ayez des petits bâtons tournés; posez votre ruban de pâte sur un des bouts de ce bâton; tournez ce ruban sur lui-même, en en couvrant la moitié jusqu'à l'autre extrémité de ce bâton, où vous fixerez votre ruban : vos cannelons ainsi préparés, posez-les sur un plafond, dorez-les et faites-les cuire : leur cuisson presqu'achevée, retirez-en les bâtons, approchez-les l'un contre l'autre, saupoudrez-les de sucre fin, faites-les glacer au four, remplissez leurs vides avec des confitures, dressez-les et servez.

Puits d'Amour.

Ayez du feuilletage qui ait eu tous ses tours, abaissez-le de l'épaisseur d'un écu de six livres; ayez deux petits coupe-pâtes goudronnés, dont un plus petit que l'autre; coupez-en autant de grands que de petits; posez les grands sur un plafond, mouillez le dessus avec de l'eau; mettez les petits sur les grands, dorez-les, et avec la pointe de votre couteau cernez le milieu, de la largeur d'un dé à coudre; mettez-les au four, et leur cuisson presque faite, saupoudrez-les de sucre fin, glacez-les, videz-en l'intérieur par la partie carrée qui forme un trou; remplissez cet intérieur ou milieu de confitures, et servez.

Petites Tartelettes bandées.

Ayez des moules à tartelettes; foncez-les de pâte brisée, bien mince; mettez dans ces moules de la crème pâtissière, ou telle confiture que vous jugerez à propos; roulez des petites bandes de pâte, que vous aurez faites avec les rognures des fonds de vos tartelettes; bandez ces tartelettes; faites dessus le dessin qu'il vous plaira; coupez des petits rubans de feuilletage; mouillez les bords de vos tartelettes; appliquez autour ces rubans ou bandes de feuilletage; mettez au four vos tartelettes, et quand elles seront

presque cuites, saupoudrez-les de sucre fin, glacez-les, dressez-les et servez.

Gâteaux en Losange.

Abaissez du feuilletage; et lorsqu'il aura tous
ses tours, coupez-le par bandes, dont vous ferez
vos losanges; posez-les sur une feuille d'office
ou un plafond, dorez-les, mettez-les au four:
leur cuisson faite, glacez-les, si vous le jugez
convenable, et servez.

Darioles.

Faites une abaisse de pâte brisée, de l'épaisseur d'une ligne et demie; coupez-la avec un
coupe-pâte assez grand pour que vos petites
abaisses débordent les moules de vos darioles;
donnez-leur la forme qu'elles doivent avoir sur
la pointe de votre couteau, et posez-les ainsi dans
ces moules, que vous aurez beurrés; achevez de
leur donner leur forme, en y introduisant un morceau de pâte, que vous farinerez : rognez la pâte
qui déborde les moules; mettez dans une casserole, et pour douze darioles, une cuillerée à
bouche de farine, six ou huit macarons ou
massepains amers, bien écrasés, un peu de sel,
de fleur d'orange, et six jaunes d'œufs crus; délayez le tout avec à-peu-près trois poissons de
bon lait : trois quarts d'heure avant de servir remplissez vos moules, ayant soin de remuer votre
appareil; mettez dessus du bon beurre, gros
comme la moitié d'une noisette; ensuite enfour-
nez-les : leur cuisson achevée, retirez-les des

moules, dressez-les sur le plat, saupoudrez-les
de sucre fin, et servez-les le plus chaudement
possible.

Omelette soufflée.

Cassez six œufs, séparez les blancs des jaunes;
ayez soin que les germes restent avec les blancs;
mettez avec les jaunes deux cuillerées à bouche
pleines de sucre en poudre bien sec, un peu
d'eau de fleur d'orange ou de l'esprit de citron;
travaillez bien ces jaunes comme pour du biscuit; fouettez les blancs, en sorte qu'ils soient
bien fermes; alors mêlez-les avec les jaunes;
mettez dans une poêle à courte queue, communément appelée *diable*, gros de beurre comme
la moitié d'une noix; faites-le fondre, de façon
que cette poêle soit beurrée partout; versez-y
votre omelette; faites-la prendre sur un feu doux,
prenez garde de la brûler; retournez-la sur le
plat où vous voulez la servir; glacez-la de sucre
en poudre; mettez-la dans un four ou sous un
four de campagne, avec feu dessous et dessus :
lorsqu'elle sera montée et glacée, servez-la.

Omelette soufflée et moulée.

Cassez six œufs, séparez les blancs des jaunes;
mettez les uns et les autres dans des terrines sé-
parées; ajoutez dans les jaunes deux cuillerées
à bouche pleines de sucre fin, quatre massepains
en poudre, une cuillerée à bouche de farine,
une petite pointe de sel, un peu d'écorce de ci-

tron hachée bien fin, et quelques gouttes d'eau
de fleur d'orange : remuez bien le tout ; beurrez
et panez votre casserole ou moule, comme il est
indiqué pour le Gâteau au riz (voyez cet article) :
lorsque vous serez prêt à servir les entrées,
fouettez vos blancs d'œufs ; quand ils seront pris,
mêlez-les avec les jaunes ; versez-les dans votre
moule ou casserole ; ne le remplissez pas tout-
à-fait ; mettez votre omelette dans un four doux,
comme pour des biscuits : si vous n'en avez pas
un à votre disposition, videz un de vos four-
neaux les plus chauds, remettez-en la grille, posez dessus votre casserole, et tenez une pelle
rouge à trois pouces au-dessus de votre omelette :
lorsqu'elle sera bien montée et cuite, retournez-
la sur votre plat, et servez-la : elle doit être d'une
belle couleur et bien tremblante (c'est un fort
bon entremets et qui est très-joli).

Soufflé de Fécule de Pommes de terre.

Cassez six œufs, comme il est dit ci-devant à
l'Omelette soufflée ; mettez dans une casserole
une cuiller à bouche pleine de fécule de pommes
de terre et un demi-verre d'eau, deux cuillerées
et demie de sucre en poudre et une pointe de
sel ; faites cuire et dessécher comme une pâte
royale un peu liquide ; laissez refroidir ; ajoutez-
y vos six jaunes d'œufs, et deux de plus, quelques gouttes, soit de fleur-d'orange, de rose, ou
de tout autre parfum ; mêlez bien le tout ; fouettez vos blancs : lorsqu'ils seront pris et bien fer-

mes, incorporez-les dans votre appareil; dressez
votre soufflé en pyramide sur le plat que vous
voulez servir; mettez-le au four ou sous un four
de campagne, avec feu dessous et dessus : lorsqu'il commencera à prendre un peu de couleur,
glacez-le de sucre en poudre, laissez-le s'achever de cuire et de se glacer, et servez-le. Vous
pouvez faire ce soufflé à la vanille, au chocolat
ou à la rose, en y ajoutant une teinte de cochenille.

Riz soufflé.

Préparez une once ou deux de riz, faites-le
crever dans du lait avec un peu de zeste de citron, un peu de sel, gros de beurre comme une
noix; mouillez-le petit à petit, pour qu'il se maintienne ferme; ajoutez-y deux cuillerées de sucre
en poudre : votre riz crevé et réduit, mettez-y
vos jaunes d'œufs, les uns après les autres; faites-
les prendre, sans les laisser trop cuire; fouettez
vos blancs, mêlez-les petit à petit avec votre appareil; dressez votre soufflé sur votre plat, et procédez pour le reste, comme il est dit au Soufflé
de fécule.

Charlotte de Pommes aux Confitures ou sans Confitures.

Ayez une quinzaine de belles pommes de rainette de France; coupez-les par quartiers, pelez-
les, supprimez-en les cœurs; émincez-les le plus
fin possible; mettez-les dans un poêlon d'office, avec du sucre en poudre en suffisante quan-

tité, un peu de cannelle, le zeste de la moitié d'un citron et une goutte d'eau : faites cuire vos pommes sur un feu assez vif, ayant soin de les remuer, sans pour cela les trop écraser ; laissez-les légérement s'attacher, comme pour leur donner un goût de grillé ; ajoutez-y gros comme un œuf d'excellent beurre ; mêlez bien le tout ; ôtez la cannelle et le citron ; prenez une casserole ou un moule de la grandeur que vous voulez avoir votre charlotte ; coupez des tranches de mie de pain mollet, larges de deux doigts, et assez longues pour qu'en partant du centre de votre moule elles viennent jusqu'au bord ; trempez-les dans du beurre fondu, et foncez-en votre moule, de manière que ces mies se croisent comme à-peu-près les lattes d'une jalousie de croisée, qui serait déployée ; remplissez votre moule de votre marmelade de pommes, et ajoutez-y, si vous le voulez, de la marmelade d'abricots, ou toute autre confiture : finissez votre charlotte, en la couvrant de vos lames de pain beurré ; faites-la partir sur un fourneau ; prenez garde qu'elle ne brûle ; ensuite mettez-la au four ou sur une paillasse, en l'entourant alors de braise : sa cuisson faite et lorsqu'elle sera bien colorée, retournez-la sur votre plat et servez.

Pommes au Beurre.

Ayez une vingtaine de pommes ; videz-les avec un emporte-pièce ; tournez-en neuf ou dix, pour leur ôter la peau, comme pour une compote ;

faites-les cuire aux trois quarts dans un sucre léger; ensuite égouttez-les; faites une marmelade
des autres pommes, comme il est indiqué pour
la *Charlotte*, à l'article ci-devant; incorporez gros
comme un œuf d'excellent beurre; étendez sur
votre plat une partie de cette marmelade, à laquelle vous aurez ajouté de celle d'abricots; arrangez vos pommes dessus; emplissez de beurre
le trou de vos pommes, fait avec l'emporte-pièce;
garnissez les intervalles avec le reste de votre
marmelade; glacez-la avec du sucre en poudre;
faites cuire au four; donnez-leur une belle couleur : leur cuisson faite, bouchez, si vous voulez,
avec des cerises ou confitures, le trou qu'a fait à
vos pommes l'emporte-pièce, et servez.

Chartreuse de Pommes (*Entremets*).

Ayez une vingtaine de belles pommes de rainette; pelez-les; servez-vous d'un vide-pomme
un peu moins gros que le petit doigt, pour en
enlever les chairs tout autour du cœur, comme
vous feriez, si vous vouliez extraire ce cœur de la
pomme (voyez, à ce sujet, l'article *Pommes au
Beurre*) : lorsque vous aurez assez de ces petits montants de pommes pour garnir le moule
de votre chartreuse, émincez le reste des chairs
de vos pommes, en leur supprimant le cœur,
et faites-en une marmelade (voyez l'article *Charlotte*) : égalisez par les bouts ces montants; qu'ils
soient tous d'une égale hauteur; faites une décoction de safran; pour cela, mettez-en une pin-

cée infuser dans un demi-verre d'eau, que vous aurez fait bouillir; passez-la à travers un linge, pour en faire une teinture : sucrez cette teinture; mettez-y un tiers de vos montants, faites-leur jeter un léger bouillon; retirez-les, laissez-les égoutter : pour le second tiers de vos montants, faites la même opération, avec un peu de cochenille : quant au troisième tiers, faites-lui jeter aussi un bouillon dans du sirop de sucre blanc; ayez de l'angélique une quantité égale à l'un des tiers de vos montants; garnissez votre moule de papier blanc; décorez-en le fond de tel dessin que vous jugerez à propos, avec de ces montants rouges, verts, blancs et jaunes, coupés en liards ou autrement : garnissez le tour de ce moule de vos montants, en les entremêlant; remplissez votre moule de marmelade, qui doit être ferme, et n'y laissez aucun vide : au moment de servir renversez votre chartreuse sur votre plat, ôtez-en le papier et servez.

Si vous voulez faire votre chartreuse toute blanche, jetez vos petits montants dans de l'eau, dans laquelle vous aurez exprimé le jus d'un citron.

Pommes au Riz.

Ayez neuf ou dix belles pommes, videz-les, tournez-les, faites-les cuire dans un sirop, comme celles au beurre (voyez l'art. *Pommes au Beurre*); faites blanchir un quarteron de riz, que vous mettrez crever dans du lait, en le mouillant petit à petit, un peu de zeste de citron vert, une petite

pointe de sel et du sucre en suffisante quantité :
il faut que votre riz soit ferme : de là supprimez-
en le citron ; garnissez de riz le fond de votre plat ;
rangez vos pommes dessus ; garnissez les intervalles de riz ; faites cuire au four ; que vos pommes soient d'une belle couleur, et servez.

Pommes à la Polonaise.

Prenez une vingtaine de petites pommes de
rainette de France ; supprimez-en les cœurs, sans
les casser : pour cela, n'enfoncez votre vide-
pomme qu'à moitié, du côté de la queue, et de
même du côté de la fleur : ces pommes vidées,
tournez-les, coupez-les en rond, de l'épaisseur
d'un gros sou ; mettez dans le fond d'un plat de la
marmelade d'abricots ; rangez dessus vos pommes
en mirotou ; couvrez de cette marmelade chaque
lit que vous ferez de ces pommes, et continuez
ainsi, en rétrécissant à fur et à mesure, pour
que votre plat, étant garni, forme une espèce de
dôme ; glacez le dessus de vos pommes avec du
sucre en poudre ; mettez-les cuire au four ou
sous un four de campagne, avec feu dessous et
dessus : leur cuisson faite, nettoyez le bord du
plat, et servez-le.

Côtelettes en Surprise.

Prenez des rognures de feuilletage ; abaissez-
les de l'épaisseur d'une pièce de trente sous ;
coupez votre abaisse en forme de petit cœur,
comme si vous vouliez mettre des côtelettes de

mouton en papillotes; mettez dans cette pâte de la marmelade d'abricots; soudez les bords; donnez-leur la forme de côtelettes; posez-les sur un plafond, et faites-les cuire : vous aurez fait un peu de pâte d'office que vous couperez par petites bandes, comme des os de mouton; faites-les cuire, sans leur donner de couleur, à un feu doux : lorsque ces côtelettes seront cuites, dorez-les avec un peu de blanc d'œuf battu; écrasez des macarons qui vous serviront à les paner; faites chauffer un batelet; posez-le sur vos côtelettes, comme pour figurer les marques du gril sur lequel elles auraient été posées; ajoutez-y vos *os* de pâte d'office; dressez ces côtelettes en couronne sur votre plat; faites fondre de la gelée de groseilles, et mettez-la dans le puits de vos côtelettes, comme si c'était du jus, et servez.

Prositroles au Chocolat.

Ayez douze ou quinze prositroles (ce sont des petits pains que quelques boulangers font quand on les leur commande : on en trouve notamment chez Heuzé, rue Coquillière, près celle Coq-Héron); râpez et faites fondre dans un peu d'eau une livre de chocolat à la vanille; mettez-en dans le fond du plat que vous devez servir; remplissez-en vos prositroles, dont vous aurez ôté la mie; posez-les sur le fond de votre plat, du côté qu'elles ont été remplies; saupoudrez-les de sucre fin; mettez-les dans un four, ou sous un four de campagne, avec feu dessous et dessus : quand elles auront mijoté une demi-heure et qu'elles seront bien glacées, retirez-les et servez. ...

Misies-Paës (Pâté à l'Anglaise).

Prenez une livre de graisse de rognons de bœuf, hachée fin; une livre de langue de bœuf à l'écarlate que vous aurez fait cuire, et hachée de même ; une livre de pommes de rainette que vous aurez pelées ; ôtez les cœurs, et hachez une demi-livre de raisin de caisse, que vous aurez épluché, épepiné, lavé et haché; cinq quarte-rons de raisin de Corinthe, que vous aurez éplu-ché, lavé et fait sécher ; après les avoir de nou-veau hachés, mettez tous ces ingrédiens ensem-ble dans un vase ; ajoutez-y une demi-livre de sucre en poudre, un quart d'once de massif en poudre et autant de muscade, une pincée de poudre de girofle, autant de poudre de cannelle et un demi-setier de bonne eau-de-vie; maniez bien le tout ensemble, en sorte qu'il forme une espèce de pâte ; prenez des rognures de feuille-tage, abaissez-les, et foncez-en des petites tour-tières creuses, comme on fait pour une tourte ordinaire ; garnissez-les de votre appareil, de l'épaisseur d'un travers de doigt, jusqu'à un demi-pouce du bord de la tourtière ; ayez un quarteron de cédrat confit, coupé en petits dés, du zeste d'orange et de citron que vous aurez

haché et fait cuire dans du sucre ; saupoudrez-
en un peu vos misies-paës ; relevez les bords de
pâte autour de votre appareil ; faites cuire à un
four modéré pendant trois quarts d'heure vos
misies-paës, et servez-les chauds ou froids. (On
sert ces pâtés de préférence le jour de Noël.)

ENTREMETS.

Beignets de Pommes.

Ayez huit pommes de rainette; coupez-les par quartiers; parez-les, ôtez-en les cœurs; mettez-les mariner dans un poisson d'eau de vie, avec le zeste d'un citron vert et un peu de cannelle en bâton : au moment de vous en servir égouttez-les; mettez-les dans une légère pâte à frire (voyez *Pâte à frire*, article Sauces); couchez-les l'une après l'autre dans la poêle : lorsqu'ils seront frits et d'une belle couleur, égouttez-les sur un linge; posez-les sur un plafond; saupoudrez-les de sucre en poudre; glacez-les, soit au four, soit au four de campagne, ou avec une pelle rouge; dressez-les et servez-les.

Beignets soufflés.

Mettez dans une casserole un bon verre d'eau, gros de beurre comme une noix, un peu de sel et un zeste de citron; posez votre casserole sur le feu, et lorsque votre eau sera prête à bouillir, retirez-la du feu; ajoutez-y environ un demi-quarteron de farine passée au tamis; maniez bien cette pâte; mettez-la sur le feu; faites-la dessécher jusqu'à ce que, posant les doigts dessus, elle ne s'attache point après : changez votre pâte de casserole; mettez-y trois œufs, les uns après les autres; renversez votre pâte sur un

couvercle de casserole; saupoudrez-la de farine;
mettez-la d'égale épaisseur; faites chauffer votre
friture; descendez-la; couchez-y vos beignets : à
cet effet, servez-vous du crochet d'une cuiller à
dégraisser, que vous tremperez chaque fois dans
la friture : lorsque ces beignets auront produit
leur effet, mettez votre friture sur le feu; achevez de leur faire prendre une belle couleur;
égouttez-les; mettez-les dans une passoire; saupoudrez-les de sucre en poudre; sautez-les et
servez.

Beignets de Blanc-Manger.

Mettez dans une casserole un quarteron de
farine de riz, un peu de sel et un peu de zeste
de citron haché bien fin : délayez le tout avec
une chopine de crème; faites partir; couvrez
votre fourneau, et faites cuire deux heures et
demie ou trois heures, ayant le soin de tourner
toujours votre appareil : sa cuisson presqu'achevée, ajoutez-y du sucre en suffisante quantité,
des massepains en poudre, un peu d'eau, de
fleur d'orange, et achevez de le faire cuire, de
manière qu'il soit assez ferme; incorporez-y
l'un après l'autre trois œufs entiers; faites lier
votre pâte; farinez un couvercle; mettez dessus
cet appareil, en l'étalant d'une égale épaisseur;
saupoudrez-le de farine, et laissez-le refroidir;
ensuite coupez-le en petits carrés, et formez-
en des boules, pas plus grosses que des balles
de fusil : quand vous voudrez les servir, mettez-
les dans une passoire; faites chauffer dans une

poêle de la friture ; mettez cette passoire où
sont vos beignets dans cette poêle ; ayez soin de
remuer votre passoire, et retirez-la sitôt que vos
beignets ont une teinte noire ; égouttez-les,
dressez-les, saupoudrez-les de sucre en poudre,
et servez.

Si vous le voulez, vous pouvez incorporer
dans cet appareil de beignets, des blancs de
volaille rôtis et hachés très-menu.

Beignets de Surprise.

Prenez huit ou dix petites pommes de rainette ; laissez-leur les queues ; coupez-les au
quart du côté de la queue, en forme de couvercle ; videz-les, sans les percer, comme pour en
former un petit pot : à cet effet, servez-vous d'un
couteau dont la lame soit arrondie par le bout :
pelez vos pommes ; mettez-les mariner pendant
deux heures dans un poisson de bonne eau-de-
vie, avec un zeste de citron et un peu de cannelle ; ensuite égouttez-les, remplissez-les de
marmelade d'abricots ou de crême-pâtisserie
bien étoffée : délayez un jaune d'œuf avec un
peu de farine ; remettez sur vos pommes leur
couvercle et collez-les : trempez ces pommes
ainsi préparées dans une pâte à frire, et faites-
les frire : leur cuisson achevée, et quand elles
seront d'une belle couleur, glacez-les de sucre
en poudre et servez.

Beignets d'Abricots.

Ayez douze ou quinze abricots qui ne soient

pas trop mûrs ; coupez-les en deux ; ôtez les noyaux de ces abricots ; parez-les ; mettez-les mariner une heure dans de l'eau-de-vie, un peu d'eau, du sucre, et le zeste d'un citron : un peu avant de les servir égouttez-les ; trempez-les dans une pâte à frire, couchez-les dans votre friture : leur cuisson faite, et lorsqu'ils sont d'une belle couleur, égouttez-les, arrangez-les sur un plafond ; saupoudrez-les de sucre fin ; glacez-les, soit au four ou avec une pelle rouge ; dressez-les et servez.

Beignets de Pêches.

Ces beignets se font comme ceux d'abricots, excepté qu'on coupe les pêches, selon leur grosseur, par quartiers ou par la moitié.

Beignets d'Oranges.

Tournez plusieurs oranges comme pour compoté, c'est-à-dire, ôtez-en le zeste et laissez-en le blanc ; coupez-les par quartiers, faites-les blanchir environ un quart d'heure ; égouttez-les ; ôtez-en les pepins ; mettez ces quartiers dans un sirop léger ; faites-les mijoter et réduire presqu'au caramel ; retirez-les du feu ; laissez-les refroidir ; garnissez-les de sirop ; trempez-les dans une pâte à frire, mouillée avec du vin blanc ; faites-les frire, de manière qu'ils soient d'une belle couleur ; retirez-les, saupoudrez-les de sucre fin ; glacez-les et servez.

Beignets de Cerises.

Prenez de grands pains à chanter, coupez-

les par morceaux de grandeur à pouvoir, envelopper une cerise liquide, je veux dire en confiture; égouttez vos cerises sur le fond d'un tamis;
avant de vous en servir, enveloppez-les, une par
une, dans chaque morceau de pain à chanter, et
enveloppez-les une seconde fois, en sens contraire, dans un autre morceau de ce pain à chanter, que vous aurez légérement humecté avec de
l'eau; soudez-en bien tous les rebords; posez-
les sur un tamis, sans qu'elles se touchent; laissez-les ainsi sécher; lorsque vous serez prêt à
les servir, vous aurez fait une légère pâte à frire,
dans laquelle vous aurez mis de l'eau-de-vie et
du vin d'Espagne, au lieu de vin blanc de
France, et du beurre fondu en place d'huile:
trempez vos cerises dans cette pâte, en ayant
soin de bien les égoutter: faites-les frire à une
friture moyennement chaude; leur cuisson achevée, et quand vos beignets seront d'une belle
couleur, égouttez-les dans une passoire; saupoudrez-les de sucre fin, et servez.

Beignets ou Croquettes de Riz.

Epluchez, lavez et faites blanchir un quarteron de riz; faites-le crever dans un demi-setier
de lait, en le mouillant au fur et à mesure: assaisonnez-le de zeste de citron haché bien
menu, de cinq ou six massepains écrasés, d'un
quarteron de sucre, d'un peu de sel, d'une
goutte d'eau de fleur d'orange et de beurre gros
comme la moitié d'un œuf: votre riz étant crevé,

liez-le avec quatre jaunes d'œufs, sans le laisser
bouillir : versez-le sur un pafond ; étendez-le
d'une égale grosseur ; laissez-le refroidir ; divisez-le en petites parties égales ; mettez-les en
boules ; trempez-les dans une omelette ; roulez-
les dans de la mie de pain ; posez-les sur un couvercle, et un moment avant de servir faites-les
frire à une friture un peu chaude : lorsque vos
beignets seront atteints et d'une belle couleur,
égouttez-les, dressez-les et servez-les.

Créme frite.

Ayez un demi-setier de lait ; faites-le bouillir
avec un zeste de citron ; délayez deux œufs,
blancs et jaunes, avec de la farine autant qu'ils
en pourront boire ; relâchez cet appareil avec
quatre œufs, blancs et jaunes ; mouillez-le avec
votre lait chaud, et supprimez-en le citron ;
délayez bien cette crême, en sorte qu'il ne s'y
forme point de grumeaux ; faites-la cuire en la
tournant comme une bouillie : au bout d'un
quart d'heure de cuisson ajoutez-y un peu de
sel, un quarteron de sucre, gros de beurre
comme la moitié d'un œuf, et quelques gouttes
d'eau de fleur d'orange ; achevez de la faire
cuire environ un demi-quart d'heure ; de suite
vous mettrez quatre jaunes d'œufs ; versez-la sur
un plafond que vous aurez beurré ou fariné ;
étendez-la d'un doigt d'épaisseur ; laissez-la refroidir ; coupez-la en losange ou avec un coupe-
pâte, en petits pâtés : farinez-la, ou panez les

beignets avec de la mie de pain bien fine; faites-
les frire et d'une belle couleur; égouttez-les sur
un linge blanc; posez-les sur un plafond, saupoudrez-les de sucre fin; glacez-les, soit au four,
soit avec une pelle rouge; dressez et servez.

Vous pouvez faire cette crême au chocolat en
supprimant les macarons.

Beignets de Céleri.

Prenez une douzaine de beaux pieds de céleri; épluchez-les; coupez les montants à six
pouces de la racine; tournez-la, sans la détacher
du pied; lavez bien votre céleri; faites-le blanchir à-peu-près un quart d'heure; tirez-le de l'eau
chaude, et mettez-le dans de la fraîche; égouttez-
le; faites-en quatre paquets et ficelez-les; foncez
une casserole de bardes de lard; rangez-y votre
céleri; assaisonnez-le d'un bouquet de persil et
ciboules, d'un peu de sel, et mouillez-le avec
du derrière de la marmite; couvrez-le de bardes
de lard, d'un rond de papier; faites-le partir et
cuire : sa cuisson achevée, égouttez-le, marinez-
le comme les autres beignets; faites-les frire;
glacez-les de même et servez.

Beignets de Salsifis et de Scorsonères.

Prenez l'une de ces deux espèces, ratissez-les,
coupez-les par morceaux de deux pouces et demi : vous aurez mis dans une casserole de l'eau
avec un filet de vinaigre; jetez-les dedans au fur
et à mesure que vous les ratissez et que vous les
coupez : mettez sur le feu une marmite d'eau;

assaisonnez-la d'un peu de sel, d'un peu de vinaigre et d'un morceau de beurre, manié dans de la farine; faites cuire, et leur cuisson achevée, égouttez-les, mettez-les dans une terrine, avec un peu de sel, du gros poivre et un filet de vinaigre blanc; laissez-les mariner : lorsque vous voudrez vous en servir, égouttez-les, mettez-les dans une pâte à frire, couchez-les dans la friture, faites-les frire d'une belle couleur, égouttez-les, et servez.

Crême au Café blanc.

Prenez trois demi-setiers de crême; ajoutez-y un zeste de citron et un quarteron de sucre; faites brûler dans une poêle deux onces de café : lorsqu'il sera brûlé d'une belle couleur, jetez-le dans votre crême bouillante; couvrez de suite votre casserole avec un couvercle; laissez infuser une demi-heure votre café dans votre crême; retirez-en le café; mettez dans une étamine trois dedans de gésiers, lavés, séchés et presque en poudre : à demi refroidie, passez cette crême trois fois à travers une étamine, en bourrant un peu le gésier avec une cuiller de bois : cela fait, remplissez promptement vos pots à crême, ayant soin de la remuer : vous aurez préparé de l'eau chaude; faites-les prendre au bain-marie, sans que l'eau bouille; couvrez la casserole d'un couvercle, avec un peu de feu dessus : sitôt que vous vous apercevez que votre crême prend, retirez vos pots de l'eau chaude, et mettez-les dans de l'eau fraîche, sans les couvrir : lorsque

vous serez pour servir, essuyez-les, dressez-les
et servez.

Créme au Chocolat.

Râpez deux ou trois tablettes de chocolat;
faites bouillir trois demi-setiers de crême, mettez-y environ un demi-quarteron de sucre, et
faites-la réduire aux deux tiers; faites fondre votre chocolat dans une casserole, avec un peu
d'eau; délayez-le avec votre crême; passez-la à
l'étamine un peu plus froide que celle au café
blanc; assurez-vous si elle est d'un bon goût, et
suivez, pour la finir, le même procédé que celui
de la crême précédente.

Créme à la Fleur d'Orange.

Faites réduire trois demi-setiers de crême;
ajoutez-y une pincée de fleur d'orange pralinée
et du sucre en suffisante quantité; goûtez-la; passez-la à l'étamine avec du gésier, et procédez,
pour la finir, comme à la précédente, et servez.

Vous pouvez, au lieu de fleur d'orange, mettre
de la vanille, en faisant bouillir cette vanille
avec votre crème, etc.

Créme vierge.

Prenez deux onces d'amandes douces, une ou
deux amères; émondez et pilez ces amandes,
comme pour la pâte d'amandes; humectez-la simplement avec de l'eau; faites réduire aux deux
tiers trois demi-setiers de crème; mettez dans
une étamine vos amandes pilées; versez dessus
votre crème; passez-la deux fois; supprimez-en

les amandes; sucrez-la; mettez le gésier dans l'étamine, passez-la, et procédez, pour la finir, comme il est dit précédemment.

Crême au Café, sans Gésier.

Procédez, pour cette crême, comme il est énoncé pour celle au café blanc, excepté que vous la ferez prendre avec six jaunes d'œufs, au lieu de gésier, et que vous la ferez cuire à l'eau bouillante, avec feu dessus, soit que vous la mettiez dans un plat ou dans des petits pots : procédez de même pour toutes les crêmes que vous voudrez faire sans gésier.

OEufs au Café blanc.

Faites réduire une chopine de crême; brûlez deux onces de café, et jetez-les dans votre crême; laissez-les infuser environ une demi-heure : cela fait, passez votre crême au travers d'un tamis, pour en supprimer le café; sucrez-la; ajoutez-y trois jaunes d'œufs et deux œufs entiers; mêlez bien le tout ensemble; passez-le au travers d'une étamine, et tordez : beurrez six petits moules, soit à gâteaux à la Madeleine, soit à darioles; laissez-les égoutter et refroidir; mettez de l'eau dans une casserole; faites-la bouillir; retirez-la du feu, remplissez vos petits moules, ayant soin de remuer vos œufs : faites-les prendre, et lorsqu'ils le seront, renversez vos moules sur le plat, ôtez-les avec précaution, pour ne point gâter vos œufs; faites chauffer environ une tasse de

bon café à l'eau, sucrez-le, saucez-en vos œufs
et servez.

OEufs au Thé.

Faites infuser dans une tasse d'eau une pincée
du meilleur thé; faites réduire une chopine de
crême à la valeur d'un demi-setier; ajoutez-y
votre décoction de thé, trois jaunes d'œufs et
deux œufs entiers, et du sucre en suffisante
quantité; assurez-vous si vos œufs sont d'un bon
goût, agitez-les, pressez-les à travers une étamine, en la tordant; agitez-les de nouveau,
remplissez-en des moules, comme ceux désignés
à l'article ci-contre; faites cuire et retournez vos
œufs, comme il est énoncé aussi à l'article précédent; saucez vos œufs avec une crême liée; prenez pour cela deux ou trois cuillerées de crême,
sucrez-la, liez-la avec un jaune d'œuf, sans la
laisser bouillir, masquez-en vos œufs et servez.

OEufs au Bouillon.

Mettez dans une casserole quatre jaunes d'œufs
et deux œufs entiers, cinq cuillerées à dégraisser
d'excellent consommé; mêlez-les bien et passez-
les à l'étamine; beurrez des moules, comme ci-
dessus, remplissez-les de votre appareil, faites-
les prendre, servez-les de même, et saucez-les
d'un bon consommé.

Vous pouvez servir ces œufs au bouillon, dans
de petits pots, comme les crêmes.

OEufs au Fumet de Gibier.

Procédez pour ces œufs, comme il est dit

précédemment pour les OEufs au Bouillon, excepté que vous emploierez, au lieu de consommé, du fumet de gibier. (Voyez *Fumet de
Gibier*, article SAUCES.)

OEufs en Surprise.

Prenez une douzaine d'œufs, faites à chacun
deux petits trous aux extrémités; passez par un
de ces trous une paille, pour crever le jaune de
l'œuf; videz vos œufs en soufflant par un des
bouts; mettez vos coquilles dans de l'eau, pour
les rincer et les approprier; égouttez-les et faites-
les sécher à l'air; délayez de la farine avec un
jaune d'œuf, pour boucher un des trous de vos
coquilles : les ayant bouchés, laissez-les sécher,
et de là remplissez-en six de crême au chocolat,
dans laquelle, au lieu de gésier, vous aurez mis
des jaunes d'œufs : à cet effet, servez-vous d'un
très-petit entonnoir : remplissez de même vos six
autres coquilles avec une crême, soit au café
blanc, soit à la fleur-d'orange, ou d'une crême
vierge, et toutes liées avec des jaunes d'œufs;
bouchez les autres trous de vos œufs; faites-les
cuire à pleine eau chaude, sans la faire bouillir;
supprimez la pâte des deux bouts de ces œufs,
essuyez-les et servez-les sous une serviette pliée,
pour entremets.

OEufs à la Neige.

Ayez trois demi-setiers de crême (ou de lait
que vous feriez réduire davantage); mettez-y un
peu de sel, trois onces de sucre, un zeste de

citron et un peu de fleur-d'orange; faites la réduire à la valeur d'une chopine; cassez six œufs, séparez les jaunes des blancs; mettez ces blancs dans un bassin ou une terrine d'office, fouettez-les : lorsqu'ils seront pris, mettez-y un peu de sel, une once de sucre en poudre, et quelques gouttes d'eau de fleur-d'orange; mêlez bien le tout avec votre fouet; prenez de ces blancs dans une cuiller à ragoût, comme vous feriez pour pocher des quenelles (voyez *Quenelles,* article FARCES, et la *Manière de les dresser*); pochez ces blancs dans votre crême, retournez-les, pour qu'ils soient cuits également : leur cuisson achevée, retirez-les au fur et à mesure, posez-les sur le fond d'un tamis : lorsqu'il y en aura suffisamment pour en garnir le plat que vous voulez servir, dressez-les comme si c'étaient des œufs pochés : prenez quatre de vos jaunes d'œufs, délayez-les avec un peu de votre crême que vous aurez laissé un peu refroidir; liez-la sur le feu, sans la laisser bouillir, et en la remuant toujours; tordez-la dans une étamine consacrée aux crêmes, saucez-en vos œufs à la neige, et servez.

Crême à l'Anglaise.

Mettez dans une casserole une petite pincée de farine, quatre macarons écrasés en poudre, et un peu de zeste de citron vert, haché; délayez le tout avec trois jaunes d'œufs, et achevez de délayer avec une chopine de crême; mettez cette crême sur le feu, tournez-la et faites-la cuire comme une légère bouillie; fouettez quatre

blancs d'œufs ; lorsqu'ils seront bien pris, incorporez-les dans votre crême ; versez-la dans un
vase creux, mettez-la sur la cendre chaude, couvrez-la d'un couvercle de tourtière, avec du feu
dessus : sa cuisson faite, saupoudrez-la de sel
fin, et servez-la aussitôt, pour qu'elle ne retombe
pas : vous pouvez la glacer avec une pelle rouge.

OEufs à l'Aurore.

Faites durcir et refroidir douze œufs ; ôtez-en
les coquilles : coupez ces œufs en deux ; séparez-en les jaunes des blancs ; mettez les jaunes
dans un mortier ; ajoutez-y un quarteron de
beurre fin, du sel, un peu de muscade râpée, un
peu de fines épices et trois jaunes d'œufs crus ; pilez bien le tout, comme si c'était une farce ; émincez vos blancs ; mettez-les dans une béchamelle
réduite et chaude, soit grasse, soit maigre. Sautez-les dedans sans la laisser bouillir ; faites qu'ils
aient une certaine consistance ; dressez-les sur
le plat que vous devez servir : retirez vos jaunes
du mortier ; mettez-les sur le fond d'un grand
tamis ; posez ce tamis au-dessus de votre plat,
et faites-les passer également sur l'appareil qui
est dressé sur ce plat : à cet effet, servez-vous
d'une cuiller de bois : cela fait, garnissez le bord
de votre plat de bouchons de pain, trempés
dans une omelette battue ; mettez vos œufs au
four où sous un four de campagne ; faites-leur
prendre une couleur aurore ; nettoyez le bord
de votre plat et servez.

Œufs à la Polonaise.

Faites durcir un quarteron d'œufs; épluchez-les; fendez-les en deux; séparez les jaunes des blancs; mettez les jaunes dans un mortier; pilez-les; ajoutez-y du beurre à-peu-près gros comme deux œufs, du sel, des fines épices, un peu de muscade râpée, et cinq à six jaunes d'œufs crus : lorsque votre farce sera bien mêlée et sans grumeaux, mettez-y un peu de persil haché très-fin; incorporez-y deux ou trois blancs d'œufs fouettés : prenez le plat que vous devez servir; garnissez-en le fond de votre farce, à-peu-près de l'épaisseur de trois ou quatre lignes; remplissez vos moitiés d'œufs de cette farce, en leur donnant la forme d'un œuf entier; dressez-les sur votre plat de la manière la plus agréable; dorez-les; mettez-les au four ou sous un four de campagne, avec feu dessous et dessus; faites qu'ils aient une belle couleur; nettoyez le bord de votre plat, et servez.

Œufs à la Tripe.

Ayez six gros oignons; épluchez-les; supprimez-en le cœur, coupez-les en rouelles; mettez-les dans une casserole avec gros comme un œuf de beurre fin; passez-les à blanc sur un feu doux : leur cuisson faite, singez-les d'une pincée de farine; mouillez-les avec du lait ou de la crême; laissez-les cuire et réduire; assaisonnez-les de sel, poivre et muscade râpée : au moment de servir, coupez en rouelles douze œufs durs;

mettez-les dans votre pluche d'oignon ; mêlez bien le tout ensemble, sans écraser vos œufs et sans laisser bouillir ; mettez-y un peu de beurre fin, et, si vous le voulez, un peu de persil haché ; goûtez s'ils sont d'un bon goût ; dressez et servez.

OEufs à la Béchamelle.

Mettez dans une casserole quatre ou cinq cuillerées à dégraisser de béchamelle grasse ou maigre (voyez *Béchamelle*, article Sauces) ; coupez quinze œufs durs, comme il est dit ci-devant ; mettez-les dans votre béchamelle très-chaude, sans les laisser bouillir ; finissez avec un morceau de beurre et un peu de muscade râpée ; goûtez s'ils sont d'un bon goût ; dressez-les ; entourez-les de bouchons de pain passés au beurre, et servez.

OEufs à la sauce Robert.

Épluchez six gros oignons ; supprimez-en les cœurs ; coupez-les en rouelles ; mettez-les dans une casserole avec un morceau de beurre ; posez votre casserole sur un bon feu ; faites roussir et cuire vos oignons ; singez-les ; mouillez-les, soit avec de l'eau, soit avec du bouillon gras ou maigre ; assaisonnez-les de sel et poivre ; laissez cuire et lier votre sauce : au moment de servir, coupez en rouelles douze œufs durs ; mettez-les dans votre sauce ; mêlez-les bien ; ajoutez-y, pour les finir, une cuiller à bouche pleine de moutarde : goûtez s'ils sont d'un bon goût ; dressez et servez-les.

OEufs pochés au Jus.

Mettez dans une casserole une chopine d'eau,
un poisson de vinaigre blanc et une bonne
pincée de sel; faites bouillir cette eau; retirez-
la sur le coin du fourneau; ayez douze œufs
bien frais; cassez-en six, l'un après l'autre, sur le
bord de votre casserole, et faites-les tomber bien
entiers dans votre eau; laissez-les un instant
sans les toucher, pour leur donner le temps de
prendre : quand vous les jugerez pris, donnez-
leur un léger bouillon; retirez un des premiers
mis; s'il est d'une consistance convenable, mettez-le dans de l'eau fraîche, et ainsi des autres;
lorsqu'ils sont un peu refroidis, parez-les; remettez-les dans de l'eau; et, quand vous voudrez les servir, faites-les chauffer légérement;
ensuite tirez-les avec une cuiller percée; égouttez-les sur une serviette que vous tenez d'une
main; dressez-les sur votre plat; mettez dessous un bon blond de veau réduit, sur chaque
œuf un peu de mignonnette, et servez.

OEufs pochés pour toutes sortes de Ragoûts, tels
qu'Oseille, Épinards, Chicorée, Concombres,
Purée de Pois, Lentilles sauce tomate, et
Ravigotes.

Procédez, pour ces œufs, comme il est expliqué
à l'article précédent; et pour les divers ragoûts
désignés ci-dessus (voyez les articles SAUCES,
RAGOUTS et GARNITURES.

OEufs au Beurre noir.

Cassez sur un plat douze œufs; prenez garde
d'en rompre les jaunes; assaisonnez-les de sel;
mettez dans une poêle à courte queue, appelée
communément un diable, un bon quarteron de
beurre; faites-le noircir, sans le faire brûler;
lorsqu'il le sera, écumez-le, tirez-le au clair
dans un autre vase; essuyez votre poêle; remettez-y votre beurre; faites-le chauffer de nouveau; arrosez-en vos œufs et coulez-les dans la
poêle; mettez-les sur une cendre rouge, et servez-vous d'une pelle rouge pour les faire prendre par-dessus: leur cuisson achevée, coulez-les
sur votre plat; faites chauffer dans votre poêle
un demi-poisson de vinaigre; lorsqu'il sera
bouillant, versez-le sur vos œufs, et servez.

OEufs sur le Plat, dits au Miroir.

Étendez un peu de beurre dans le plat que
vous devez servir; assaisonnez ce beurre d'un
peu de sel; cassez vos œufs et posez-les sur votre
plat, de manière à n'en point rompre les jaunes;
arrosez-les d'un peu de lait ou de crême; mettez-y quelques petits morceaux de beurre; saupoudrez-les d'un peu de sel fin, de gros poivre
et d'un peu de muscade râpée; posez votre plat
sur une cendre chaude; faites-les prendre en
passant dessus une pelle rouge, de sorte que les
jaunes se maintiennent mollets; essuyez le bord
de votre plat, et servez.

OEufs brouillés.

Cassez douze œufs frais; supprimez les blancs
de six; battez vos œufs; mettez une étamine sur
une casserole, vos œufs dans cette étamine et tor-
dez-les; ajoutez-y gros comme un œuf de beurre
fin, un demi-verre de bouillon ou de consommé,
un peu de muscade râpée, un peu de sel, et,
si vous le voulez, un peu de gros poivre; posez
votre casserole sur un feu modéré; remuez vos
œufs avec une cuiller de bois ou un petit fouet
à biscuit; quand vos œufs commencent à prendre, retirez votre casserole du fourneau; travaillez-les bien, remettez-les sur le feu pour
achever de les faire prendre; ne les laissez pas
trop cuire; finissez-les avec gros de beurre comme
une noix, dressez-les sur un plat froid, garnissez-les de croûtons passés dans le beurre, et
servez. Employez le même procédé, 1° pour faire
vos œufs brouillés aux truffes, en y incorporant
des truffes hachées que vous aurez passées dans
du beurre, et un peu d'espagnole en place de
bouillon; 2° pour les faire aux champignons, en
y ajoutant des champignons hachés et passés de
même dans du beurre; 3° pour les faire aux
pointes d'asperges cuites; 4° pour les faire au
fromage, en y mettant du fromage râpé, soit de
Gruyères ou de Parmesan, avant que vos œufs
ne soient tout-à-fait cuits; 5° pour les faire au
jambon, en y ajoutant du jambon cuit, haché
très-menu; 6° pour les faire aux cardes, en y

mettant des cardes qui auraient mijoté dans
la sauce, et que vous auriez coupées en petits
dés.

Omelette au Naturel.

Cassez douze œufs dans un vase, assaisonnez-
les de sel, mettez-y un peu d'eau; battez votre
omelette, soit avec un fouet, soit avec deux four-
chettes; il faut qu'elle soit bien battue : mettez
dans une poêle bien propre gros de beurre
comme un bœuf, faites-le fondre sans le laisser
roussir, versez-y votre omelette en continuant
de la battre; posez votre poêle sur un feu clair
et vif; chauffez-en principalement le côté où est
la queue; agitez votre omelette à force de bras;
prenez garde qu'elle ne brûle : quand elle sera
presque cuite, mettez entre elle et la poêle gros
de beurre comme une noix : ce beurre fondu,
roulez votre omelette; voyez si elle est d'une
belle couleur, retournez-la sur votre plat, et
servez. Si vous voulez votre omelette aux fines
herbes, mettez-y, en la battant, du persil et de la
ciboule hachés très-fin, et un peu de poivre.

Omelette à la Célestine.

Faites quatre omelettes, de trois œufs chacune;
qu'elles soient le plus mince possible; glissez-les
sur votre table; garnissez-en deux de confitures
et deux de frangipane; roulez-les en forme de
manchon, rognez-en les extrémités, et posez-les
sur votre plat; saupoudrez-les de sucre en poudre, glacez-les avec une pelle rouge, et servez-les.

Omelette aux Confitures.

Faites une omelette au naturel, de neuf œufs (voyez l'article *Omelette au Naturel*); lorsqu'elle sera cuite à son point, garnissez-la de confitures; donnez-lui la forme d'un manchon; versez-la sur votre plat, saupoudrez-la de sucre fin et avec un hatelet, que vous aurez fait rougir; formez dessus, en appuyant, des losanges ou des quadrilles, et servez.

Omelette au Rognon de Veau.

Prenez un rognon de veau cuit à la broche; laissez-y un peu de graisse, coupez-le en petits dés ou en rouelles; mettez ce rognon dans une casserole, avec une pincée de persil et ciboules hachés, ainsi que du sel et du poivre; passez-le sur le feu; mouillez le tout de deux cuillerées à dégraisser d'espagnole réduite; mettez bouillir votre ragoût et dégraissez-le : faites une omelette au naturel d'une douzaine d'œufs, comme il est indiqué à l'article *Omelette au Naturel*: avant de la retirer de la poêle, mettez votre ragoût dans le cœur de cette omelette; roulez-la, dressez-la et servez : mettez dessous, si vous le voulez, une espagnole réduite.

Omelette aux Champignons.

Cette omelette se fait comme celle au rognon de veau, excepté qu'au lieu de rognon vous y mettrez des champignons, préparés ainsi: émincez des champignons, passez-les et finissez-les comme le rognon dont il est parlé à l'article précédent.

Omelette à l'Oseille.

Faites une omelette au naturel, dans laquelle vous mettrez une purée d'oseille. (Voyez cette Purée, article SAUCES.)

Omelette au Lard.

Prenez une demi-livre de petit lard; ôtez-en la couenne, coupez-le en dés, faites-le dessaler dans de l'eau tiède : lorsque vous voudrez faire votre omelette, mettez un morceau de beurre dans votre poêle, faites-y cuire et roussir votre lard : vous aurez cassé une omelette de douze œufs; battez-la bien; mettez-y très-peu de sel et un peu de poivre; versez-la dans votre poêle; agitez-la bien, et prenez garde qu'elle ne brûle : sa cuisson faite, roulez-la, voyez si elle est d'une belle couleur, dressez-la et servez.

Omelette aux Truffes.

Faites cette omelette comme celle au naturel, et mettez-y un ragoût aux truffes, bien fini. (Voyez ce Ragoût, article SAUCES.)

Panequets.

Mettez dans une terrine deux cuillerées à bouche de farine, trois jaunes d'œufs et deux œufs entiers, un peu de sel et quelques gouttes d'eau de fleur-d'orange; délayez bien le tout, et achevez de le délayer avec du lait (il faut que cet appareil soit clair) : prenez une petite poêle ronde et creuse, chauffez-la, essuyez-la, mettez du beurre gros comme la moitié d'une noix dans plusieurs épaisseurs de papier en forme de petit sachet, frottez-en votre poêle partout; mettez dans votre poêle une cuillerée à dégraisser pleine de votre appareil; tournez-la sur tous les sens, afin de bien étendre votre panequet, lequel doit être mince et égal partout : lorsqu'il sera cuit, renversez-le sur le plat que vous devez servir; étendez dessus votre panequet, saupoudrez-le de sucre, et continuez ainsi, pour les autres, jusqu'à ce que vous ayez employé votre appareil, et servez.

Gelée d'Oranges.

Ayez un bâton et demi de colle de poisson, ou deux bâtons, selon leur grosseur; mettez cette colle dans un linge propre, battez-la, déchirez-la par petits morceaux : prenez une très-petite marmite bien étamée, mettez-y la valeur d'un demi-setier d'eau, ajoutez-y votre colle de poisson; faites-la bouillir, retirez-la sur le coin du fourneau : couvrez votre marmite; laissez cuire et réduire à moitié, à très-petit feu, cette colle; clarifiez une demi-livre de sucre en pain (voyez *Sucre clarifié*, art. 1er de l'OFFICE); faites-le cuire au petit perlé : sa cuisson faite, retirez-le : ayez neuf ou dix moyennes oranges bien fines : si c'est dans leur primeur, elles seront assez acides; si c'est sur leur fin, ajoutez-y le jus de deux citrons; levez le zeste de trois oranges le plus fin possible; mettez-le infuser dans votre sucre, et

couvrez cette infusion : cela fait, coupez vos
oranges et vos citrons, si vous en mettez : posez
une étamine en double sur une terrine ; pressez
dessus vos oranges ; exprimez-en le jus, et passez-le à travers cette étamine ; mêlez ce jus avec
le sucre dans lequel vous avez fait infuser votre
zeste ; voyez si votre colle est cuite : vous vous en
assurerez en y trempant le doigt, et l'appuyant
sur votre pouce ; s'il s'y colle avec un peu de force,
c'est qu'elle est à son degré de cuisson : mêlez-la
avec votre décoction ; remuez bien le tout ensemble, et passez-le un peu tiède au travers de
votre étamine que vous aurez bien lavée et tor-
due dans un linge blanc ; pilez trois ou quatre
livres de glace ; garnissez-en un couvercle de
marmite ou une sauteuse assez grande pour contenir sept ou neuf petits pots ; faites des trous
dans cette glace pour y recevoir vos pots ; saupoudrez-la de gros sel : placez-y ces petits pots ;
remplissez-les de votre gelée, en la remuant ; couvrez-les d'une feuille de papier ; laissez-les prendre : lorsque vous serez prêt à les servir, essuyez-
les et dressez-les. Il est essentiel que votre glace
ne soit pas trop ferme, conséquemment il faut
qu'elle soit délicate et tremblante. Vous pouvez
employer le même procédé, mais en y ajoutant
un peu plus de colle, quand vous voudrez la
faire prendre dans un moule, comme si c'était
un aspic. De plus, à ce sujet, augmentez les doses
en général, et forcez d'un peu de colle ; vous pouvez vous servir aussi des écorces de vos oranges,

en place de petits pots, après les avoir bien vidées, lavées et égouttées.

Gelée de Citrons.

Procédez, à l'égard de cette gelée, comme il est indiqué, pour celle d'oranges, à l'article précédent, excepté que vous mettrez un peu plus de sucre.

Gelée de Fruits rouges.

Prenez une livre de groseilles et une poignée de framboises; épluchez-les; faites-les fondre dans un poêlon d'office, avec un peu d'eau; une fois fondue, jetez-les sur le tamis; passez ce jus à plusieurs reprises dans une petite chausse, jusqu'à ce qu'il soit clair; faites cuire de la colle de poisson en suffisante quantité, et réduire votre sauce comme pour la gelée d'oranges; mélangez le tout; et procédez, pour la finir, comme il est indiqué à l'article de la *Gelée d'Oranges*.

Gelée de Fleurs d'Oranges au vin de Champagne.

Prenez une poignée de fleurs d'oranges; épluchez-la; supprimez-en le pistil, et mettez les pétales dans de l'eau fraîche; mettez de l'eau sur le feu; jetez-y vos pétales, et faites-leur jeter un bouillon; retirez-les; égouttez-les, mettez-les dans du sirop dans lequel vous les ferez cuire au petit perlé; leur cuisson achevée, et quand elles seront presque refroidies, ajoutez-y cinq ou six petits pots de vin de Champagne et autant de colle de poisson qu'il est indiqué à la *Gelée d'Oranges* (voyez cet article), et le jus de deux citrons; mêlez le tout ensemble; passez-le à travers une étamine pliée en double; remuez bien votre décoction; préparez et arrangez vos petits pots, comme il est indiqué à la Gelée d'Oranges; faites-les prendre de même et servez.

Gelée d'Ananas.

Prenez un ou deux petits ananas; épluchez-les comme vous pèleriez une pomme; coupez-les par tranches minces; mettez-les dans un vase, et versez dessus un poisson et demi d'eau bouillante; laissez-les infuser une heure; passez cette infusion au travers d'un tamis de soie neuf, ou qui n'aurait servi qu'à passer du sucre. Cela fait, préparez autant de colle de poisson qu'il est indiqué pour la *Gelée d'Oranges* (voyez cet article), et la même quantité de sucre clarifié, cuit et réduit au même degré : ajoutez à cette décoction le jus de deux citrons; passez le tout dans une étamine double, et procédez pour finir comme il est indiqué aux gelées précédentes.

Gelée d'Ananas dans l'Ananas même.

Prenez un bel ananas; coupez-en la couronne à un pouce de sa superficie, et laissez-lui la queue d'un pouce et demi de longueur; creusez-le du côté de la couronne, sans percer ni endommager sa peau ou son écorce : à cet effet servez-vous d'un couteau à lame d'argent et d'une cuiller de même métal; ôtez-en bien toutes les chairs; faites comme il est indiqué à l'article précédent, et suivez en tout le même procédé pour faire votre gelée : cela fait, remplissez-en votre ananas; faites-le prendre dans de la glace, sans y mêler de sel; faites un gâteau à la Madeleine, de l'épaisseur de deux ou trois pouces, ou tout autre gâteau de la grandeur de votre plat d'entremets; laissez-le refroidir : au moment de servir faites un trou au milieu de ce gâteau; placez-y votre ananas du côté de la queue; recouvrez-le de sa couronne, et servez.

Gelée de Marasquin.

Faites cuire un bâton et demi de colle de poisson, ainsi qu'il est expliqué aux articles précédens, un quarteron et demi de sucre cuit et réduit de même, cinq petits pots de marasquin et un petit pot de kirchwaser; passez le tout au travers d'une étamine; remplissez et faites prendre vos petits pots, et servez.

Gelée au Rum.

Faites cuire et réduire un bâton et demi de colle de poisson et une demi-livre de sucre clarifié, cuit et réduit, comme il est indiqué pour les Gelées précédentes : ajoutez-y le jus de deux citrons et la valeur de cinq petits pots de rum; mélangez le tout; passez-le à l'étamine; remplissez vos petits pots; faites-les prendre et servez. Suivez le même procédé pour les gelées au vin de Madère, au vin de Malaga, de Muscat, et généralement pour tous les vins et liqueurs; la seule

différence est que, si ce sont des vins ou des liqueurs que vous employez, il faut diminuer la
quantité de sucre et les aciduler avec du jus de
citron, si vous le croyez nécessaire : vous pouvez faire toutes les gelées qu'il vous plaira, soit
en fleurs, soit en fruits, en les faisant infuser,
comme il est dit à la Gelée d'Ananas, et en suivant les autres procédés énoncés ci-dessus (ce
qui m'a toujours très-bien réussi).

Blanc-Manger.

Ayez deux pieds de veau; fendez-les en deux,
et ôtez-en les gros os; faites-les dégorger et
blanchir; rafraîchissez-les; mettez-les dans une
marmite, avec une pinte et demie d'eau; faites-
les partir, écumez-les; laissez-les cuire deux ou
trois heures, dégraissez-les; passez leur bouillon au travers d'une serviette mouillée; faites
blanchir, et émondez un quarteron d'amandes
douces avec deux amères; pilez-les, réduisez-les
en pâte; ayez soin de les mouiller de temps en
temps avec un peu d'eau, pour qu'elles ne tournent point en huile; mettez dans une casserole
un demi-setier d'eau, un quarteron et demi de
sucre, le zeste de la moitié d'un citron et une
bonne pincée de coriandre; laissez infuser le
tout une demi-heure; retirez-en la coriandre et
le citron; versez cette infusion sur vos amandes;
passez-la plusieurs fois à travers une serviette;
ajoutez-y autant de colle de pieds de veau qu'il
en faut pour que votre blanc-manger soit déli-

cat, et qu'il puisse prendre, ce dont vous vous assurerez en en faisant l'essai : étant à son degré et d'un bon goût, versez-le, soit dans des petits pots, soit dans un moule, ou dans des écorces d'oranges ; faites-le prendre à la glace comme les autres gelées, et servez. Vous pouvez faire ce blanc-manger et toutes les gelées, avec de la colle de poisson, de la corne de cerf, des pattes de volailles, des couennes ou de la mousse d'Islande.

Pois d'Entremets à la Française.

Ayez un litre de pois très-fins ; mettez-les dans un vase avec gros de beurre comme une noix ; maniez-les avec la main ; versez de l'eau dessus ; laissez-les un demi-quart d'heure dans cette eau pour les attendrir ; égouttez-les dans une passoire ; mettez-les dans une casserole ; faites-les suer sur le feu, en les remuant souvent ; lorsqu'ils seront bien verts, ajoutez-y un bouquet de persil et ciboules, si vous voulez ; couvrez-les ; mettez-les sur un feu doux et sur la paillasse du fourneau ; sautez-les de temps en temps : leur cuisson faite, maniez un pain de beurre avec la moitié d'une cuillerée de farine de froment ; mettez-le dans vos pois ; joignez-y gros de sucre comme une noix ; remettez-les sur le fourneau ; faites cuire votre farine ; goûtez s'ils sont d'un bon goût ; dressez-les, de manière qu'ils fassent bien le rocher ; s'ils se trouvaient trop liés, versez-y un filet d'eau, et servez-les.

Pois au lard ou au jambon.

(Voyez ces pois à l'article RAGOUTS), et procédez de même pour ceux de l'entremets.

Pois à l'Anglaise.

Ayez un litre ou un litre et demi de pois; mettez dans une casserole deux ou trois pintes d'eau et une bonne pincée de gros sel; faites bouillir cette eau, et au grand bouillant, jetez-y vos pois; ajoutez-y une branche de baume, et laissez bouillir et cuire ainsi vos pois; lorsqu'ils le seront, égouttez-les dans une passoire; mettez un quarteron de beurre fin dans le plat que vous devez servir, vos pois dessus, et dessus ces pois une pincée de baume bien hachée; de suite servez-les.

Haricots verts à la Poulette.

Ayez de ces haricots ce qu'il en faut pour faire un plat d'entremets; choisissez-les bien petits et bien tendres; épluchez-les, en cassant les deux bouts pour en ôter la partie filandreuse; mettez-les au feu, et à mesure dans de l'eau fraîche; s'il s'en trouvait de trop gros, séparez-les dans toute leur longueur en deux ou en trois : ensuite ayez une casserole ou un chaudron dans lequel vous les ferez blanchir à grande eau et à grand feu, et vous aurez la précaution de mettre dans cette eau une petite poignée de sel; faites qu'ils soient bien verts et bien cuits, ce dont vous jugerez en les pressant entre les doigts : leur cuisson faite;

mettez-les dans de l'eau fraîche : égouttez-les ;
jetez-les dans une casserole avec un morceau de
beurre ; coupez un oignon en petits dés ; passez-
les à blanc dans votre beurre ; votre oignon presque cuit, singez-le d'une pincée de farine ; laissez-
la cuire un peu sans roussir ; mouillez-la avec une
cuillerée à pot de bouillon ; délayez-la bien ; assaisonnez-la de sel, de persil et ciboules hachés,
ainsi que du gros poivre : laissez cuire votre sauce ;
ajoutez-y vos haricots ; faites-leur jeter un bouillon ; que leur sauce ne soit pas trop longue ; liez-
les avec deux ou trois jaunes d'œufs ; finissez-les
avec un jus de citron et un pain de beurre, et
servez.

Haricots à l'Anglaise.

Lorsque vos haricots seront préparés, blanchis et égouttés comme les précédens, mettez-
les dans une casserole avec un morceau de bon
beurre, du persil, de la ciboule hachée, sel et
gros poivre ; posez-les sur le feu ; sautez-les ;
ajoutez-y une cuiller à dégraisser pleine de velouté, si vous en avez, ainsi qu'un jus de citron,
et servez.

Haricots tout-à-fait à l'Anglaise.

Lorsque ces haricots seront préparés, blanchis, cuits et d'un beau vert, jetez-les dans une
passoire ; mettez un bon morceau de beurre sur
votre plat à servir ; dressez vos haricots ; mettez
dessus du persil haché tout autour, en forme
de cordon ; chauffez ce plat et servez.

Haricots verts à la Bretonne.

Coupez en petits dés un ou deux oignons; mettez-les dans une casserole avec un morceau de beurre; posez-les sur un fourneau; passez vos oignons; lorsqu'ils commenceront à roussir, mouillez-les avec de l'espagnole, sinon (n'en ayant pas), singez-les; faites qu'ils soient d'un beau roux, ainsi que votre farine; mouillez-les avec une cuillerée à pot de bouillon; assaisonnez-les de sel et de gros poivre : faites cuire et réduire cette sauce; mettez-y vos haricots blanchis et cuits, comme il est énoncé aux articles précédens : laissez-les mijoter; assurez-vous s'ils sont d'un bon goût, dressez-les et servez.

Haricots verts à la Lyonnaise.

Coupez un ou deux oignons en demi-anneaux; mettez-les dans une poêle avec de l'huile; posez cette poêle sur le feu; lorsque votre oignon commencera à roussir, ajoutez-y vos haricots verts; préparez comme il est dit ci-devant; faites-les frire avec vos oignons; saupoudrez-les de persil et ciboules hachés; assaisonnez-les de sel et de gros poivre; faites-leur faire encore un ou deux tours de poêle : dressez-les; mettez un filet de vinaigre dans la poêle; faites-le chauffer; versez-le sur vos haricots, et servez-les.

Haricots verts en salade.

Faites blanchir, cuire, rafraîchir et égoutter vos haricots; mettez-les dans un saladier; garnissez-les de quelques filets d'anchois, de quel-

ques oignons cuits dans la cendre, des betteraves, des fournitures hachées ; en outre, assaisonnez-les de sel, gros poivre, huile et vinaigre,
et servez-les.

Choufleurs, sauce au beurre.

Prenez deux têtes de choufleurs ; épluchez-les ;
n'y laissez aucune petite feuille ; jetez-les dans
de l'eau fraîche au fur et à mesure ; lavez-les
bien ; prenez garde qu'il n'y ait point de che-
nilles cachées, à quoi ces choux sont très-sujets :
cela fait, mettez de l'eau dans une marmite avec
un peu de sel, un morceau de beurre manié et
le jus d'un citron : joignez-y vos choufleurs ; faites
partir ; couvrez votre marmite d'un papier beurré ;
laissez-les mijoter sur le coin du fourneau ; prenez garde de les laisser trop cuire : leur cuisson
faite, égouttez-les ; dressez-les sur votre plat, ou
moulez-les dans une casserole ; égouttez votre
plat ; masquez-les avec une sauce au beurre, et
servez-les avec une saucière pleine de cette sauce.

Choufleurs au Jus.

Faites cuire et dressez vos choufleurs, comme
il est indiqué à l'article précédent ; mettez dans
une casserole moitié sauce blanche et moitié
espagnole, gros comme le pouce de réduction ;
vanez et sassez votre sauce, où vous aurez mis
un peu de muscade râpée ; assurez-vous si elle
est d'un bon goût ; dressez et masquez vos choufleurs : si vous voulez leur donner plus de goût,
aux trois quarts cuits, égouttez-les ; mettez-les
mijoter dans leur sauce, dressez-les et servez.

Choufleurs au Parmesan.

Lorsque vos choufleurs seront cuits, égouttez-les ; mettez dans une casserole de la sauce au beurre, et une ou deux poignées de fromage de Parmesan râpé : liez bien le fromage avec la sauce ; mettez-en une partie dans le fond du plat ; dressez-y vos choufleurs ; et lorsque vous serez pour mettre le dernier morceau, faites couler votre sauce dans les vides de vos choufleurs ; achevez de les dresser ; masquez-les du restant de votre sauce ; saupoudrez-les de fromage râpé ; mettez-les au four ou sous un four de campagne, avec feu dessous et dessus ; faites-leur prendre une belle couleur : leur cuisson achevée, égouttez-les, nettoyez le bord du plat, et servez.

Choufleurs frits.

Préparez et faites cuire vos choufleurs, comme ci-dessus ; leur cuisson faite, égouttez-les, mettez-les dans une terrine avec un filet de vinaigre, du sel et du gros poivre ; laissez-les mariner une demi-heure, égouttez-les, trempez-les dans une pâte légère ; faites-les frire, qu'ils soient d'une belle couleur, et servez-les.

Artichauts à la Sauce blanche.

Ayez trois ou quatre artichauts ; parez les culs, coupez la pointe des feuilles et les pointes des artichauts ; mettez sur le feu un chaudron avec beaucoup d'eau et une poignée de sel ; quand votre eau bouillira, mettez-y vos arti-

chauts, laissez-les cuire, qu'ils soient bien verts;
et assurez-vous de leur cuisson en enfonçant la
pointe de votre couteau dans les artichauts; leur
cuisson achevée, rafraîchissez-les; enlevez leurs
petites feuilles avec propreté, ôtez-leur le foin;
remettez-leur les petites feuilles, comme si vous
ne les aviez pas vidés; mettez-les dans une casserole avec de l'eau chaude; au moment de les
servir tournez-les, pour les égoutter, sens dessus dessous; dressez-les et servez-les avec une
saucière pleine de sauce au beurre.

Artichauts à la Barigoule.

Parez vos artichauts, comme il est dit ci-dessus; mettez-les dans une casserole avec de l'eau,
lavez-les bien, retirez-les, et avec une cuiller
ôtez-en les petites feuilles et le foin; cela fait,
lavez-les de nouveau; mettez dans une casserole
un quarteron de lard râpé et autant de beurre,
des champignons, persil, ciboules et échalotes
hachées, sel, poivre et un peu de fines épices;
maniez bien le tout avec une cuiller, remplissez-
en vos artichauts, ficelez-les; foncez une casserole de bardes de lard, rangez-y vos artichauts;
mouillez-les d'un peu de bouillon, garnissez-les
d'une feuille de laurier et d'un peu de thym;
faites-les partir sur un bon feu; couvrez-les
d'un couvercle, avec feu dessus; posez-les sur la
paillasse d'un fourneau et au-dessus d'un fourneau ardent; entourez-les de feu autour; à moitié de leur cuisson, mettez la valeur d'un pois-

son de vin blanc, distribué dans chaque arti-
chaut; laissez-les s'achever de cuire, que leurs
feuilles aient une belle couleur; dressez-les sur
votre plat, déficelez-les, et à l'instant de servir
mettez dans chaque une cuillerée d'espagnole
réduite, un jus de citron, et servez-les.

Autre Manière d'Artichauts à la Barigoule.

Prenez trois artichauts; préparez-les comme
les précédens; faites-les blanchir assez pour
pouvoir en supprimer le foin; à cet effet, servez-vous d'une cuiller; mettez de l'huile dans
une poêle, faites-la chauffer; mettez-y vos artichauts, du côté des feuilles; laissez-leur prendre
une belle couleur, égouttez-les, marquez-les
dans une casserole, et assaisonnez-les comme
les précédentes, et faites-les cuire de même.

Artichauts à l'Italienne.

Ayez trois artichauts crus, coupez-les en
quatre ou six morceaux égaux, supprimez-en le
foin avec votre couteau, parez-en le dessus et
la pointe des feuilles, jetez-les dans de l'eau et
lavez-les; étendez un peu de beurre dans une
casserole, rangez-y vos morceaux d'artichauts;
assaisonnez-les d'un jus de citron, d'un verre de
vin blanc et d'un peu de bouillon; faites-les partir et cuire : leur cuisson faite, égouttez-les,
dressez-les sur votre plat, et saucez-les d'une sauce
italienne blanche, et servez. (Voyez *Sauce Italienne*, article SAUCES.)

Artichauts frits.

Ayez trois artichauts tendres; parez-les comme les premiers, excepté qu'il faut leur laisser moins de feuilles, et coupez-les en plus petits morceaux; mettez-les, pour les laver, dans une casserole avec de l'eau et un filet de vinaigre blanc; égouttez-les, mettez-les dans une terrine, avec sel, gros poivre, deux ou trois œufs entiers, un petit filet de vinaigre, une poignée de farine, une cuillerée à bouche pleine d'huile fine; maniez-les bien, qu'ils soient imprégnés de leur pâte; faites chauffer votre friture; retirez-la du feu, couchez-y vos artichauts, les uns après les autres; ayez soin qu'ils ne se mêlent point; retournez-les; remettez la poêle sur le feu; laissez-les cuire et remuez-les souvent; leur cuisson faite et d'une belle couleur, égouttez-les; descendez votre friture; ayez du persil tout prêt dans une passoire; mettez cette passoire et le persil dans votre friture, remuez-le avec la pointe d'un hatelet; sitôt que vous apercevrez qu'il sèche, retirez votre passoire, secouez-la, égouttez votre persil sur un linge blanc; dressez vos artichauts avec une poignée de persil frit dessous et une pincée par-dessus, et servez.

Artichauts braisés.

Ayez trois ou quatre artichauts; parez-les, comme pour la barigoule; lavez-les, faites-les blanchir, de manière à pouvoir en ôter le foin;

foncez une casserole de bardes de lard, de quelques tranches de veau, de quelques lames de jambon, d'un bouquet de persil et ciboules assaisonné; et posez dessus vos artichauts; mouillez-les d'un peu de consommé, mettez dessus un rond de papier; faites-les partir, laissez-les cuire à petit feu; leur cuisson achevée, égouttez-les, dressez-les, saucez-les d'une espagnole réduite, dans laquelle vous aurez mis gros comme un œuf de beurre fin, un jus de citron, et servez.

Culs d'Artichauts à la Ravigote.

Préparez ees culs d'artichauts, comme il est indiqué à l'article Garnitures; qu'ils soient bien blancs; mettez dans le fond de votre plat une ravigote froide (voyez *Ravigote froide*, article Sauces); dressez vos culs d'artichauts, et servez : vous pouvez servir de ces culs d'artichauts avec toutes les sauces possibles, telles qu'italienne, espagnole, sauce au beurre, velouté, etc.

Artichauts à la Bretonne.

Ayez quatre artichauts; coupez-les en six, parez-les, ôtez-en le foin, lavez-les; faites bouillir de l'eau, pour les y jeter; laissez-les dans cette eau deux minutes; rafraîchissez-les, égouttez-les sur un linge blanc; marquez-les dans une casserole avec du beurre clarifié; faites-les partir, mettez-les sur la paillasse mijoter; leur cuisson faite, égouttez-les, dressez-les, glacez-les et saucez-les d'une sauce blanche italienne légère.

Asperges au Beurre.

Ayez une botte de belles asperges; effeuillez-les; coupez légérement leurs petites pointes; ratissez-les; jetez-les dans de l'eau; mettez-les en petites bottes; égalisez-les; lorsque vous serez pour les servir, faites bouillir de l'eau dans un chaudron avec une poignée de sel; mettez-y vos asperges un quart d'heure avant; leur cuisson achevée, égouttez-les, dressez-les, si vous êtes prêt à servir; sinon rafraîchissez-les et remettez-les dans l'eau bouillante un instant avant; alors dressez-les et servez-les avec une saucière pleine de sauce au beurre, où vous aurez mis un peu de muscade râpée.

Asperges au Jus.

Préparez et faites cuire ces asperges, comme il est dit à l'article précédent; dressez-les de même, soit en cul de panier, soit en bottillon, et servez-les dans une saucière pleine d'une sauce moitié à l'espagnole, moitié au beurre, que vous aurez vanné et passé.

Asperges aux petits Pois.

Prenez une botte d'asperges dite aux petits pois; supprimez-en les pointes, que vous emploierez pour vos potages ou pour garnitures; coupez-les brin-à-brin, de la grosseur d'un petit pois; ayez soin de ne couper ainsi que le tendre, jetez les au fur et à mesure dans de l'eau; lorsque vous aurez achevé de couper vos asper-

ges, tirez-les de l'eau, faites-les blanchir à grande
eau, dans laquelle vous aurez mis une petite
poignée de sel ; lorsqu'elles seront blanchies,
égouttez-les sur un tamis ; mettez un morceau
de beurre dans une casserole, ajoutez-y vos asperges avec un bouquet de persil et ciboules ;
sautez-les, singez-les d'une pincée de farine ;
mouillez-les avec de l'eau, assaisonnez-les de
sel, une petite pincée de gros poivre et la moitié d'une cuillerée à bouche de sucre en poudre ;
laissez-les cuire et réduire ; leur cuisson faite,
retirez-les sur le coin du fourneau ; liez-les avec
trois jaunes d'œufs ; ajoutez-y un pain de beurre ;
remettez-les un instant sur le feu, sautez-les ;
votre liaison cuite, assurez-vous si elles sont
d'un bon goût : observez qu'il faut qu'elles soient
à courte sauce ; dressez-les en rocher, et servez.

Asperges aux petits Pois au roux.

Préparez ces asperges comme ci-dessus ; quand
elles seront blanchies, mettez-les dans une casserole avec gros de beurre comme un œuf et un
bouquet de persil et ciboules ; sautez-les ; lorsqu'elles seront bien passées, mouillez-les avec
trois ou quatre cuillerées d'espagnole ; laissez-
les cuire et réduire ; dégraissez-les, supprimez-en
le bouquet en l'exprimant ; finissez-les avec un
petit pain de beurre ; assurez-vous si elles sont
d'un bon goût ; dressez et servez.

Fèves de Marais.

Ayez un litre et demi de ces petites fèves frai-

chement écossées ; faites-les blanchir à grande
eau, où vous aurez mis un peu de sel ; égouttez-les dans une passoire ; mettez dans une casserole un morceau de beurre, ajoutez - y vos
féves, sautez-les, singez-les ; mouillez-les avec de
l'eau (si vous avez de la sauce tournée, ne les
singez pas et mettez - y quatre cuillerées à dégraisser de cette sauce ; si vous ne vous en servez pas de suite, mettez-les dans de l'eau fraîche) ; assaisonnez-les de sel, gros poivre, un peu
de sarriette hachée et une demi-cuillerée à bouche
de sucre fin ; laissez-les cuire et réduire, liez-les
avec trois jaunes d'œufs délayés avec de la crême
et du lait ; faites que vos féves soient à courte
sauce ; dressez-les en rocher, et servez.

Féves de Marais au Jus.

Faites blanchir et cuire ces féves, comme il
est dit à l'article précédent ; mettez un morceau
de beurre dans une casserole , avec un bouquet
de persil et ciboules, garni de sarriette ; sautez-
les bien dans le beurre ; ajoutez-y trois cuillerées à dégraisser d'espagnole ; faites-les cuire,
dégraissez-les, laissez-les réduire ; assurez-vous
si elles sont d'un bon goût ; dressez et servez.

Haricots blancs à la Maître-d'Hôtel.

Ayez un litre ou un litre et demi de ces haricots, fraîchement écossés ; lavez-les ; mettez-les
dans une marmite avec de l'eau fraîche, avec gros
de beurre comme la moitié d'un œuf ; faites
partir ; écumez-les ; retirez-les sur le coin du

fourneau, ou mettez-les sur la paillasse; laissez-
les mijoter, et à moitié de leur cuisson versez
dedans un verre d'eau fraîche; laissez cuire;
leur cuisson faite, mettez dans une casserole
trois quarterons de beurre, avec persil et ciboules hachés, du sel et du poivre; égouttez vos
haricots dans une passoire, et jetez-les dans leur
assaisonnement; sautez-les; faites qu'ils se lient;
s'ils ne se liaient pas assez, ajoutez-y une cuillerée d'eau, et finissez-les avec un filet de verjus ou un jus de citron; assurez-vous s'ils sont
d'un bon goût, et servez. Vous pouvez (si c'est la
saison) y ajouter du verjus en grains et blanchi.

Haricots au Jus.

Procédez, pour ces haricots, comme il est
indiqué à l'article RAGOUTS.

Haricots à la Bretonne.

Voyez, au sujet de ces haricots, l'article RA-
GOUTS.

Concombres farcis.

Prenez trois ou quatre concombres; épluchez-
les; parez-les avec soin ou tournez-les, ce qui
serait beaucoup plus agréable; coupez-en les
pointes du côté de la queue; videz-les, et, pour y
parvenir, prenez une grosse lardoire; ôtez bien
tous les pepins de vos concombres; mettez-les
dans de l'eau où vous aurez mis un filet de vinaigre; rincez-les bien, et faites-les blanchir
deux ou trois minutes dans de l'eau, au grand
bouillant; retirez-les, rafraîchissez-les, laissez-

les égoutter, et remplissez-les d'une farce cuite, faite avec des blancs de volaille (voyez l'article de cette Farce); ayez une casserole dans le cas de contenir vos concombres et d'où on les puisse tirer facilement; foncez-la de bardes de lard; posez-y vos concombres, les uns à côté des autres; assaisonnez-les d'un peu de sel, d'un bouquet de persil et ciboules, d'un verre de vin blanc, d'une demi-feuille de laurier, de deux clous de girofle; joignez-y une cuillerée à pot du derrière de la marmite; couvrez-les d'un rond de papier; faites-les partir; mettez-les mijoter sur une cendre chaude; leur cuisson achevée, égouttez-les, dressez-les, glacez-les; saucez-les d'une espagnole réduite bien corcée, et servez.

Concombres au Jus.

Au sujet de ces concombres (voyez l'article *Ragoût de Concombres au Brun*).

Concombres à la Poulette.

Préparez ces concombres, comme il est indiqué au *Blanc de Concombres*, article RAGOUTS : lorsque vos concombres seront blanchis, mettez dans une casserole un morceau de beurre et vos concombres; singez-les d'une petite pincée de farine, passée au tamis (pour éviter les grumeaux); sautez-les; mouillez-les avec de l'eau, assaisonnée de sel et de gros poivre; faites-les cuire et réduire : à l'instant de les lier, mettez-y un peu de persil haché, un peu de muscade râpée; liez-les avec des jaunes d'œufs et de la crême; faites cuire votre liaison sans la laisser bouillir; dressez et servez.

Concombres à la Béchamelle.

Préparez ces concombres, prêts à être accommodés; mettez-les dans une casserole, avec de la Béchamelle grasse ou maigre (voyez *Béchamelle*, article Sauces); faites cuire et réduire vos concombres : à l'instant de les servir, ajoutez-y un morceau de beurre frais et un peu de muscade râpée; sautez-les; assurez-vous s'ils sont d'un bon goût; dressez et servez.

Concombres en Salade, à la manière anglaise.

Prenez un ou deux concombres; qu'ils ne soient pas encore à leur maturité; épluchez-les; goûtez si le bout n'est point amer; s'il l'était, rejetez le concombre; émincez-les en rond dans leur entier, et le plus mince possible, et mettez-les dans un compotier, avec sel, poivre, vinaigre, un oignon haché en rouelles; laissez confire ainsi deux ou trois heures vos concombres; supprimez une partie de leur assaisonnement, et servez-les avec le bœuf.

Cardons d'Espagne, à la Moelle et à l'Espagnole.

Prenez deux ou trois pieds de cardes; coupez-en les côtes près du pied; n'employez que les blanches; supprimez les creuses; coupez également celles qui sont pleines, de la longueur de cinq ou six pouces; parez les rebords; faites-les blanchir jusqu'à ce qu'elles soient en état d'être

limonées ; retirez-les ; mettez-les dans de l'eau fraîche ; limonez-les entièrement, et mettez-les au fur
et à mesure dans l'eau fraîche ; cela fait, mettez-les
cuire dans une marmite ; mouillez-les d'un blanc
dans lequel vous mettrez deux citrons coupés
en tranches, et desquels vous aurez supprimé la
peau et les pepins (voyez *Blanc*, article Sauces) ;
faites-les partir ; couvrez-les d'un papier beurré ;
mettez-les mijoter sur la paillasse environ trois
ou quatre heures ; leur cuisson faite, ce dont
vous jugerez en les tâtant, égouttez-les, parez-
les ; mettez-les dans une casserole avec du consommé ; faites-les mijoter, et presque tomber à
glace : au moment de servir, dressez-les sur
votre plat ; saucez-les d'une bonne espagnole
réduite, que vous aurez finie avec un pain de
beurre, et gros de glace comme le pouce ; garnissez vos cardes de petits croûtons passés dans
le beurre, sur lesquels vous mettrez de la moelle
des os que vous aurez fait cuire dans du bouillon, et servez.

A l'égard des montants, ôtez-en l'espèce d'é-
corce ; tournez-les comme vous feriez d'une
grosse carotte ; mettez-les blanchir et cuire avec
vos cardes ; servez-les avec vos cardes, ou servez-vous-en pour garnir des entrées, ainsi que
pour des œufs brouillés.

Cardons au Parmesan.

Lorsque vous aurez des cardes de desserte,
faites un lit de fromage dans le fond de votre

plat à servir; rangez-y un premier lit de cardes; saupoudrez-les d'un peu de fromage; arrosez le tout d'un peu de beurre fondu; faites prendre couleur à vos cardes, soit au four ou sous un four de campagne, avec feu dessous et dessus; égouttez-les; nettoyez le bord du plat, et servez.

Cardons, sauce au beurre.

Lorsque vos cardons sont cuits dans un blanc, tel qu'il est indiqué précédemment, mettez-les mijoter dans du consommé; faites-les réduire et tomber à glace : au moment de servir, dressez-les et saucez-les d'une sauce au beurre. (Voyez *Sauce au Beurre*, article SAUCES.)

Cardes-Poirées.

Coupez-les de la longueur que vous jugerez à propos; épluchez-les; ôtez-en la partie filandreuse; faites-les blanchir, appropriez-les; mettez de l'eau dans une marmite, avec un morceau de beurre manié, et du sel en suffisante quantité pour leur donner du goût; laissez-les cuire, égouttez-les bien; mettez-les dans une sauce au beurre (voyez *Sauce au Beurre*, article SAUCES); laissez-les mijoter; ajoutez-y un peu de muscade râpée, un filet de vinaigre, et servez.

Cardons à la Béchamelle.

Ayez deux cardons préparés comme les précédens : lorsqu'ils seront réduits et tombés à glace, comme il est indiqué ci-dessus, dressez-les et saucez-les d'une bonne béchamelle grasse ou maigre, qui ne soit pas trop liée, et servez.

NAVETS.

Les plus estimés sont les navets de Ferneuse,
ceux de Créci et ceux de Belle-Ile en mer, lesquels sont fort petits; il se cultive des navets aux
environ de Paris qui sont fort estimés. Ce sont
de ceux-là dont on se sert le plus communément.
Il y a beaucoup de variétés dans ce légume, tant
pour la forme que pour le goût; il faut toujours
les choisir tendres, cassans, non filandreux,
d'une chair serrée et sucrée; il faut rejeter avec
soin tous ceux qui sont creux. Selon le mets que
l'on veut apprêter, on choisit la forme du navet. Je parle ainsi, parce qu'il y en a de ronds,
de longs, et d'autres en forme de poire.

Navets au Sucre.

Choisissez douze ou quinze navets égaux, propres à former des poires; ajoutez à chaque une
petite queue faite avec un brin de balai neuf de
bouleau; ratissez ce brin que vous devez enfon-
cer dans le navet pour y former une queue;
faites blanchir vos navets; égouttez-les, et beurrez le fond d'une casserole de capacité à les
contenir les uns contre les autres; arrangez-y
ces navets; mouillez-les d'un peu d'excellent
bouillon; mettez-y un peu de sucre en poudre,
un grain de sel et un peu de cannelle en bois;
faites-les partir; couvrez-les d'un rond de papier
beurré; posez-les sur la paillasse du fourneau,
avec feu dessous; mettez sur votre casserole son
couvercle, avec feu dessus; leur cuisson ache-

vée, découvrez-les ; faites-les tomber à glace ; dressez-les sur votre plat ; à cet effet, servez-vous d'une fourchette, et placez-y vos queues ; versez un peu de bon bouillon dans votre casserole pour en détacher la glace ; retirez-en la cannelle, et saucez vos navets de cette glace, comme si c'était une compote ; vous pouvez leur donner telle forme que vous voudrez, tels que des sabots, des quadrilles ou des pommes, etc.

Navets à l'Espagnole.

Ayez des navets longs de quatre ou cinq pouces ; coupez-en les deux bouts ; fendez-les en deux ; tournez chaque moitié pour lui donner la forme d'une carde ; faites sur la partie demi-ronde, avec le taillant de votre couteau, des petites rainures, telles qu'il en est à ces dernières ; faites-les blanchir comme ci-dessus ; marquez-les dans une casserole comme les précédens ; assaisonnez-les et faites-les cuire de même, excepté que vous n'y mettrez point de cannelle : leur cuisson achevée, dressez-les, mettez dans votre casserole un peu d'espagnole pour en détacher la glace ; joignez-y un peu de beurre ; saucez vos navets, et servez.

Navets à la Sauce blanche.

Tournez des navets de la forme que vous le jugerez à propos ; mettez-les dans une marmite avec de l'eau, du sel et un petit morceau de beurre : faites-les cuire ; égouttez-les ; faites une bonne sauce blanche un peu liée (voyez l'article

Sauce au Beurre) dans laquelle vous les mettrez; laissez-les un peu mijoter; ajoutez-y un
peu de muscade râpée et un peu de gros poivre; assurez-vous s'ils sont d'un bon goût;
dressez-les et servez. Vous pouvez y mettre, si
vous le voulez, de la moutarde.

Choux-Raves et Choux-Navets.

Ces choux sont d'une espèce particulière aux
autres; on n'en mange point les feuilles, c'est
du trognon dont on se sert : il y a des trognons
qui viennent gros comme les deux poingts; on
en supprime l'écorce; on en forme des navets
ou de fausses cardes, comme je l'ai indiqué à
l'article *Navets* : faites blanchir ces choux
comme les navets; marquez-les de même : leur
cuisson faite, mettez-les, soit au velouté, soit à
l'espagnole, soit à la sauce au beurre.

Choux de Bruxelles.

C'est une espèce de chou gros comme le
pouce, et qui, au lieu de venir en haut de la
tige tels que les choux ordinaires, se place au
contraire à chaque œil du montant du chou; ce
qui ressemble assez à une botte d'oignons mon-
tés sur de la paille; la manière la plus ordinaire
jusqu'à présent de les accommoder est de les
éplucher, d'en supprimer les feuilles jaunes et
fanées, de les laver, de les faire blanchir et
cuire à grande eau, dans laquelle on a mis du
sel, en raison de leur quantité : leur cuisson
faite, on les met dans une casserole avec un bon

morceau de beurre, du sel, du gros poivre ; on les remue bien ; et, selon leur volume, on y ajoute, pour les lier, une ou deux cuillerées à dégraisser de velouté réduit, si l'on en a ; ensuite on peut servir.

Choux Brocolis.

Cette espèce de chou est différente de la précédente ; ce sont les montants des choux qui poussent au printemps sur les trognons ou tiges des choux dont on a coupé les pommes avant l'hiver, et que le jardinier réserve ordinairement pour en tirer de la graine. On supprime toutes les feuilles de ces choux, hors celles qui sont placées le plus près de la fleur ; on les lave, on les fait blanchir et cuire comme les précédentes ; on les dresse sur le plat comme des asperges, et l'on sert à côté une saucière remplie de sauce blanche ou un huilier.

Brocolis à l'Anglaise.

N'en supprimez que les feuilles les plus dures, et faites blanchir et cuire ces choux comme ceux dont il est parlé ci-dessus : égouttez-les bien ; dressez-les, et servez à côté une sauce au beurre. (Ils se servent au premier service.)

Choux rouges à la Flamande.

Prenez un ou deux de ces choux, coupez-les en quatre ; supprimez-en les trognons ; émincez-les, comme je l'ai indiqué à la Chou-Croûte à la Française (voyez ces *Choux*, article GARNITURES) ; faites-les blanchir ; rafraîchissez-les ; mettez-les dans une casserole, avec du beurre en suffisante quantité, une feuille de laurier, un oignon piqué de deux clous de girofle, du sel et du poivre ; faites-les partir ; retournez-les bien, pour qu'ils s'incorporent avec le beurre ; posez-les sur la paillasse, avec un feu léger dessous ; couvrez-les de leur couvercle, avec de la cendre rouge dessus : laissez-les ainsi mijoter trois ou quatre heures ; retournez-les de temps en temps ; prenez garde qu'ils ne brûlent : leur cuisson achevée, ôtez-en la feuille de laurier et l'oignon, et finissez-les avec un petit morceau de beurre ; dressez-les et servez.

Carottes à la Flamande.

Tournez ces carottes comme celles indiquées à l'article GARNITURES ; faites-les blanchir ; égouttez-les ; mettez-les cuire dans une marmite, avec de l'eau, un morceau de beurre et du sel en suffisante quantité : leur cuisson achevée, égouttez-les dans une passoire ; mettez-les dans une casserole, avec un bon morceau de beurre, persil et ciboules hachés, sel et poivre ; sautez ces carottes comme des haricots à la maître-d'hôtel ; ne les faites point bouillir ; dressez-les et servez.

Carottes à la Orléans.

Ayez six ou huit belles carottes ; ratissez-les, lavez-les ; coupez-les de la longueur de deux ou trois pouces ; servez-vous d'un emporte-pièce de la circonférence d'un liard, pour emporter le rouge de vos carottes : retirez-en le cœur (à ce sujet, voyez l'article GARNITURES) ; coupez vos montants de carottes en jetons ; et tous de

la même épaisseur : faites-les blanchir ; rafraîchissez-les ; égouttez-les ; marquez-les dans une
casserole , avec un morceau de beurre, un peu
de sucre et du sel; mouillez-les avec du consommé dans lequel il faut qu'elles baignent ;
faites-les tomber à glace ; finissez-les avec une
cuillerée à dégraisser de velouté, un peu de
beurre, un peu de persil haché et blanchi ; assurez-vous si elles sont d'un bon goût, et servez.

Petites Racines.

Pour tout ce qui concerne les petites racines,
voyez les articles GARNITURES et RAGOUTS.

Croûtes aux Champignons.

Tournez et faites cuire des champignons,
comme il est indiqué à l'article GARNITURES;
mettez-les dans une casserole , avec un morceau
de beurre , un bouquet de persil et ciboules :
posez votre casserole sur un fourneau ; sautez
vos champignons ; singez-les d'une pincée de
farine; mouillez-les avec d'excellent bouillon;
faites-les partir ; laissez-les mijoter et cuire : assaisonnez-les de sel, d'un peu de gros poivre et
d'un peu de muscade râpée ; prenez la croûte
du dessus d'un pain mollet, râpé ou chapelé,
et dont vous aurez ôté la mie ; beurrez cette
croûte en dedans et en dehors : mettez-la sur un
gril propre, et posez ce gril sur une cendre
rouge; laissez sécher et griller ainsi cette croûte :
au moment de servir, supprimez le bouquet
qui est dans vos champignons; liez-les avec des
jaunes d'œufs délayés avec de la crème : versez

un peu de sauce dans votre croûte; placez-la sur votre plat, la partie bombée en dessus : dressez votre ragoût et servez.

Champignons à la Bordelaise.

Prenez de gros champignons; préférez les plus épais et les plus fermes, et surtout qu'ils ne soient point pleureurs (on appelle pleureur le champignon qui est vieux cueilli); coupez-en légérement le dessus; lavez-les, égouttez-les; ciselez légérement le dessous en losange; mettez-les dans un plat de terre; arrosez-les d'huile fine; saupoudrez-les d'un peu de sel et de gros poivre; laissez-les mariner une ou deux heures; faites-les griller d'un côté et retournez-les de l'autre : leur cuisson achevée, ce dont vous jugerez facilement s'ils sont flexibles sous les doigts, dressez-les sur votre plat à servir : saucez avec la sauce énoncée ci-après :

Mettez dans une casserole de l'huile en suffisante quantité pour saucer vos champignons, avec du persil et de la ciboule hachés très-fin, et une pointe d'ail; faites chauffer le tout; saucez-en vos champignons; pressez dessus le jus d'un ou de deux citrons, ou arrosez-les d'un filet de verjus, ce qui vaudrait mieux.

Champignons à la Bordelaise sur la tourtière.

Préparez ces champignons comme les précédens : laissez-les mariner une heure ou deux dans de l'huile fine, du sel, du poivre et un peu d'ail; hachez les queues et les parures de vos champignons; pressez-les dans un linge pour en ôter l'eau ; mettez-les dans une casserole, avec de l'huile, du sel, du gros poivre, du persil, de la ciboule hachée et une petite pointe d'ail : passez ces fines herbes un instant sur le feu ; posez vos champignons sens dessus dessous sur la tourtière ; mettez dans chaque une portion de ces fines herbes ; faites cuire vos champignons ainsi préparés dans un four ou sous un four de campagne, avec feu dessus et dessous : leur cuisson faite, dressez-les sur votre plat ; saucez-les avec l'assaisonnement dans lequel ils ont cuits ; exprimez dessus le jus d'un ou de deux citrons, ou arrosez-les d'un filet de verjus, et servez.

Champignons à la Tourtière.

Préparez vos champignons, comme ceux à la Bordelaise ; posez-les sur votre tourtière, assaisonnez-les d'un peu de sel et gros poivre ; passez vos fines herbes dans du beurre au lieu d'huile, garnissez-en vos champignons ; faites-les cuire, soit au four, ou sous un four de campagne ; leur cuisson faite, dressez-les sur votre plat, arrosez-les de l'assaisonnement dans lequel ils ont cuits ; exprimez dessus un jus de citron, si vous le voulez, et servez.

Croûtes aux Morilles.

Epluchez, fendez en deux vos morilles ; lavez-les à plusieurs eaux ; faites-les blanchir, égouttez-les ; mettez dans une casserole vos morilles avec un morceau de beurre et un bouquet de persil et ciboules ; passez-les sur le feu, sautez-les, singez-les d'un peu de farine, mouillez-les avec un peu de consommé ou du bon bouillon; faites-les cuire et réduire; leur cuisson faite, supprimez-en le bouquet; liez-les avec des jaunes d'œufs, délayés avec de la crême; ajoutez-y une pincée de sucre en poudre, et servez-les avec une croûte, telle que celle indiquée aux Champignons.

Mousserons.

Les mousserons, étant de la famille des champignons et des morilles, se servent comme ces deux espèces.

Truffes au vin de Champagne, à la Serviette.

Prenez dix ou douze belles truffes; mettez-les dans de l'eau légérement tiède; brossez-les, pour en ôter la terre et le gravier; retirez-les au fur et à mesure, et jetez-les dans de l'eau fraîche; brossez-les de nouveau; faites en sorte qu'il n'y reste rien; lavez-les bien avec une troisième eau, égouttez-les; foncez une casserole de bardes de lard, mettez-y vos truffes; assaisonnez-les de sel, d'une feuille de laurier, d'un bouquet de persil et ciboules, d'une gousse d'ail, d'un peu de thym, d'un peu de lard râpé et de quelques bons fonds, si vous en avez; sinon mettez-y du bouillon, une ou deux lames de jambon, et une demi-bouteille de vin de Champagne; faites-les partir; couvrez-les d'un rond de papier et de leur couvercle; mettez-les sur la paillasse, avec feu dessus et dessous, laissez-les cuire environ une heure; leur cuisson faite (ce dont vous vous

assurerez en les pressant entre vos doigts; si
elles fléchissent, c'est qu'elles sont à leur degré);
égouttez-les sur un linge blanc, et servez-les
sous une serviette pliée à cet effet.

Truffes en Croustade.

Foncez une tourtière de pâte brisée (voyez
l'article *Pâte brisée*); couvrez-en le fond de
bardes de lard; posez dessus vos truffes, que
vous aurez bien nettoyées; assaisonnez-les de
sel, de poivre, d'une feuille de laurier, d'un
peu de beurre et de lard râpé; recouvrez-les de
bardes de lard; faites une seconde abaisse; couvrez-en vos truffes de manière qu'en posant
cette abaisse, il se trouve un peu d'air d'en-
fermé dessous: faites une troisième abaisse de
rognures de feuilletage; couvrez-en votre crous-
tade; après l'avoir mouillée; dorez-la; faites-la
cuire au four une heure ou cinq quarts d'heure;
qu'elle soit d'une belle couleur; et servez-la sans
en lever le couvercle.

Truffes à la Cendre.

Appropriez une douzaine de truffes, plus ou
moins, comme je l'ai indiqué pour celles *dites*
au vin de Champagne: ayez autant de petites
bardes de lard que vous avez de truffes; coupez
des carrés de papier blanc qui puissent envelopper chacune d'elles: posez ces carrés sur votre
table; mettez sur chaque une barde de lard et
une truffe dessus; assaisonnez votre truffe de sel
et de gros de poivre; enveloppez-la de la barde

de lard, ensuite du carré de papier, et continuez de l'envelopper de même de quatre morceaux de papier, et toujours à l'opposé de la jonction du dernier, afin que cette truffe conserve son assaisonnement : continuez de procéder ainsi pour chacune de vos truffes ; une heure avant de les servir, trempez légérement chacune de ces papillotes dans de l'eau fraîche, et mettez-les sous une cendre rouge, comme l'on met des marrons ; laissez-les cuire ; leur cuisson faite, ôtez les deux premières enveloppes ; coupez les bouts des papiers qui restent, lesquels pourraient être salis par la cendre, ou brûlés ; et servez.

Truffes à l'Espagnole.

(Voyez l'article RAGOUTS).

Truffes à la Piémontaise.

(Voyez l'article RAGOUTS).

Truffes à la Périgueux.

(Voyez l'article RAGOUTS).

POMMES DE TERRE.

La meilleure qualité est celle de Hollande ; il y en a de longues et de rondes. Les longues, appelées communément vitelottes, sont le plus en usage : il y en a des rouges et des blanches ; les premières se soutiennent mieux à la cuisson ; ce qui doit les faire préférer.

Pommes de terre à la Maître-d'Hôtel.

Lavez à plusieurs eaux la quantité de ces pommes de terre dont vous avez besoin ; mettez bouillir un chaudron d'eau; jetez-y vos pommes de terre; faites-les cuire : leur cuisson achevée, égouttez-les dans une passoire; pelez-les; coupez-les en liards; mettez dans une casserole un morceau de beurre en raison de ce que vous voulez en accommoder, avec persil et ciboules hachés, sel et gros poivre : ajoutez à cela vos pommes de terre; posez votre casserole sur un fourneau; sautez-les au fur et à mesure que le beurre fond; et pour les lier, en cas qu'elles ne le soient pas assez, ajoutez-y un peu de bouillon ou un peu d'eau : au moment de servir, exprimez-y un jus de citron ou mettez-y un filet de verjus; assurez-vous si elles sont d'un bon goût, et servez.

Pommes de terre au Jus ou à la Bretonne.

Préparez ces pommes de terre comme les haricots à la Bretonne (voyez l'article Ragouts).

Pommes de terre à la Lyonnaise.

Ayez une douzaine de pommes de terre crues; lavez-les, de manière qu'il n'y reste point de terre; tournez-les d'égale grosseur, tel que vous tourneriez une carotte; coupez-les en liards, de l'épaisseur d'une pièce d'un franc; farinez-les; vous aurez fait chauffer de l'huile dans une poêle; mettez-y vos pommes de terre; ayez soin qu'elles ne se marient point; faites-les frire d'une belle couleur, en sorte qu'elles soient croquantes; versez-les dans une passoire; égouttez-les, saupoudrez-les d'un peu de sel fin, et servez.

Pommes de terre à l'Anglaise, dites *Mache-Potetesse.*

Faites cuire des pommes de terre à l'eau; épluchez-les, écrasez-les comme pour en faire une purée; mettez-les dans une casserole avec un petit morceau de beurre et un peu de sel fin : mouillez-les avec de bon lait; desséchez-les comme une pâte à choux; au fur et à mesure qu'elles se dessèchent, mouillez-les de nouveau; faites-les cuire ainsi une heure, et laissez-leur prendre la consistance convenable pour pouvoir les dresser en pyramide sur votre plat; unissez bien cette pyramide; faites-lui prendre une belle couleur au four ou sous un four de campagne, et servez.

PATATES.

La patate est de la famille des pommes de terre; elle tire son origine de Saint-Domingue : quelques curieux commencent à la cultiver dans ce pays : j'ai été à portée de m'en procurer; et j'ai déjà fait quelques essais, afin que, si elle vient à se cultiver en France, on puisse en tirer parti : je l'ai trouvée en général d'un excellent goût et très-sucrée; elle n'est pas aussi farineuse que la pomme de terre; et elle a au moins autant de sucre que la betterave.

Patates au Beurre.

Ayez des patates; lavez-les; faites-les cuire à la vapeur; ôtez la peau qui les enveloppe; coupez-les en liards; mettez dans une casserole un morceau de beurre et du sel en suffisante quantité; sautez-les; assurez-vous si elles sont d'un bon goût, et servez.

Patates en Beignets.

Prenez des patates, lavez-les, ratissez-les; coupez-les de la longueur que l'on coupe les salsifis : faites-les mariner une demi-heure dans de l'eau-de-vie, avec une écorce de citron ; lorsque vous voudrez vous en servir, égouttez-les, trempez-les dans une légère pâte à frire ; faites-les frire, de manière qu'elles soient d'une belle couleur ; égouttez-les, dressez-les ; saupoudrez-les de sucre en poudre, et servez.

Frangipane de Patates.

Faites cuire des patates à la vapeur : leur cuisson achevée, ôtez-en les peaux ; mettez vos patates dans un mortier, pilez-les ; lorsqu'elles le seront, retirez-les dans un vase ; ajoutez-y quelques œufs entiers, un peu de beurre, un peu de sel, un peu de citron râpé, quelques macarons amers mis en poudre, un peu de sucre, ou point du tout, et servez-vous-en comme d'une frangipane pour tous les entremets de pâtisserie que vous voudrez faire.

AUBERGINES.

L'aubergine est un légume qui nous vient de Provence ; on le cultive maintenant ici : il y en a de plusieurs espèces ; il en est de blanches qui ont la forme d'un œuf, d'autres pourprées, d'autres violettes qui sont rondes comme des petits melons, et des longues qui ont assez la forme de petits concombres.

Aubergines sur le gril.

Coupez vos aubergines en deux et dans toute leur longueur; n'en ôtez pas la peau; supprimez-en la queue; mettez ces aubergines sur un plat; saupoudrez-les d'un peu de sel fin et de gros poivre; arrosez-les d'un peu d'huile fine; laissez-les se mariner une demi-heure; posez-les sur un gril propre; faites-les griller, ayant soin de les arroser avec leur assaisonnement : lorsqu'elles sont cuites, servez-les.

Aubergines à la Tourtière.

Coupez en deux vos aubergines, comme il est dit ci-dessus; ôtez-en les cœurs, comme on fait aux concombres; hachez ces cœurs bien menu; ajoutez-y du persil et des échalotes hachés; mettez le tout dans une casserole avec un morceau de beurre; faites-le cuire; posez vos aubergines sur une tourtière; remplissez-les de votre appareil; mettez-les cuire au four ou sous un four de campagne, avec feu dessus et dessous; dressez-les et servez.

TOPINAMBOURS.

Les topinambours sont de la famille des pommes de terre : lavez-les; faites-les cuire à la vapeur; égouttez-les; épluchez-les; coupez-les en tranches, et mettez-les à la sauce au beurre, un peu relevée : on peut y ajouter de la moutarde, si l'on veut.

HOUBLON.

On se sert, au printemps, des premières pousses du houblon en place d'asperges; on le fait cuire comme ces dernières; et on le sert de même, soit à la sauce blanche, soit à l'huile.

GIROMON.

Manière d'accommoder le Giromon.

Ayez un giromon; coupez-le en plusieurs morceaux; supprimez-en la peau et le dedans; coupez-le également par petites parties carrées et de la grosseur du pouce; faites-les blanchir et cuire dans de l'eau où vous aurez mis du sel en suffisante quantité : la cuisson achevée, faites-le égoutter dans une passoire; mettez-le dans une casserole avec un morceau de beurre, persil et ciboules hachés, du sel et du poivre; sautez-le; goûtez s'il est d'un bon goût, et servez.

Autre manière d'accommoder le Giromon.

Maniez un morceau de beurre comme pour une sauce blanche; mouillez-le avec du lait ou de la crème; assaisonnez-le de sel et gros poivre; joignez-y persil et ciboules hachés : faites cuire cette sauce, en la tournant comme une béchamelle; lorsque votre sauce sera cuite, mettez-y votre giromon cuit et égoutté, comme il est dit plus haut; laissez-le mijoter; ajoutez-y un peu de muscade râpée; assurez-vous s'il est d'un bon goût, et servez,

Bonnet de Turc et Artichaut de Barbarie.

Ils se préparent et se finissent de même que le giromon énoncé ci-dessus.

OFFICE.

MENUS D'OFFICE.

MENU POUR UNE TABLE DE QUARANTE COUVERTS.

Un dormant de 5 ou 7 pièces de glace, suivant leur grandeur.

12 assiettes montées, dont 4 plus grandes pour les bouts et les flancs, garnies en fruits secs, et différens bonbons et caramel.

12 assiettes de four ;

SAVOIR :

2 de méringues à l'italienne.
2 de biscuits légers en caisse.
2 *idem* aux pistaches.
2 *idem* au chocolat.

4 de biscuits à la cuiller, avec toutes sortes de petits fours et macarons.

Douze Compotes.

2 de pommes blanches, avec une gelée.
2 de poires, une de bon-chrétien, une de martin-sec.
2 de pommes d'apis tournées.
2 d'oranges, avec une gelée.

1 de cerises en provision.
1 d'épine-vinette.
1 d'abricots à l'eau-de-vie.
1 de prunes de reine-claude à l'eau-de-vie.

Douze Assiettes de cru.

2 d'ananas.
2 de pommes de calville blanche.
2 de poires de Saint-Germain, ou creusanne.

2 d'oranges.
2 de raisin.
2 de pommes d'apis.

2 de fromage de Roquefort et de Gruyères.

2 de marrons sous la serviette.
4 sucriers.

MENU POUR UNE TABLE DE DOUZE A SEIZE COUVERTS.
Un dormant.

2 assiettes montées, garnies en bonbons.

2 tambours en petits fours assortis.

Quatre Compotes.

1 de pommes de reinette ou de calville, avec gelée.
1 de poires blanches ou grillées.

1 de marrons à l'italienne.
1 d'oranges.

Quatre Fruits crus.

1 de poires.

1 de pommes de reinette ou de calville.

1 d'oranges.

1 de raisin.

2 sucriers.

2 de fromages divers.

MENU POUR HUIT A DOUZE COUVERTS.

1 assiette montée pour le milieu, garnie en bonbons.

2 assiettes de four, différentes pour les flancs.

Quatre Compotes.

1 de cerises.

1 de groseilles.

1 de petits abricots verts.

1 de fromage à la crème.

Quatre de cru.

1 de cerises.

1 de guignes.

1 d'abricots.

1 de bigarreaux.

1 assiette de fromage.

1 de marrons.

1 sucrier.

MENU POUR UNE TABLE DE VINGT A VINT-CINQ COUVERTS.

Un dormant.

assiettes montées, garnies de différens bonbons et fruits blanchis, d'été, et conserves.

8 tambours, petits fours et fruits secs.

2 de biscuits légers.

2 idem à la cuiller.

2 de macarons mêlés de diverses sortes.

2 de méringues à l'italienne, au marasquin.

Huit Compotes.

2 de cerises précoces.

2 de fraises.

2 de framboises, avec une gelée.

1 d'abricots verts.

1 de fromage à la crème.

Huit Assiettes de cru.

2 de grosses cerises.

2 de bigarreaux.

2 de poires d'été, blanquettes ou autres.

2 de pommes ou fruits de la saison.

2 sucriers.

2 assiettes de fromages.

MENU POUR UNE TABLE DE QUINZE A VINGT COUVERTS.

Un dormant.

4 assiettes montées, garnies en fruits glacés et bonbons.

4 de fours de diverses espèces.

Quatre Assiettes de cru.

1 de pêches.

1 d'abricots.

1 de poires.

1 de prunes de reine-claude.

Quatre Compotes.

(On peut employer les mêmes fruits que ceux indiqués pour les quatre assiettes de cru).

2 assiettes de gaufres d'office.
2 sucriers.

MENU POUR UNE TABLE DE SEIZE A VINGT COUVERTS.

Un dormant.

4 assiettes montées, garnies en bonbons et confitures sèches, pour les flancs.

2 biscuits légers en caisse.
2 à la cuiller, et macarons.

Huit Assiettes de Fruits crus.

2 de poires.
2 de pommes.

2 d'oranges.
2 de raisin.

Quatre Compotes.

1 de pommes, avec une gelée.
1 de poires de martin-sec.

1 d'oranges.
1 de marrons à l'italienne.

2 assiettes de fromages.
2 sucriers.

MENU POUR UNE TABLE DE QUARANTE COUVERTS.

Un dormant.

12 assiettes montées, garnies en tirage, et différens bonbons et fruits blanchis.

12 assiettes de four;

SAVOIR:

2 de biscuits légers.
2 de pistaches.
4 de biscuits à la cuiller, mêlés de macarons et de petits fours.

2 de méringues à la fleur-d'orange.
2 de petites gaufres d'office.

Douze Compotes.

2 de pêches.
2 d'abricots.
2 de prunes reine-claude.

2 de cerises.
2 de framboises.
2 de fraises.

Douze Assiettes de cru.

2 d'amandes vertes.
2 de pêches.
2 de poires.
2 d'abricots.

2 de prunes.
2 de framboises, avec une gelée.

2 assiettes de sucriers.
2 assiettes de fromages.

CLARIFICATION DU SUCRE.

Pour clarifier le sucre, prenez le blanc de deux œufs, que vous mettrez dans quatre pintes d'eau; après que vous aurez fait mousser votre eau, en la fouettant avec un fouet d'osier, mettez-y un pain de sucre de douze à quatorze livres, que vous casserez par morceaux : mettez-le dans une poêle; mouillez-le et faites-le fondre, en y mettant les deux tiers de votre eau blanchie, et posez-le sur le feu; vous aurez le soin, quand il montera, d'y jeter un peu d'eau et de le retirer du feu, pour laisser abattre le bouillon et monter l'écume; vous le remettrez, cinq minutes après, sur le feu, et continuerez de l'écumer, en y jetant un peu d'eau, à mesure qu'il montera : quand il est bien nettoyé et bien clair, il ne monte plus ; pour lors vous l'ôtez de dessus le feu, pour le passer à la chausse ou dans une serviette mouillée.

A l'égard des cuissons, la première est le petit lissé.

Après l'avoir clarifié, comme ci-dessus, remettez-le sur le feu, pour le faire bouillir jusqu'à ce qu'en y trempant le doigt, que vous appuyez ensuite contre le pouce, il se forme un petit filet qui se rompt et forme une goutte sur le doigt.

Grand Lissé.

Il se connaît de la même manière, avec cette différence qu'il a un bouillon de plus, et qu'il s'étend davantage sur les doigts, et ne se rompt pas si facilement.

Si vous voulez le mettre au petit ou au grand perlé, vous continuez à le faire bouillir, et vous recommencez le même essai avec les doigts : s'il file en ouvrant les doigts, sans se rompre, c'est le petit perlé; et quand vous ouvrez les doigts de toute leur étendue, sans que le filet se casse, ou qu'il forme un bouillon comme des perles élevées et rondes, c'est le grand perlé.

Entre le grand perlé et le soufflé, il y a la petite et la grande queue de cochon que vous connaissez en levant l'écumoire : si le sucre retombe en petites bouteilles, ce qui forme une espèce de queue de cochon, plus de cuisson le porte au soufflé.

Pour le mettre au soufflé, vous continuez à lui faire prendre quelques bouillons; et vous reconnaîtrez qu'il est à son point en retirant l'écumoire de la poêle que vous secouez sur le sucre, et en soufflant ensuite d'un côté et de l'autre au travers des trous; il en doit sortir des espèces de petites bouteilles ou étincelles de sucre.

Si vous voulez le mettre à la petite plume, continuez-lui quelques bouillons; et vous ferez le même essai qu'à la cuisson précédente; il doit en sortir de plus grandes bouteilles ou étincelles; si vous lui continuez encore quelques bouillons, il deviendra à la grande plume : ce que vous connaîtrez en secouant l'écumoire d'un revers de main : s'il s'élève en l'air de grosses boules et de longues étincelles qui se tiennent ensemble, il sera entre la grande plume et le petit boulet.

Petit et gros Boulet.

Vous reconnaissez l'intervalle de l'un à l'autre quand il se forme, en trempant le second doigt dans l'eau fraîche, que vous mettez dans le sucre ; vous le retirez promptement pour le remettre dans l'eau fraîche, de crainte que le sucre ne s'attache à votre doigt et ne vous brûle ; vous roulez le sucre entre le doigt et le pouce, pour en faire une petite boulette ; vous voyez, quand le sucre se ramasse aisément et se roule comme une pâte, qu'il est au boulet : la seule différence du petit au gros boulet, c'est que, dans le premier cas, la boulette se tient molle, et que, dans le second, elle devient ferme, quand elle est refroidie.

Sucre au Cassé.

Continuez de faire réduire votre sucre, et faites le même essai pour le cassé que pour le boulet, excepté qu'après que vous aurez rafraîchi le sucre, il faut qu'il casse entre vos doigts ; et qu'en le cassant avec les dents, il se brise sans s'y attacher.

On ne fait pas de différence dans la cuisson du sucre au cassé avec celle du caramel.

Tels sont les principaux degrés de cuisson du sucre ; à mesure qu'il continue de bouillir, il acquiert un nouveau degré, lequel a un usage différent et qui dépend de l'emploi qu'on veut en faire.

CLARIFICATION DU MIEL.

Pour clarifier vingt-cinq livres de miel, mettez six litres d'eau dans un poêlon de la contenance de cinquante livres, avec vos vingt-cinq livres de miel; posez-le sur le feu; lorsqu'il sera fondu, ajoutez cinq livres de blanc d'Espagne que vous aurez pilé bien menu; ajoutez ensuite le zeste de trois citrons; remuez bien le tout avec une écumoire, afin que le blanc ne s'attache pas au fond : quand vous aurez bien mêlé ces substances, mettez deux livres et demie de charbon à clarifier, et continuez de remuer; cassez six œufs; battez-les bien et ajoutez six litres d'eau : quand votre miel sera prêt à bouillir, vous l'arroserez avec cette eau jusqu'à ce qu'il soit comme une éponge; ensuite passez-le à la chausse; une fois passé, remettez-le de nouveau dans cette chausse, et vous renouvellerez cette opération jusqu'à ce qu'il en sorte limpide.

Vous devez avoir soin un jour ou deux, avant d'en clarifier d'autre, de bien nettoyer et dégraisser votre chausse, au moyen de deux ou trois œufs et de l'eau, jusqu'à ce qu'elle soit à dix degrés : alors vous vous servirez de cette eau sucrée pour en clarifier d'autre, et vous n'aurez besoin que de mettre six œufs dans un demi-litre d'eau ordinaire pour faire la même opération que ci-dessus.

COMPOTES ET FRUITS CONFITS.

Abricots verts.

Prenez une demi-livre de cendre gravelée; mettez-la, dans trois ou quatre pintes d'eau, bouillir sur le feu; votre lessive faite, jetez-y vos abricots, en les remuant toujours avec l'écumoire, jusqu'à ce que le duvet s'en aille facilement sous les doigts; retirez-les de cette eau, et jetez-les dans de l'eau fraîche pour les bien nettoyer (pour la demi-livre de cendre on peut lessiver trois litrons d'abricots) : vos abricots étant bien nettoyés, vous les piquerez de plusieurs trous d'épingle et les remettrez pendant deux heures sur le feu, dans cinq à six pintes d'eau, jusqu'à ce qu'ils soient blanchis et reverdis; vous connaîtrez qu'ils le sont assez, quand une épingle les percera facilement; vous les ôterez du feu et les mettrez une seconde fois dans l'eau fraîche; vous prendrez une livre et demie de sucre que vous clarifierez dans une pinte d'eau; cela fait, vous mettrez vos abricots dans le sucre, sur le feu, de manière qu'ils ne fassent que frémir; vous les laisserez environ une heure : le lendemain vous les égoutterez sur un tamis, et vous donnerez quelques bouillons au sirop; vous remettrez vos abricots dans leur sucre, et les servirez.

Compote de Cerises précoces.

Prenez une livre de cerises, dont vous couperez la moitié de la queue; vous clarifierez une demi-livre de sucre; vous mettrez vos cerises, et leur ferez prendre un bouillon couvert en les écumant bien; vous pouvez ensuite vous en servir.

Compote de Cerises sans noyaux.

Prenez environ deux livres de cerises pour faire une ou deux compotes; ôtez-en les queues et les noyaux; mettez environ une livre de sucre, que vous clarifierez dans un demi-setier d'eau avec le quart d'un blanc d'œuf; ôtez-en l'écume, et passez votre sirop, soit dans une serviette, soit dans un tamis de soie; mettez vos cerises dans le sucre, et faites-leur prendre un bouillon couvert et bien écumé, ensuite servez.

Gelée de Groseilles.

Prenez quatre livres de sucre; cassez-le par morceaux dans une poêle d'office; vous aurez eu six livres de groseilles, dont deux de blanches, pour que la gelée soit plus belle; après les avoir égrenées ensemble, mettez-les dans une autre poêle avec un demi-setier d'eau, sur le feu, pour les faire fondre; remuez-les de temps en temps, pour qu'elles ne s'attachent pas à la poêle; vous pouvez y ajouter, si c'est votre goût, un petit panier de framboises, dont vous aurez ôté les queues; quand le tout aura bien bouilli, jetez-les sur un tamis, pour en retirer le jus que vous verserez sur le sucre; remettez ce sucre sur le feu, pour le faire cuire et jeter une douzaine de bouillons; ce qui suffira pour finir votre gelée: pour vous assurer si elle est cuite à point, mettez-en une pleine cuillerée à bouche sur une assiette; si, étant froide, elle tombe en gelée, vous pouvez la mettre en pots; au cas contraire, vous lui faites prendre un ou deux bouillons de plus.

Compote de Framboises.

Prenez des framboises; ôtez-en les queues; garnissez-en le fond d'un compotier; mettez de la gelée de groseilles sur le fond d'une assiette; coulez-la légérement sur votre compote de framboises, et servez.

Confiture de Framboises.

Prenez des framboises, environ cinq livres; épluchez-les; faites clarifier quatre livres de sucre dans une poêle; faites-le cuire au fort soufflé : lorsqu'il sera à sa cuisson, ce que vous reconnaîtrez en y trempant votre écumoire, et en soufflant à travers les trous : aussitôt après l'avoir retiré, si votre sucre vole en plume, alors vous mettrez vos framboises, en les remuant doucement, et en leur donnant un bouillon couvert; après les avoir bien écumées, mettez-les dans des pots.

Compote d'Abricots.

Prenez des abricots presque mûrs, c'est-à-dire qu'avec la pointe du couteau vous puissiez faire sortir le noyau; mettez-les dans de l'eau frémir sur le feu, pour les blanchir sans bouillir; retirez-les de l'eau, et de suite mettez-les dans le sucre clarifié, sur un feu très-doux pour leur faire prendre sucre.

Pour vingt-cinq abricots il faut une livre de sucre; préparés, comme il est dit ci-dessus, ils peuvent se servir de suite.

Si vous voulez en conserver une provision, après les avoir fait cuire, comme il est expliqué plus haut, vous faites égoutter le lendemain vos abricots sur un tamis; vous donnez à votre sucre une douzaine de bouillons, et vous l'augmentez chaque jour d'un peu de sucre, parce qu'il faut que vos abricots trempent toujours, pour qu'ils prennent sucre également; et chaque fois que vous les repasserez, vous verserez votre sirop dessus, et ainsi de suite, pendant cinq jours que vous les finirez; il n'y a que le dernier jour que vous mettrez vos abricots dans le sucre cuit, en leur faisant prendre un très-petit bouillon; après les avoir bien écumés, mettez-les dans vos pots.

Abricots à Oreilles.

Prenez des abricots blancs d'espalier, qui ne soient pas trop mûrs; partagez-les en deux, pour en retirer les noyaux; pelez-les, ou tournez-les, de manière que la pelure soit très-mince; jetez-les ensuite dans de l'eau bouillante pour les faire blanchir; ayez soin qu'ils ne bouillent pas; retirez-les ensuite de cette eau avec l'écumoire, et faites-les égoutter sur un tamis; mettez-les sur le feu dans du sucre clarifié; donnez-leur un bon bouillon; laissez-les dans une terrine jusqu'au lendemain que vous les égoutterez de nouveau; pour cuire le sucre, remettez-les dans leur sirop, et le troisième jour finissez-les comme les abricots en provision, pour vous en servir au besoin.

Marmelade d'Abricots.

Prenez de beaux abricots de plein-vent qui soient bien mûrs; ôtez-en les noyaux et les taches de la peau; coupez-les en plusieurs morceaux. Sur six livres d'abricots, vous mettrez quatre livres et demie de sucre; s'il est en pain, vous le concasserez dans un mortier, et vous le mêlerez ensuite sur le feu avec vos abricots; vous vous servirez à cet effet d'une spatule de bois; vous ne quitterez pas votre marmelade qu'elle ne soit à sa cuisson, sans quoi elle brûlerait, et pour vous assurer si elle est parvenue au degré de cuisson qu'elle doit avoir, il vous suffira d'en prendre un peu au bout du doigt; si en appuyant le pouce dessus, et le relevant, elle forme un petit filet, c'est qu'elle est cuite; alors retirez-la et mettez-la dans des pots.

Pour la faire à mi-sucre, vous mettrez autant de fruit que de sucre; mais il est convenable de faire observer qu'elle rend moins de confiture, parce qu'il faut la faire cuire davantage.

Pâte d'Abricots.

Prenez la quantité d'abricots que vous jugerez convenable; ôtez-en les noyaux; faites fondre

sur le feu; passez votre fruit au travers d'un tamis; desséchez votre marmelade; pesez-la; mettez autant de sucre clarifié et cuit au petit boulet, que vous avez de fruit; mêlez bien le tout
ensemble ; remettez-le sur le feu pour faire
cuire; il faut que cette pâte soit plus cuite que
la marmelade; lorsqu'elle sera à son point, dressez-la dans des moules; mettez ceux-ci à l'étuve
pour sécher votre pâte, et servez-vous-en au
besoin.

Abricots à l'Eau-de-Vie.

Choisissez une certaine quantité d'abricots
d'espalier qui soient bien unis et sans taches; piquez chacun de vos fruits de quelques coups de
la pointe de votre couteau, et jetez-les dans l'eau;
cela fait, mettez votre poêle sur le feu, pour les
faire blanchir, en les remuant de temps à autre
avec l'écumoire : lorsque vos abricots commenceront à mollir sous le doigt, retirez-les promptement, et mettez-les dans de l'eau fraîche : ensuite faites-les égoutter sur un tamis, et faites
votre sirop.

Pour un cent d'abricots vous clarifierez quatre
livres de sucre dans deux pintes d'eau, et vous
y mettrez vos abricots pour y prendre un bouillon; vous les y laisserez jusqu'au lendemain,
pour les égoutter de nouveau, et faire cuire leur
sucre à-peu-près à moitié : vous remettrez vos
abricots dans leur sirop, en leur donnant un
petit frémissement sur le feu; après les avoir retirés, vous les laisserez refroidir, et vous les

mettrez dans des bocaux à l'eau-de-vie, en ajoutant une partie de leur sirop que vous ferez réduire, et que vous mêlerez avec l'eau-de-vie.

Compote de Poires d'Eté.

Prenez des poires de blanquette ou autres; percez-les à l'œil avec un clou très-fin; jetez-les dans l'eau pour les faire blanchir : lorsqu'elles seront assez blanchies et qu'elles molliront sous le doigt, vous les mettrez dans l'eau fraîche pour les parer ou peler proprement, et vous les mettrez à fur et à mesure dans une autre eau, dans laquelle vous aurez pressé un jus de citron, pour maintenir leur blancheur.

Pour une compote ordinaire il faut une demi-livre de sucre, dans lequel vous leur ferez prendre un fort bouillon, en ajoutant au sucre clarifié la moitié d'un jus de citron, et de l'eau en suffisante quantité pour qu'elles puissent tremper.

Vous pouvez pousser ces poires au sucre en leur donnant un bouillon tous les jours, et augmentant chaque fois d'un peu de sucre; le cinquième jour vous pouvez les finir et les conserver en provision, pour vous en servir au besoin.

Vous pouvez suivre la même méthode pour toutes les poires que vous voulez servir, soit pour compotes, ou pour conserver en provision et en blanc.

Compote de Poires de Martin-Sec.

La compote de poires de martin-sec se fait ordinairement avec sa peau; on ne fait seule-

ment que dégager autour de la queue et un peu
au-dessous des deux côtés la peau qui s'y trouve ;
vous observerez de ne pas casser la queue et
de la vider un peu à l'œil. Vous pouvez faire
blanchir ces poires de même que les autres, et
les mettre dans un sucre léger, pour qu'elles cuisent plus facilement.

On peut aussi les tourner à cru, en leur donnant la forme d'une orange ; alors vous les mettrez au sucre, sans les blanchir ; vous les y laisserez
jusqu'à ce qu'elles soient bien cuites, et vous
obtiendrez une excellente compote.

Compote de Bon-Chrétien blanche.

Prenez quatre belles poires ; partagez-les en
deux, creusez un peu les cœurs pour qu'elles
blanchissent plus facilement ; mettez avec vos
poires la moitié d'un citron, pour qu'elles conservent leur blanc ; vous les parerez lorsqu'elles
seront suffisamment blanchies et les passerez à
l'eau fraîche ; puis vous les mettrez au sucre léger et leur donnerez une douzaine de bouillons ; après les avoir retirées, dressez-les et
servez.

Bon-Chrétien grillé.

Allumez un fourneau de charbon bien ardent ; mettez vos poires griller, en les retournant
de tous les côtés pour qu'elles grillent également ; lorsqu'elles le seront assez, jetez-les dans
l'eau fraîche, la peau doit de suite partir en
charbon, sans qu'il en reste ; lavez-les à deux ou

trois eaux jusqu'à ce qu'elles soient parfaitement bien nettoyées et qu'il n'y reste plus de noir; ôtez-en l'œil; mettez-les au sucre léger avec un peu de cannelle; laissez-les bouillir jusqu'à ce qu'elles soient bien cuites et que leur sirop ait acquis de la consistance.

Vous pouvez faire des compotes de toutes sortes de poires d'été et d'hiver, en observant le même procédé que pour les précédentes.

Compote de Pommes blanches.

Prenez des belles pommes de reinette qui ne soient point tachées; parez-les proprement (vous les pouvez faire entières ou par moitiés); mettez-les à fur et à mesure à l'eau fraîche; cela fait, retirez-les, mettez-les dans une poêle d'office (suivant la quantité que vous en aurez): pour quatre grosses pommes de reinette vous mettrez six onces de sucre clarifié dans une suffisante quantité d'eau avec la moitié d'un jus de citron; retournez vos pommes avec une fourchette pour qu'elles cuisent également; dressez-les dans un compotier; faites réduire leur sirop en gelée, et mettez-le sur vos pommes, ou, si vous voulez couler une gelée, ajoutez à votre compote quelques pommes coupées par morceaux, qui cuiront en même temps que le reste; vous passerez, après avoir dressé votre compote, le sirop au travers d'un tamis de soie, et vous ferez cuire votre gelée; pour connaître lorsqu'elle sera à son point de cuisson, vous y trem-

perez votre écumoire et vous l'inclinerez par
côté; si votre gelée tombe en nappe, retirez-la,
versez-la sur une assiette, laissez-la refroidir,
et coulez-la sur votre compote lorsqu'elle sera
froide.

Compote de Pommes à la Portugaise.

On fait ordinairement cette compote avec de
la calville blanche ou de la grosse reinette; on
ne pare pas le fruit, on en ôte seulement le
cœur au moyen d'un vide-pomme; on le pique
ensuite avec la pointe du couteau; on lui donne
quelques bouillons dans un sucre léger; lorsqu'elles sont à demi cuites, on les retire du sirop et on les place sur un plafond; on les saupoudre avec du sucre fin, et on les couvre avec
un four de campague bien chaud, pour leur faire
prendre couleur, en les arrosant de temps à
autre avec le sucre dans lequel elles ont été
commencées.

Gelée de Pommes.

Prenez des pommes de reinette de belle qualité, la quantité que vous voudrez; pelez-les,
coupez-les en six ou huit morceaux; lavez-les
bien à l'eau chaude, en les frottant avec les
mains, pour les bien décrasser; égouttez-les,
mettez-les dans un poêlon, afin qu'elles y trempent sans y être noyées; faites-leur jeter un
bouillon, afin qu'elles soient bien cuites, mais
pas écrasées; versez-les sur un tamis pour en
avoir la décoction; ayez du sucre clarifié au fort

lissé ; sur deux cuillerées de sucre vous en mettrez trois de votre décoction, si elle est assez
forte, et quatre, si elle est légère ; vous ferez
cuire votre sucre au fort soufflé ; vous y ajouterez votre décoction, et la ferez cuire à grand
feu, jusqu'à ce qu'elle tombe en nappe, comme
il est dit dans l'article qui précède ; vous y exprimerez le jus d'un citron, et vous la verserez dans
vos pots.

Prunes de Reine-Claude.

Prenez un cent de belles prunes à demi
mûres et bien vertes, c'est-à-dire à leur grosseur ; piquez-les de quelques trous de clou, jetez-les à fur et à mesure dans de l'eau fraîche ;
mettez-les sur le feu pour les faire blanchir, en
les remuant de temps en temps avec l'écumoire ;
lorsqu'elles commencent à monter sur l'eau, retirez-les de suite, et mettez-y deux ou trois jus
de citrons pour les exciter à reverdir ; laissez-les
dans leur eau jusqu'au lendemain, que vous les
remettrez sur le feu, sans les faire bouillir ; lorsqu'elles seront reverdies, mettez-les à l'eau fraîche ; faites clarifier cinq livres de sucre, retirez-
en la moitié, dans laquelle vous mettrez vos
prunes, après les avoir égouttées ; faites - leur
prendre cinq ou six bouillons, retirez-les ; mettez-les dans une terrine jusqu'au lendemain,
que vous les égoutterez de nouveau ; faites cuire
votre sucre, en y ajoutant une partie de la moitié
mise en réserve ; remettez dans la terrine ce si-

rop avec vos prunes; ce n'est que le cinquieme jour que vous les finirez, en observant les mêmes procédés tous les jours; et le cinquième, lorsque votre sucre sera cuit au fort perlé, vous y jetterez vos prunes pour leur faire prendre un bouillon; ensuite vous les retirerez et les mettrez dans des pots ou tinettes, pour vous en servir au besoin.

Les prunes à l'eau-de-vie se font de la même manière; on ne leur donne qu'un bouillon ou deux au sucre, puis on les égoutte et on les met à l'eau-de-vie; vous observerez qu'il faut ajouter à l'eau-de-vie du sucre clarifié, parce que les prunes n'ayant pas suffisamment pris du sucre, elles seraient trop fortes.

Il n'y a que les prunes vertes susceptibles de passer deux fois au blanchissage, comme la reine-claude, l'île-verte, etc.; toutes les prunes jaunes se blanchissent de suite, et se mettent au sucre de même, en commençant toujours par un sucre léger; vous donnez tous les jours un bouillon à leur sirop, jusqu'à ce que le fruit soit bien imprégné de sucre, pour qu'il puisse se conserver en provision toute l'année.

Prunes de Mirabelle.

Il y a des petites prunes jaunes qui ressemblent beaucoup à la mirabelle; mais, pour bien connaitre celle-ci, il suffit qu'en l'ouvrant, le fruit étant parfaitement mûr, le noyau quitte la chair sans qu'il y reste rien; il ne faut les prendre ni trop mûres ni trop vertes ; il faut aussi que leurs queues tiennent après ; quand vous serez pour les faire cuire, piquez-les de quelques trous d'épingle, jetez-les dans de l'eau fraîche, pour les faire blanchir ; lorsqu'elles commenceront à monter sur l'eau, retirez-les avec l'écumoire et mettez-les dans l'eau fraîche ; égouttez-les ensuite, et mettez-les dans un sucre léger, en leur donnant un petit bouillon ; il faudra les suivre, comme celles de l'article précédent.

On en met de même à l'eau-de-vie.

Compote de Pêches mignonnes.

Prenez de ces pêches la quantité que vous voudrez pour compote ; vous les mettrez à l'eau bouillante, pour en ôter la peau ; mettez-les dans un sucre léger et donnez-leur un bouillon ; écumez-les et dressez-les dans votre compotier.

Pêches Grosses-Mignonnes.

Partagez vos pêches en deux pour en ôter les noyaux, pelez-les ; mettez-les au sucre ; faites-leur prendre un bouillon, et dressez-les ensuite.

Il est nécessaire de faire observer que pour ces compotes, il faut que le fruit soit mûr, sans l'être trop.

Marmelade de Pêches.

Choisissez des pêches mûres ; pelez-les et coupez-les par morceaux ; sur six livres de fruit mettez quatre livres et demie de sucre, que vous clarifierez et ferez cuire au fort perlé ; cela fait, mettez vos pêches dans le sucre; pendant que vous les ferez cuire ne les quittez pas, remuez-les toujours avec une spatule jusqu'à ce qu'elles soient finies, c'est-à-dire, jusqu'à ce qu'elles soient parvenues à la même cuisson que la marmelade d'abricots.

Pêches à l'Eau-de-Vie.

Si les pêches que vous voulez mettre à l'eau-de-vie ne sont pas assez mûres, vous les ferez blanchir à l'eau; si elles sont à leur maturité, vous les piquerez de quelques coups de pointe de couteau; vous les mettrez dans un sucre clarifié et les ferez bouillir doucement; vous les retournerez de temps en temps et vous les ôterez; lorsqu'elles seront froides, vous les remettrez une seconde fois sur un feu très-doux pour qu'elles frissonnent seulement; vous les retirerez encore et les laisserez refroidir dans la poêle; ensuite vous les égoutterez, et ferez cuire le sucre pour le mêler avec l'eau-de-vie; vous verserez le tout sur vos pêches, après les avoir mises dans des bocaux.

Compote de Pêches grillées.

Prenez pour cette compote des pêches très-fermes, c'est-à-dire qui ne soient pas mûres, sans quoi elles fondraient au feu du charbon; et suivez en tous points, pour les griller, le même procédé que vous avez employé pour les poires de bon-chrétien; après les avoir lavées à plusieurs eaux, mettez-les au sucre.

Compote de Coins.

Prenez des coins bien mûrs, que vous partage-
rez en trois ou quatre morceaux; pelez-les, ôtez-
en les cœurs et la gravelle; faites-les blanchir;
mettez-les à un sucre léger, donnez-leur un bon
bouillon couvert, et retirez-les; le lendemain
vous leur donnerez un second bouillon, et
vous pourrez vous en servir.

Si vous voulez en conserver, il faut leur donner plusieurs façons et les finir le cinquième jour.

Si vous voulez les avoir rouges, lorsque vos
coins sont blanchis, laissez-les dans la même
eau où ils ont cuits; vous y ajouterez le sucre
et les mettrez sur un feu très-doux, pour qu'ils
bouillent bien doucement; étant couverts, ils
deviendront très-rouges; ils seront finis lorsque
leur sirop prendra en gelée : cinq heures suffi-
sent pour les faire de cette façon.

Gelée de Coins.

Prenez et coupez par morceaux une certaine
quantité de coins; tirez-en la décoction en les
faisant bouillir dans l'eau; qu'ils trempent seulement, sans être noyés; jetez-les sur un tamis
lorsqu'ils sout bien cuits; ayez du sucre clarifié,
une cuillerée pour deux de décoction; faites-le
cuire au soufflé, ajoutez-y votre décoction et cuisez votre gelée; vous jugerez de sa cuisson en y
trempant l'écumoire; si elle tombe en nappe, il
faut la retirer et la mettre dans des pots.

Confiture d'Epine-Vinette.

Choisissez de l'épine-vinette bien rouge, belle et sans pepins, parce qu'il y en a de deux sortes (celle sans pepins est la meilleure); pour une livre de fruit, vous mettrez deux livres et demie de sucre, que vous clarifierez et ferez cuire au soufflé; puis vous y mettrez votre épine-vinette, en lui faisant prendre un fort bouillon couvert; vous l'écumerez et la verserez dans les pots ou terrines.

Cette confiture n'est pas longue à faire; elle se fait de suite et ne retourne pas sur le feu; quelques personnes l'égrènent, mais il est plus convenable de la laisser en grappe.

Sirop d'Epine-Vinette.

Egrenez une livre d'épine-vinette bien mûre et d'un beau rouge; mettez dans un poêlon une pinte d'eau; lorsqu'elle bouillira, jetez-y votre fruit et faites-lui prendre une douzaine de bouillons; retirez-la du feu et mettez-la dans une terrine jusqu'au lendemain; clarifiez deux livres et demie de sucre, que vous ferez cuire au fort perlé; ensuite remettez votre épine-vinette sur le feu, pour lui faire prendre un bouillon; jetez-la sur un tamis un peu serré, pour en retirer la décoction que vous ajouterez à votre sucre cuit; remettez le tout sur le feu, pour faire quelques bouillons; pour connaître s'il est à sa cuisson, mettez sur une assiette une cuillerée de sirop et laissez-le refroidir; écumez-le, et s'il a assez de consistance, versez-le de suite dans des bouteilles.

Ce sirop n'est pas sujet à fermenter et peut se conserver très-long-temps.

Confiture de Verjus.

Vous prendrez du verjus qui ne soit ni trop vert ni trop mûr, c'est-à-dire qu'en le fendant par côté, on puisse avec une épingle en faire sortir les pepins, pour les jeter à fur et à mesure dans l'eau fraîche; ensuite mettez-le dans un poêlon et faites-le blanchir, ayant soin de ne pas lui donner un trop fort bouillon, parce qu'il serait de suite en marmelade; il faut le retirer aussitôt qu'il se présente à la surface de l'eau; vous le laisserez refroidir dans cette même eau, et lorsqu'il sera froid, vous le remettrez sur un très-petit feu pour le faire reverdir; d'après cela vous le mettrez à l'eau fraîche; vous prendrez du sucre, selon la quantité de verjus que vous aurez voulu clarifier, vous égoutterez votre verjus sur un tamis; vous le mêlerez ensuite avec un sucre cuit au petit lissé; le lendemain vous l'égoutterez de nouveau et vous ferez cuire le sucre; ensuite vous y remettrez votre verjus; il faudra le repasser tous les jours et le finir le cinquième; mais à la dernière façon, lorsque votre sucre est cuit au fort perlé, il faut y ajouter votre verjus et lui donner un seul bouillon; après l'avoir écumé, mettez-le dans vos pots.

Verjus pelé.

Prenez du verjus un peu plus mûr que celui dont nous venons de parler, mais bien vert; ôtez-en la peau et les pepins avec une petite brochette bien aiguë : sur deux livres de verjus préparé de cette manière, faites cuire deux livres de sucre au boulet; vous y jetterez votre verjus, et lui donnerez une douzaine de bouillons; ensuite retirez-le du feu, écumez-le et mettez-le en pots.

Pâte de Verjus.

Prenez du verjus presque mûr; égrenez-le, et faites-le crever sur le feu, en le remuant avec une spatule; ajoutez-y quelques pommes que vous aurez pelées et coupées par morceaux; le tout étant bien fondu, passez-le au travers d'un tamis de crin bien serré, en sorte qu'il ne reste que les peaux et les pepins; vous mettrez cette marmelade dans une poêle, sur le feu, pour la dessécher, jusqu'à ce qu'elle ait de la consistance; vous pèserez votre marmelade et y mettrez autant de sucre qu'il y aura de fruit; faites cuire votre sucre au fort soufflé, et mettez-y votre marmelade pour la cuire à son point, et en la remuant toujours avec la spatule, sans la quitter : lorsque votre pâte se détache bien du fond de la poêle, c'est qu'elle est finie; vous la dressez dans des moules de fer-blanc ou des caisses de papier, et vous les mettez à l'étuve, en les saupoudrant un peu avec du sucre fin.

Compote d'Oranges.

Vous prendrez quatre ou six belles oranges, dont vous ôterez la peau; vous les éplucherez proprement, en ôtant le plus que vous le pourrez la seconde peau blanche avec la pointe d'un couteau, sans l'écorcher; vous aurez environ une demi-livre de sucre chaud dans une terrine ou vase quelconque; coupez vos oranges par quartiers de la grosseur que vous voudrez, ou en tranches, et mettez-les dans le sucre; vous les dresserez ensuite dans un compotier, et vous verserez le sirop dessus.

Compote de Marrons.

Prenez un cent de beaux marrons dont vous ôterez la première peau; mettez-les ensuite dans une poêle avec de l'eau, un citron coupé par morceaux et trois poignées de son; faites qu'ils baignent bien; vous les ferez blanchir, sans les mener à grand feu; vous connaîtrez qu'ils sont assez blanchis, lorsqu'en les piquant avec une épingle, elle entre dans le marron sans résistance; vous les retirerez de l'eau avec l'écumoire : vous les pèlerez à mesure, et les jetterez à l'eau claire, dans laquelle vous aurez mis du jus de citron; vous clarifierez une livre et demie de sucre cuit au petit lissé; vous laisserez égoutter vos marrons, et les mettrez au sucre, en y ajoutant un jus de citron et le quart d'un verre d'eau de fleur d'orange; mettez le tout sur le feu, sans le faire bouillir, puis retirez-le : on les égoutte le lendemain pour donner un bouillon au sirop, et l'on peut en servir pour compote en les suivant de cette manière. Au quatrième bouillon vous faites cuire au soufflé le sirop, en l'augmentant; vous mettez les marrons dans le sucre ainsi préparé : un instant après vous blanchissez votre sucre avec une fourchette ou cuiller contre votre poêle, et retirez vos marrons que vous mettez égoutter sur une grille à tirage en fil de fer ou laiton; aussitôt que les marrons sont froids, ils sont secs; c'est ce que l'on appelle marrons glacés : il n'y a pas d'autre manière de les faire.

Compote de Marrons à l'Italienne.

Prenez cinquante beaux marrons ; faites-les griller, et, lorsqu'ils seront cuits, épluchez-les; vous pressez entre vos doigts chaque marron pour l'aplatir, et les mettez à mesure sur une assiette d'argent ou tourtière; cela fait, vous y mettez à-peu-près quatre onces de sucre clarifié et bien léger; vous mettrez vos marrons bouillir un peu sur le feu; vous ferez rougir une pelle ou pilon; après les avoir retirés, vous les saupoudrez de sucre en poudre, pour les glacer avec la pelle rouge, en la présentant sur les marrons, sans qu'elle les touche; vous les arrangez dans un compotier, et faites le sirop avec un jus de bigarade et la moitié d'un jus de citron, dans un peu de sucre clarifié.

Marmelade de Coins.

Vous prendrez des coins bien mûrs que vous ferez blanchir entiers : lorsqu'ils seront bien mollets, vous les retirerez, les pèlerez et les couperez par petits morceaux, puis les pilerez dans un mortier, et les passerez au tamis ; mettez autant pesant de sucre clarifié, cuit au soufflé, que vous avez de marmelade ; remettez au feu, et finissez comme les autres.

Marmelade de Cerises.

Prenez des cerises bien mûres ; ôtez-en les queues et les noyaux ; écrasez-les, et donnez-leur un fort bouillon sur le feu ; ensuite jetez-les sur un tamis, pour les passer au travers, avec une cuiller de bois ou spatule, et qu'il ne reste sur le tamis que les peaux ; remettez ce qui est passé dans une poêle ou poêlon sur le feu, pour le faire dessécher : lorsque la réduction est à moitié, vous pesez ce qu'il y en a et y ajoutez la même quantité de sucre ; finissez-la à son point, comme on l'a expliqué, en essayant la cuisson avec le doigt : lorsque le filet tient aux deux doigts, elle est finie.

La marmelade de groseilles se fait de la même manière que la précédente.

Marmelade de Verjus.

Choisissez du verjus presque mûr, dont vous ne prendrez que les graines ; écrasez-les, et mettez-les au feu ; faites-leur prendre plusieurs bouillons, et passez-les au travers d'un tamis, pour qu'il ne reste que les peaux et les pepins ; vous les remettrez réduire au feu ; ensuite vous pèserez ce qu'il y en a et y ajouterez le même poids de sucre ; faites cuire au même point que pour celles dont nous venons de parler précédemment.

Marmelade d'Oranges.

Vous prendrez quinze à vingt belles oranges de celles qui sont le plus en écorce ; vous en ôterez la peau, comme si vous vouliez en manger le dedans ; il n'y a que l'écorce qui puisse servir ; vous les faites blanchir : lorsqu'elles le sont assez, vous les mettez à l'eau fraîche, puis vous les faites bien égoutter, et vous les pilez fortement ; vous les passez ensuite dans un tamis de crin avec la spatule : lorsque le tout sera passé, vous le pèserez : sur une livre vous mettrez une livre et demie de sucre que vous clarifierez et ferez cuire au fort perlé, puis vous mettrez le tout ensemble sur le feu ; vous lui ferez faire plusieurs bouillons, en remuant toujours avec la spatule, jusqu'à ce que la marmelade soit finie : pour connaître si elle est à son point, vous en prenez avec le bout du doigt, et en l'appuyant sur le pouce ; lorsque le filet tient, il faut la retirer et la mettre dans les pots.

Toutes les marmelades de fruits jaunes, comme cédrats, citrons, poires, bergamotes, bigara des, chinoises, se font de la même manière que la précédente.

Marmelade de Fleurs d'Oranges.

Vous prendrez deux livres de fleurs d'oranges fraîchement cueillies et bien blanches; vous les éplucherez et les mettrez à mesure dans de l'eau fraîche : deux livres ne vous en rendront qu'une, étant bien épluchées; vous aurez de l'eau bouillante dans une poêle; vous y jetterez votre fleur, pour lui donner un bouillon seulement; vous la retirerez tout de suite du feu, et la jetterez sur un tamis; vous aurez le soin de préparer d'autre eau bouillante, dans laquelle vous remettrez de suite votre fleur, pour la faire blanchir à grand feu avec deux ou trois jus de citrons : cette première eau dans laquelle on la met n'est que pour ôter la poussière jaune qui s'attache sur la fleur, afin que la marmelade soit plus blanche; vous connaîtrez qu'elle sera assez blanchie, en en prenant quelques feuilles dans les doigts; si elles s'écrasent facilement, vous retirerez votre fleur et la mettrez à l'eau fraîche avec un jus de citron; ensuite il faut l'égoutter et la presser dans un linge ou torchon neuf, pour en retirer l'eau; vous la mettrez ensuite dans un mortier de marbre, et la pilerez le plus que vous pourrez, en l'arrosant de quelques jus de citrons : lorsqu'elle sera suffisamment pilée, vous la viderez dans un petit poêlon; vous ferez clarifier deux livres et demie de sucre du plus beau; ensuite vous le ferez cuire au perlé, et en mettrez par petites parties dans votre fleur d'orange qui est en pâte, dans une poêle, et la détremperez avec votre sucre cuit, en vous servant d'une spatule : lorsque vous aurez employé la moitié de votre sucre, vous remettrez l'autre partie sur le feu pour le cuire au petit soufflé, et la jetterez dans votre marmelade, en la remuant toujours avec votre spatule; vous la poserez de nouveau sur le feu, sans la faire bouillir, mais seulement bien chauffer, et ensuite vous en emplirez des pots.

Compote de Tailladins d'Oranges.

Après avoir zesté vos oranges, c'est-à-dire, avoir ôté tout le blanc qui reste à l'écorce, vous les couperez par petits filets très-minces; vous les ferez blanchir à l'eau jusqu'à ce qu'ils le soient assez, et qu'ils puissent s'écraser sous les doigts; vous les mettrez à l'eau fraîche, puis vous les égoutterez et les mettrez dans un sucre léger faire plusieurs bouillons; le lendemain donnez-leur un second bouillon, et servez-les.

Oranges confites au Sucre.

Vous prendrez douze belles oranges que vous tournerez et que vous ferez blanchir à grande eau dans une marmite ou poêle d'office; vous attacherez les tournures de vos oranges avec de la ficelle pour les faire blanchir ensemble; il faut au moins trois ou quatre heures d'ébullition continue pour qu'elles le soient assez; vous connaî-

trez qu'elles seront à leur point, en les piquant
avec une épingle ; et si l'épingle entre sans résistance, vous les retirerez et les mettrez à
l'eau fraîche ; vous les couperez en cinq ou six
quartiers, en laissant toujours la chair qui tient
à l'écorce ; vous clarifierez trois livres de sucre,
dont vous ôterez la moitié, et l'autre moitié
pour les mettre au sucre ; il faut les repasser tous
les jours, égoutter les oranges, donner une douzaine de bouillons au sirop, en l'augmentant
chaque fois avec le sucre en réserve ; il faut au
moins douze jours pour qu'elles soient confites
à leur point, afin de les conserver toute l'année ;
l'on peut ne confire que l'écorce, en la levant
bien proprement de dessus l'orange et en suivant
les mêmes procédés.

Les citrons, les cédrats, les poncires, les chinoises, etc., se confisent de même en entier ou
par quartiers ; on ne tourne pas les cédrats ni
les poncires ; on peut ne pas tourner les oranges,
si l'on veut.

Conserve moelleuse à la Violette.

Vous prendrez, dans la saison, plusieurs bou-
quets de violettes que vous éplucherez, en ne
prenant absolument que la fleur ; avec une petite poignée, vous aurez pour faire trois quarterons de conserve ; vous pilerez bien votre
fleur dans un petit mortier de marbre, et en exprimerez tout le suc ; vous ferez clarifier environ
trois quarterons ou une livre de sucre, que vous

ferez cuire au fort soufflé; vous le retirerez du feu et attendrez qu'il soit un peu refroidi avant que de mettre votre teinture de violette; vous y ajouterez quelques gouttes de jùs de citron pour que le violet soit plus vif, et travaillerez votre sucre dans le poêlon avec une cuiller d'argent, jusqu'à ce qu'il commence à blanchir et sécher aussitôt que vous l'avez versé dans des petites caisses ou dans des plus grandes; quand elles sont froides, vous les marquez légérement avec la pointe du couteau de la grandeur que vous voulez qu'elles soient, et vous les levez doucement dans la caisse où elles ont été versées; il ne faut pas que ces conserves aient plus de deux lignes ou deux et demie d'épaisseur.

Conserve de Citron.

Vous zesterez un citron dans une assiette ou soucoupe; vous exprimerez le jus sur vos zestes, et les laisserez infuser un peu de temps; vous ferez cuire environ une demi-livre de sucre clarifié au fort perlé; vous passerez votre jus de citron au travers d'un linge ou tamis de soie, pour en retirer les zestes; vous mettrez votre jus dans le sucre, et le travaillerez avec une cuiller, jusqu'à ce qu'il soit très-blanc, et le verserez dans vos moules.

Conserve de Fraises.

Vous éplucherez une poignée de fraises bien fraîches et mûres; vous les passerez en les écrasant sur un tamis de soie avec une cuiller, pour en retirer la chair ; pour une cuillerée à bouche de fraises passées au tamis, vous mettrez six onces de sucre cuit au fort perlé ; vous le retirerez du feu, et y mettrez vos fraises dedans, et vous blanchirez votre sucre comme nous avons dit au Citron : si la conserve était trop blanche, vous la rougiriez avec un peu de carmin bien mêlé avant avec une goutte de sucre clarifié, et vous le mettriez dedans en travaillant votre conserve ; cela lui donnera une belle couleur.

Conserve de Cédrat.

Vous prendrez un cédrat bien sain et odorant ; vous le frotterez sur un morceau de sucre pour en retirer le zeste et le parfum ; vous gratterez la partie du sucre qui est imprégnée de cédrat avec un couteau, et y passerez un jus de citron dessus pour le faire fondre : pour un cédrat râpé de la sorte, il faut une livre de sucre cuit au fort perlé : vous mettrez votre cédrat et le citron dedans, et le travaillerez comme les autres conserves.

Observation. Comme l'on n'a pas toujours de cédrats frais, et qu'il n'y a qu'une saison pour en avoir, on peut employer du cédrat confit, que l'on trouve toujours chez les confiseurs ; on en prend une moitié ou un quartier que l'on pile bien et que l'on passe au travers d'un tamis ; on mêle ce qui est passé avec du sucre cuit ou perlé, en y ajoutant du jus de citron.

Conserve de Roses.

Vous ferez cuire une demi-livre de sucre au fort soufflé ; vous aurez de la meilleure eau de roses double que vous pourrez trouver ; lorsque votre sucre sera cuit, vous le reporterez avec votre eau jusqu'à la cuisson du fort perlé : pour lui donner la couleur, vous mettrez un peu de co-chenille préparée ou du carmin, que vous travail-lerez et coulerez dans vos moules.

Conserve de Chocolat.

Vous ferez fondre deux onces de bon choco-lat de santé ou à la vanille dans le quart d'un verre d'eau ; vous ferez cuire dans un poêlon une demi-livre de sucre au perlé, le mêlerez avec le chocolat, et le travaillerez comme les autres.

Pour toutes les conserves moelleuses, il faut suivre les mêmes procédés qu'à celles de Cerises, Groseilles, Framboises, Oranges, Citrons, Cé-drats, etc.

Conserve de Café.

Vous ferez du café très-fort et bien clair ; vous aurez une livre de sucre clarifié et cuit au bou-let ou au petit cassé, vous le retirerez du feu, et l'affaiblirez avec une tasse de café pour le mettre à son point, afin de le travailler, c'est-à-dire qu'il faut toujours que votre conserve soit cuite au fort perlé ou au petit soufflé, pour qu'elle puisse prendre et sécher : du reste dressez-la comme les autres.

Conserve soufflée au Safran.

Vous suivrez pour les gâteaux soufflés au safran les mêmes procédés que pour ceux à la Rose, que nous allons décrire ci-après; c'est la même cuisson pour le sucre : pour leur donner la teinte et le goût du safran, un gros ou une pincée suffit; mettez votre safran bouillir dans le quart d'un verre d'eau un instant, et laissez-le infuser de même pour en bien tirer la teinture, que vous passerez dans un linge ou tamis; mettez votre safran dans le sucre avant que de le retirer du feu, et qu'il prenne la cuisson, qui est la même que celle de ceux dont nous allons parler: travaillez-la de même avec la glace, et versez dans vos moules.

Gâteaux de Fleur d'Orange.

Vous prendrez une demi-livre de fleur d'orange bien blanche, fraîche et toute épluchée; vous ferez clarifier trois livres de sucre, que vous ferez cuire au petit cassé, et mettrez votre fleur dedans; donnez-lui quelques bouillons, et retirez-le du feu; vous préparerez de la glace de la manière suivante :

Prenez la moitié d'un blanc d'œuf avec deux onces de sucre passé au tamis de soie, que vous mêlerez bien ensemble avec une cuiller d'argent, jusqu'à ce que la glace soit parfaitement blanche : on peut y ajouter quelques gouttes de jus de citron, ce qui achèvera de la blanchir : il faut qu'elle ait une certaine consistance, sans être ni trop épaisse ni trop liquide; vous remettrez votre sucre

sur le feu, et le ferez cuire au cassé; vous le retirerez et y mettrez une forte cuillerée de glace,
en remuant le sucre très-promptement avec la
spatule, jusqu'à ce que vous voyiez que le sucre
monte; vous aurez des moules tout prêts, ou des
caisses de papier pour les verser très-promptement.

Gâteau soufflé à la Rose.

Vous prendrez des feuilles de roses une poignée ou deux, suivant la quantité que vous en
voulez faire; pour une livre de sucre, une poignée de roses épluchées suffit; vous ferez cuire
votre sucre au fort boulet ou petit cassé; vous
mettrez votre fleur d'orange dans le sucre, et
suivrez le même procédé que pour ceux de fleur
d'orange, en ajoutant à ceux-ci du carmin dans
la glace, pour qu'elle soit d'un beau rouge, et
que les gâteaux soient d'un joli rose.

Sucre Candi en Terrine, à la Fleur d'Orange, ou Gros Candi.

Vous prendrez quatre livres de sucre que vous
clarifierez; vous aurez préparé avant une demi-
livre de fleur d'orange bien blanche, fraîche
et toute épluchée; vous ferez cuire votre sucre
dans une poêle au soufflé; vous jetterez votre
fleur d'orange dans le sucre, et lui ferez prendre
une douzaine de bouillons; vous jetterez le tout
sur un tamis de crin, en ôtant bien de la poêle
toute la fleur qui peut y rester; remettez le sucre
qui est passé dans la poêle, et cuisez votre sucre

au soufflé; après l'avoir écumé et ôté du feu,
mettez le quart d'un verre de bon esprit de vin,
et versez-le dans une terrine; couvrez-la et mettez-la à l'étuve pendant huit jours, ayant soin d'y
conserver toujours une chaleur égale; après ce
temps vous égouttez votre terrine pour en retirer le sirop, et le candi reste attaché; vous chauffez la terrine et faites tomber le sucre qui tient
après.

Vous pouvez tirer parti de la fleur d'orange
qui a fait votre candi; vous aurez du sucre en
poudre, la quantité qui convient; vous mettrez
votre fleur d'orange qui est égouttée, dans le
sucre en poudre, en frottant bien avec les mains
pour la sécher; vous la tamiserez pour en retirer
le sucre, et la mettrez sécher à l'étuve; vous aurez ainsi de la fleur d'orange pralinée, très-belle.

Gros Candi à la Rose.

Vous suivrez les mêmes procédés pour tous
les gros candis, en ajoutant les couleurs qui y
sont analogues; pour celui de rose, c'est l'esprit
de rose qui est préférable à l'eau rose distillée,
et surtout que les odeurs soient fortes en fleurs,
et bien aromatisées, en observant que, si l'on
mettait les odeurs que l'on veut donner à son
candi en même temps cuire avec le sucre,
elles ne serviraient à rien, l'odeur s'évaporerait
en bouillant : il ne faut les mettre qu'après que
le sucre est cuit; si c'était de l'eau rose, au lieu
d'esprit, il faudrait cuire un peu plus le sucre,

et y ajouter la couleur pour le rose (c'est de la cochenille préparée, ou du carmin détrempé avec un peu de sucre clarifié), et avoir l'attention de n'en pas trop mettre, pour que le candi soit d'un joli rose.

Gros Candi jaune.

C'est toujours la même préparation que ceux dont nous venons de parler; vous prendrez pour la couleur une pincée de safran gatinois, que vous mettrez bouillir dans un demi-verre d'eau, et vous colorerez votre sucre avec cette teinture.

Candi de Violettes.

Prenez une demi-livre de fleurs de violettes toutes épluchées; vous ferez cuire une livre de sucre clarifié au fort perlé; lorsqu'il sera à demi froid, vous y mettrez votre fleur, et poserez votre poêlon sur de la cendre chaude pendant deux heures, pour que la fleur jette toute son humidité; ensuite vous l'égoutterez sur un tamis, pour en retirer le sucre : vous aurez du sucre en poudre, passé au tamis de soie, dans lequel vous la remettrez et la frotterez bien dans les mains, pour la sécher : vous la poserez encore sur un tamis à l'étuve jusqu'au lendemain, pour qu'elle soit bien sèche; ensuite vous la tamiserez, pour en séparer le sucre d'avec la fleur; vous prendrez trois livres de sucre clarifié, que vous ferez cuire au soufflé; vous aurez votre moule préparé pour faire votre candi; lorsque le sucre sera à sa cuisson, vous le verserez dans le moule, et garnirez

toute la surface du sucre de votre fleur, sans en
mettre trop épais, en appuyant dessus avec une
fourchette, pour que la fleur prenne bien le sucre, et qu'il soit bien couvert : mettez votre moule
à l'étuve pendant cinq heures, sans chauffer
trop fort ; vous l'égoutterez, pour en retirer le
sirop ; et lorsqu'il sera froid, vous le sortirez
du moule, en mettant une feuille de papier sur
la table : renversez alors fortement votre moule,
pour faire tomber votre candi.

Petit Candi de Jasmin.

Vous éplucherez deux poignées de jasmin,
que vous passerez dans un sucre cuit, comme
nous avons dit de la Violette ; vous le ferez ensuite sécher dans le sucre en poudre, pour le
remettre sécher à l'étuve ; vous mettrez cuire du
sucre au soufflé, pour mêler votre fleur ; et vous
finirez comme pour la Violette.

Petit Candi de Jonquille.

Vous prendrez la quantité suffisante de jonquille, pour faire un moule à candi ; vous l'é-
plucherez et la mettrez dans un sucre cuit ; passez-la ensuite dans le sucre en poudre, et faites-
la sécher ; ensuite, après avoir fait cuire votre
sucre, vous suivrez le même procédé que pour
la Violette.

Jonquille entière.

Vous prendrez de la jonquille double ; vous en
couperez la queue tout près de la fleur, c'est-
à-dire, à un quart de pouce ; vous ferez cuire du

sucre, dans lequel vous la jetez pour prendre un seul bouillon avec le sucre; vous la retirez du feu, et la laissez un quart d'heure jeter son humidité; vous l'égouttez bien, et la jetez dans du sucre en poudre, passé au tamis de soie, en maniant le tout légérement : il faut avoir l'attention que toutes les feuilles se développent, et se chargent également de sucre, en les secouant, et soufflant dessus, pour que la fleur conserve sa forme; vous les arrangez sur un tamis, en les prenant l'une après l'autre, ayant eu soin de garnir le fond de votre tamis avec du papier, sur lequel vous aurez mis du sucre; vous les faites sécher à l'étuve, pour les mettre ensuite dans une boîte, et les tenir toujours dans un endroit sec : l'on peut mettre aussi ces fleurs préparées au candi, ayant soin d'avoir de petites grilles faites pour les moules, sur lesquelles elles soient posées, et une dessus, pour qu'elles trempent dans le sucre, en mettant un poids de deux livres, pour les y maintenir enfoncées.

Cette même façon peut être employée pour toutes les fleurs que l'on veut conserver au sucre, soit pralinées, soit entières : l'on peut, par ce moyen, se procurer des candis de fleurs pour toutes les saisons.

Fleur d'Orange pralinée.

Vous choisirez de la fleur d'orange bien blanche et bien fraîche; vous l'éplucherez, en la jetant à mesure dans l'eau : pour une livre de fleur d'orange, vous mettrez deux livres de sucre clarifié, que vous ferez cuire au soufflé; vous y mettrez votre fleur, que vous manierez fortement dans l'eau, pour qu'elle reste dans sa largeur : après l'avoir pralinée, vous la remuerez avec la spatule, jusqu'à ce que votre sucre revienne à la même cuisson que lorsque vous l'avez mise; vous retirez alors votre poêle du feu, et travaillez votre fleur avec la spatule, jusqu'à ce que le sucre s'en sépare, et qu'il devienne en poudre; vous mettrez bien sécher à l'étuve dans ce même sucre, et passerez au travers d'un tamis de crin, pour en retirer votre fleur que vous trouvez toute l'année pour votre usage, en la serrant dans une boîte ou bocal, ayant bien soin de la tenir toujours dans un endroit sec.

Vous pouvez praliner votre fleur au sucre en poudre, en suivant le même procédé que l'on a indiqué pour le gros candi de fleur d'orange, en observant toujours de la manier dans l'eau avant que de la mettre dans le sucre, pour qu'elle conserve toute sa forme.

Avec la fleur d'orange pralinée de l'une ou de l'autre manière, l'on fait des petits candis (comme ceux dont nous avons parlé aux articles Violette et Jonquille), en suivant les mêmes procédés.

Conserve de Fleur d'Orange.

Prenez une pincée de fleur d'orange; épluchez-la; hachez-la avec un couteau sur une feuille de papier blanc, en y pressant quelques gouttes de jus de citron ; faites cuire quatre onces de sucre au soufflé, et faites-lui prendre un petit bouillon : pour la travailler à son point, vous verserez votre fleur d'orange dans des moules ou caisses de papier.

Petit Candi d'Amandes.

Vous prendrez une livre d'amandes douces nouvelles; vous les passerez à l'eau bouillante, pour en ôter la peau ; vous les couperez très-minces dans leur longueur; vous aurez une livre de sucre clarifié, dans lequel vous mettrez vos amandes pour les praliner, en vous servant d'une spatule de bois pour les remuer sur le feu, jus- qu'à ce que vous voyez que votre sucre est cuit à pouvoir les sabler, c'est-à-dire, à la cuisson du fort soufflé; vous les retirez du feu, et les remuez avec la spatule, jusqu'à ce que le sucre soit en sable; vous les tamisez, pour en retirer l'amande, que vous partagez en quatre ou cinq parties, pour les mettre en couleur sé- parément; la couleur blanche est celle dont elles sont après avoir été pralinées : vous en retirerez trois parties, l'une pour du rose, l'autre pour du jaune, et la dernière pour du vert : pour la première, vous détrempez un peu de carmin avec du sucre clarifié, et mettez vos amandes en couleur dans un petit poêlon ou assiette; pour le jaune, avec un peu de teinture de safran; et pour le vert, avec le vert d'épinard : vous ferez

sécher toutes ces amandes en couleur sur un tamis, à l'étuve; lorsqu'elles seront sèches, vous
les mêlerez toutes ensemble, en y ajoutant celles
que vous avez laissées en blanc; vous ferez cuire
du sucre au soufflé, la quantité à-peu-près que
votre moule peut contenir : vos amandes étant
bien sèches, vous en garnissez toute la surface
de sucre, sans en mettre trop épais, en les faisant tremper avec une fourchette; et vous les
mettez à l'étuve un peu chaude, sans cependant
qu'il y ait un très-grand feu : cinq heures suf-
fisent pour que votre candi soit bien pris : vous
l'égoutterez bien, et deux heures après vous
pourrez le tirer du moule.

Petit Candi à la Rose.

Vous pralinerez deux poignées de roses effeuillées dans du sucre clarifié, en poussant la cuisson du sucre avec la rose au fort soufflé; il faut
ensuite les retirer du feu, les sabler, et les passer au tamis, pour en retirer le sucre, en les
frottant avec les mains, pour que la fleur s'élar-
gisse; en outre les mettre à l'étuve sécher, et
préparer votre moule, faire cuire votre sucre
comme pour les autres Candis, dont nous avons
parlé ci-dessus, pour la Fleur d'Orange, la Jonquille, la Violette, etc. : on doit ajouter au sucre,
avant de le couvrir avec la rose, un peu de cochenille préparée, ou un peu de carmin délayé avec
un peu de sucre clarifié, pour que le candi ait
une petite teinte de rose.

Amandes pralinées.

Vous prendrez une livre de belles amandes nouvelles, que vous frotterez dans une serviette, pour en ôter la poussière; vous mettrez une livre de sucre dans une poêle ou poêlon, avec un demi-setier d'eau et un peu plus, lorsque le sucre sera fondu; vous y mettrez vos amandes, et les remuerez souvent avec une spatule, jusqu'à ce qu'elles pétillent fort; retirez-les de dessus le feu, et travaillez-les, jusqu'à ce que le sucre soit en sable et bien détaché de l'amande; vous retirerez une partie du sucre, et remettrez les amandes sur le feu en tournant la poêle, à mesure qu'elles reprennent le sucre ; faites attention que le feu ne soit pas trop vif; et lorsqu'elles auront pris le sucre, vous remettrez le reste de celui que vous avez réservé, et continuerez de les griller, jusqu'à ce que l'amande ait pris tout le sucre; vous les jetterez sur un tamis, et séparerez celles qui tiennent ensemble.

Avelines pralinées.

Vous prendrez des avelines, les plus belles et les plus nouvelles : une livre en coque ne vous rendra que six onces de fruit; vous mettrez fondre six onces de sucre, et mettrez vos avelines praliner dans un poêlon, et suivrez exactement les mêmes procédés que pour les amandes.

Les pistaches se pralinent de la même manière.

Grillage d'Amandes.

Vous prendrez une demi-livre d'amandes douces que vous mettrez dans l'eau bouillante, pour en ôter la peau; vous les couperez en filets dans leur longueur, en quatre ou cinq morceaux; vous les pralinerez dans un quarteron et demi de sucre; vous les sablerez, lorsqu'elles commenceront à petiller, et les remettrez sur le feu en les remuant continuellement, jusqu'à ce que le sucre et les amandes soient bien liés ensemble et qu'ils fassent masse; vous les mettrez sur une feuille d'office légérement huilée, pour les aplatir, et vous sèmerez dessus du cannelas ou de la nompareille blanche; vous couperez ensuite par morceaux.

Cerises blanchies ou en Chemise.

Vous prendrez de grosses et belles cerises bien mûres; vous en couperez la moitié de la queue; vous prendrez un blanc d'œuf que vous battrez avec une fourchette, jusqu'à ce qu'il se mette en neige; vous y tremperez vos cerises, et aurez du sucre passé au tamis de soie, pour les rouler dedans, afin qu'elles prennent également le sucre; et celles qui s'en trouvent trop chargées, l'on souffle dessus, pour ôter ce qui est de trop; on les range ensuite, sans qu'elles se touchent, sur une feuille de papier que l'on mettra sur un tamis à l'étuve, jusqu'à ce que l'on s'en serve.

Groseilles en Grappe, en Chemise ou blanchies.

Vous choisissez de belles grappes de groseilles, ayant attention qu'il ne s'y trouve aucun grain d'écrasé ; vous les passez, comme nous venons de dire à la cerise, dans un blanc d'œuf battu à neige, et vous les mettez dans le sucre en poudre, en les roulant bien dedans, et ensuite à l'étuve.

Les fraises se blanchissent de même, en observant seulement de couper les petites feuilles qui tiennent autour de la queue avec des ciseaux, et de suivre les mêmes procédés que ci-dessus.

L'on peut aussi, dans la saison, blanchir du raisin de la même manière.

Cerises au Caramel.

Vous prendrez des cerises et leur laisserez la queue ; vous mettrez dans un poêlon du sucre clarifié, à-peu-près la quantité qu'il faudra pour les cerises, ou autres fruits que vous voudrez mettre ; votre sucre étant à la cuisson du cassé, vous le retirez du feu, et vous y trempez vos cerises, en les tenant par la queue ; vous les poserez sur une feuille de cuivre que vous aurez graissée légérement avec de l'huile ; vous couperez alors la moitié de la queue de vos cerises, pour les arranger sur vos assiettes.

L'on met au caramel toutes sortes de fruits, suivant leur saison. Comme l'on n'a pas toujours des cerises, on se sert l'hiver de celles que l'on conserve à l'eau-de-vie, en les lavant dans de l'eau ; il faut les bien essuyer, et les mettre sécher à l'étuve ; vous ferez de même pour tous les fruits conservés que l'on y met l'hiver, comme la prune de reine-claude, la mirabelle, les abricots à l'eau-de-vie, et autres petits fruits conservés au sucre, ayant toujours la précaution de les passer à l'eau tiède, de les essuyer et de les mettre à l'étuve sécher. Le caramel se conserve plus long-temps sec de cette manière.

Caramel d'Oranges, de Marrons, de Grenades et de Raisin.

Vous éplucherez deux ou trois oranges ; vous en ôterez tout le blanc ; vous séparerez ensuite les quartiers, c'est-à-dire qu'une orange doit vous faire sept ou huit morceaux ; prenez garde de l'écorcher en l'épluchant ; vous ferez des petites brochettes que vous épointerez avec un couteau, et vous y piquerez chaque quartier d'orange ; vous aurez du sucre cuit au caramel ; vous tremperez chaque quartier l'un après l'autre dans ce sucre, et vous les ferez égoutter sur une grille à tirage, en mettant l'autre bout du bâton dans la maille de la grille, pour que le caramel puisse sécher en l'air.

Pour les marrons au caramel, on les fait griller comme pour les mettre sous la serviette ; on les épluche et on les pique à une brochette pointue ; vous les trempez, l'un après l'autre, dans le caramel, et les mettez égoutter sur une

grille à tirage de la même manière que pour
l'orange, dont nous venons de parler.

Raisin au Caramel.

Vous prendrez une grappe dont les grains ne
soient pas trop serrés; vous en couperez des
petits grappillons de sept ou huit grains tenant
ensemble; vous aurez du sucre cuit au caramel,
et une feuille de cuivre graissée légérement
d'huile; vous tremperez votre raisin dans le sucre, le laisserez un peu égoutter et le poserez
sur la feuille de cuivre; faites en sorte de laisser
à cette petite grappe un peu de prise, pour que
vous puissiez la tremper sans vous brûler.

Caramel de Grenades.

Vous épluchez votre grenade; vous en enlevez
des morceaux, et ôtez la peau qui se trouve sur
les grains; piquez-les à une brochette, et trempez-les dans le caramel.

Cochenille préparée.

Vous prendrez une once de cochenille que
vous pilerez dans un petit mortier de fonte, en
poudre très-fine; après l'avoir retirée, vous pilerez une once de crème de tartre et deux gros
d'alun de glace de la même manière; vous mettrez un demi-setier d'eau dans un poêlon : lorsqu'elle bouillira, mettez-y la cochenille bouillir
environ dix minutes, ensuite la crème de tartre
et l'alun, et laissez prendre encore quelques
bouillons; puis retirez-la du feu, et laissez-la
s'éclaircir, pour n'en laisser que le marc; vous

la mettrez dans une bouteille, pour vous en servir au besoin.

Couleur jaune.

Vous prendrez un morceau de gomme gutte, et mettrez un peu d'eau chaude dans une assiette; vous frotterez, en tenant votre gomme, le fond de l'assiette, pour en retirer la teinture : lorsque vous verrez que l'eau a pris assez de couleur, vous pourrez vous en servir pour colorer tout ce que vous voudrez.

Pour le jaune, l'on peut donner la préférence au safran, en en mettant une pincée bouillir dans un peu d'eau; vous en retirez une très-belle couleur, qui peut s'employer à toutes sortes de bonbons et liqueurs.

Couleur verte.

Vous prendrez deux ou trois fortes poignées d'épinards que vous éplucherez et laverez bien : il faut les mettre égoutter, et les bien piler dans un mortier de marbre, puis les presser dans un torchon pour en extraire tout le jus, que vous mettrez sur le feu, en le remuant avec une cuiller ou avec une spatule : lorsqu'il sera tourné, vous jetterez le tout sur un tamis de soie pour séparer le vert d'avec l'eau; vous ramasserez le vert qui est égoutté sur votre tamis, et le broyerez dans le mortier avec un peu de sucre clarifié; vous le passerez ensuite au tamis de soie, pour vous en servir au besoin.

L'on peut encore faire du vert de cette manière.

Vous prendrez une pierre d'indigo que vous frotterez sur une assiette avec un peu d'eau ; ce qui vous fera une couleur bleue ; quand vous jugerez votre couleur assez fournie, vous ajouterez de la teinture de safran, en le préparant comme nous venons de l'expliquer ci-dessus ; vous en ferez bouillir une pincée dans un peu d'eau ; vous mêlerez de cette teinture de safran avec le bleu, et cela vous fera une couleur verte, en mettant à-peu-près autant de l'un que de l'autre.

Couleur violette.

De la teinture de cochenille, mêlée avec celle de l'indigo par égale quantité, vous donnera une belle couleur violette, en suivant les procédés dont nous venons de parler, à l'article *Cochenille.*

Biscuits à la Cuiller.

Mettez huit œufs dans une balance, et autant pesant de sucre dans l'autre ; ensuite jetez votre sucre dans une terrine ; cassez vos œufs dans une petite poêle, en séparant le blanc d'avec le jaune que vous mettrez dans votre sucre, pour les bien battre, en y ajoutant une râpure de citron ; vous fouetterez ensuite les blancs d'œufs, et lorsqu'ils seront bien pris en neige, vous mêlerez le jaune avec le blanc ; cela fait, vous prendrez une quantité égale au poids de cinq œufs, de farine que vous mettrez dans un tamis,

et vous la passerez dans votre pâté, en la remuant légérement, jusqu'à ce que le tout soit bien
mêlé ; vous dresserez vos biscuits sur des feuilles
de papier blanc en long avec une cuiller, et les
glacerez avec du sucre en poudre ; vous les
mettrez dans un four qui ne soit pas trop chaud :
si vous voulez vos biscuits plus légers, au lieu
du poids de cinq œufs de farine, vous ne mettrez que celui de quatre.

Biscuits légers en Caisse, au Citron.

Pour huit œufs, vous mettrez huit cuillerées de
sucre en poudre dans une terrine, et une râpure de
citron ; vous casserez vos œufs pour en séparer les
blancs d'avec les jaunes ; vous mettrez les blancs
dans une poêle, et les jaunes avec le sucre, en
supprimant deux jaunes d'œufs qu'il faudra mettre de moins avec le sucre ; vous battrez bien
l'un et l'autre séparément, comme l'on vient de
l'expliquer aux Biscuits à la Cuiller, et vous
ajouterez, pour les finir, trois cuillerées de farine que vous passerez au tamis et que vous
mêlerez légérement dans votre appareil ; vous
dresserez vos biscuits dans des caisses de papier ; vous les glacerez avec le sucre en poudre,
et vous les mettrez dans un four très-doux, moins
chaud que pour celui des biscuits à la cuiller.

Biscuits de Pistaches.

Vous prendrez un quarteron de pistaches que
vous mettrez à l'eau bouillante, pour en ôter
la peau ; ayez soin surtout qu'elles soient nou-

velles et bien vertes (souvent l'on vous en vend qui sont anciennes et mauvaises, et cela ferait de très-mauvais biscuits) : lorsqu'elles seront émondées, vous les essuierez bien dans une serviette, et les pilerez dans un mortier de marbre avec un blanc d'œuf et un petit quartier de cédrat ou de citron confit; vos pistaches ainsi préparées, vous y ajouterez un peu de vert d'épinards, pour que vos biscuits soient d'un plus beau vert; vous prendrez huit œufs, dont vous retirerez deux jaunes; vous battrez les six jaunes avec huit cuillerées de sucre; vous y mêlerez, lorsqu'ils seront bien battus, vos pistaches; vous fouetterez les blancs comme pour le biscuit léger, et lorsqu'ils le seront assez, vous mêlerez le tout ensemble, en y mettant trois cuillerées de farine que vous passerez sur votre pâte, en la remuant légérement avec une spatule; vous les dresserez dans des caisses de papier; vous les glacerez et les mettrez à un four très-doux.

Biscuits au Chocolat.

Vous prendrez huit œufs dont vous séparerez les blancs d'avec les jaunes, et les battrez comme nous venons de le dire à l'article précédent; vos blancs étant mêlés avec vos jaunes et le sucre, vous mettrez trois onces de chocolat de santé fin ou à la vanille, que vous aurez râpé, et le mêlerez avec votre pâte de biscuits, en y ajoutant trois bonnes cuillerées de farine, que vous passerez, en remuant votre pâte légérement;

vous les dresserez dans vos caisses et les mettrez à un four doux.

Biscuits légers aux Avelines.

Vous prendrez deux petites poignées d'avelines cassées; vous les mettrez dans un poêlon
sur le feu, pour les griller sans les quitter, comme
l'on grille le café, en les remuant continuellement, jusqu'à ce qu'en en prenant quelques-
unes elles quittent leur peau facilement; alors
vous les jetterez sur une serviette ou un torchon, en les frottant, pour leur faire quitter
leur peau; ensuite vous les râperez; vous prendrez huit œufs, comme nous avons dit ci-devant, et huit cuillerées de sucre, et préparerez
votre pâte; vous y ajouterez les deux tiers de
votre râpure d'avelines, et garderez l'autre tiers
pour mettre sur vos biscuits; lorsqu'ils seront
dressés, glacés et prêts à mettre au four, vous
ajouterez trois bonnes cuillerées de farine pour
les huit œufs, en mettant ce qui reste d'avelines
sur vos biscuits; lorsqu'ils sont glacés, faites-
les passer sur un tamis de crin, en égalisant,
pour qu'il s'en trouve sur tous vos biscuits, et
mettez-les à un four doux.

Biscuits à la Créme.

Pour dix œufs, prenez dix cuillerées de sucre
et six cuillerées de farine; vous ferez votre pâte,
comme nous venons de le dire ci-dessus; en
battant les jaunes avec le sucre et les blancs séparément; lorsque l'un et l'autre seront réunis,

vous aurez pour cinquante sous de bonne crême fouettée, comme sont les fromages à la Chantilly; vous mêlerez la crême avec votre appareil et vous y mettrez la farine; vous dresserez vos biscuits dans des caisses et les mettrez au four.

Biscuits à la Fleur d'Orange.

Vous prendrez six œufs; vous mettrez les jaunes dans une terrine, et y mettrez le poids de quatre œufs de sucre et trois de farine; vous écraserez une once de fleur d'orange pralinée, que vous ajouterez à vos jaunes d'œufs, et les battrez bien ensemble avec une spatule; vous fouetterez vos six blancs d'œufs pour les mêler avec votre pâte, en y ajoutant la farine; il faut ensuite les dresser dans des caisses de papier, les glacer avec du sucre en poudre, les mettre à un feu doux, ne leur donner que la moitié de la cuisson des autres, afin qu'ils soient moelleux, et les servir en sortant du four.

Biscuits soufflés à la Fleur d'Orange.

Vous prendrez un blanc d'œuf frais, dont vous séparerez le jaune et le mettrez sur une assiette; vous aurez du sucre en poudre passé au tamis de soie, que vous mêlerez avec le blanc pour faire une glace qui ne soit ni trop liquide ni trop sèche; lorsqu'elle sera à son point, vous mettrez deux pincées de fleur d'orange pralinée, que vous y mêlerez; ce biscuit se met dans de très-petites caisses de papier, c'est-à-dire de la grandeur de la quatrième partie des caisses à biscuits ordinaires; il faut ne les remplir qu'à moitié, parce qu'ils montent beaucoup au four et qu'ils retomberaient sur la feuille, ce qui ferait un mauvais effet; il faut les mettre à un four doux, cependant assez chaud pour qu'ils puissent faire un bel effet, et les laisser au four le temps suffisant pour qu'ils ne retombent pas; vous connaîtrez le degré de cuisson en appuyant légérement la main dessus; s'ils se soutiennent fermes sans baisser, il est temps de les retirer du four.

Biscuits soufflés au Chocolat.

Vous ferez une glace au sucre en poudre pour un ou deux blancs d'œufs, de la même manière que nous venons de l'expliquer pour ceux de fleur d'orange; vous râperez du chocolat environ deux onces, que vous mêlerez bien avec votre glace; faites qu'elle ne soit ni trop liquide ni trop ferme; remplissez vos caisses à moitié et mettez-les au four; c'est la même cuisson que pour ceux à la fleur d'orange.

Petits Biscuits soufflés.

L'on peut également, avec la glace royale, faire des petits biscuits à toutes sortes d'odeur et couleur en petites caisses, comme au citron, avec de la râpure; à l'orange de même, au cédrat, au safran, avec du safran en poudre ou une forte teinture; à la rose, en donnant la couleur avec du carmin ou de la cochenille, et y ajoutant de l'esprit de rose pour l'odeur.

De cette même composition de glace l'on en fait des petits boutons dressés de la grosseur d'une aveline, en étendant son appareil sur un couteau ou une petite spatule; et avec un autre couteau vous formez vos boutons en les dressant sur des feuilles de papier blanc; on les met ensuite au four sur des feuilles d'office, à un four très-doux, parce qu'il ne faut pas qu'ils prennent la couleur que l'on donne aux biscuits et macarons; il faut au contraire qu'ils restent de la couleur dont vous les dressez, à peu de chose près: l'on peut en faire à la glace en blanc, au citron, au chocolat, à la rose et au safran : ce petit four sert à décorer toutes les assiettes de four mêlées, et dans toutes les places de l'assiette où l'on ne peut pas mettre un gros macaron.

Macarons d'Amandes amères.

Vous prendrez une livre d'amandes amères, que vous émonderez et les ferez sécher à l'étuve; lorsqu'elles seront sèches, vous les pilerez dans un mortier de marbre avec trois blancs d'œufs; il faut qu'elles soient pilées très-fin; si les trois blancs d'œufs ne suffisaient pas, vous en ajouteriez un quatrième, pour qu'elles ne tournent pas en huile; étant bien pilées, vous les mettrez dans une terrine et pèserez deux livres et demie de sucre en poudre, que vous y incorporerez; si votre pâte était trop sèche, vous ajouteriez un blanc d'œuf; il faut qu'elle ne soit ni trop liquide ni trop sèche ; vous les dresserez, de la grosseur d'une noix, sur des feuilles de papier, avec une spatule et un couteau, et vous les mettrez à un four très-doux.

Macarons d'Amandes douces.

Vous prendrez une livre d'amandes douces, que vous émonderez et ferez sécher; vous les pilerez après, comme l'on vient de dire à l'Amande amère, et suivrez exactement les mêmes procédés; il faut y ajouter seulement une râpure de citron lorsque vous mélangerez le sucre avec l'amande; on doit les dresser de même et les mettre à un four très-doux.

Massepains royaux.

Vous prendrez une livre d'amandes douces, que vous émonderez et mettrez à mesure dans de l'eau fraîche; vous les égoutterez et pilerez dans un mortier de marbre, en les arrosant avec de l'eau et un peu d'eau de fleur d'orange; il faudra prendre garde de les trop mouiller en les commençant; il faut en mettre peu à peu à mesure que vous les pilez; lorsqu'elles le seront assez, vous les mettrez dans un poêlon, avec une demi-livre de sucre en poudre, sur un fourneau à petit feu, pour les dessécher; vous connaîtrez lorsqu'elles le seront assez, en appliquant le revers de la main sur cette pâte; si elle ne s'y attache pas, il faut la retirer, la mettre sur une feuille d'office ou une assiette, que vous saupoudrez de sucre fin, et la laisser refroidir; lorsque votre pâte sera froide, vous en couperez sur une table plusieurs morceaux, que vous roulerez avec la main, de la grosseur du petit doigt, et le plus également que vous pourrez; vous les couperez ensuite pour en former un anneau de la forme d'une gimblette; vous les arrangerez sur une grille de fil de fer ou de laiton, qui sera posée sur une terrine : vous pouvez avec cette même pâte en étendre sur une table en abaisse avec un rouleau à pâte, et la garnir légérement avec de la marmelade d'abricots ou autres confitures qui puissent s'étendre dessus; il faut recouvrir l'abaisse avec la même pâte et la couper en losange, ou autre forme que l'on voudra; mettez-la sur la grille, pour la glacer avec la glace faite avec des blancs d'œufs et du sucre en poudre bien travaillé; ayez soin qu'elle ne soit ni trop liquide ni trop épaisse, et avec une cuiller il faut couvrir tous vos massepains, l'un après l'autre, et les laisser égoutter, les arranger sur des feuilles de papier, et les mettre à un four un peu vif.

Tourons d'Amandes.

Vous émonderez une ou deux poignées d'amandes douces; vous pourrez y ajouter quelques pistaches et même quelques avelines; le tout émondé, et les avelines un peu grillées pour en ôter la peau, vous pralinerez le tout ensemble dans une demi-livre de sucre; lorsque le tout sera praliné, vous le laisserez refroidir; vous casserez deux blancs d'œufs que vous y mettrez, et les remuerez avec une spatule jusqu'à ce que le tout se lie bien ensemble et forme une pâte maniable; il faut ajouter, en la travaillant, une forte pincée de fleur d'orange pralinée, qui doit se trouver mêlée avec; il faut mettre aussi du sucre en poudre la quantité convenable, ainsi qu'un peu de blanc d'œuf, s'il en est besoin, pour que les tourons se lient bien; vous les dresserez, de la grosseur d'une noix, sur des feuilles de papier, en les arrondissant avec la main, et les mettrez à une certaine distance pour qu'ils ne se touchent point; faites-les cuire à un four doux.

Biscuits manqués à la Fleur d'Orange.

Prenez deux blancs d'œufs, que vous casserez dans une assiette; vous mettrez quatre cuillerées de sucre en poudre, deux de farine et une once de fleur d'orange pralinée, que vous aurez fait sécher et mise en poudre; vous mêlerez le tout ensemble; cela vous fera une pâte un peu liquide; pour les dresser, il faut prendre une cuiller à café à-peu-près pleine de votre composition, en la mettant sur une feuille de papier blanc, et l'arrondissant avec la cuiller, de la largeur d'une pièce de cinq francs; il faut laisser assez de distance pour qu'ils ne se touchent pas l'un à l'autre, et les mettre au four; lorsqu'ils auront pris une belle couleur, vous les retirerez, et quand ils seront froids, vous les lèverez de dessus le papier, et les mouillerez par derrière avec une éponge; vous les mettrez à

mesure sur un tamis, et les ferez sécher à l'é-
tuve, pour vous en servir au besoin.

Petits Biscuits en Éventail ou Dents de Loup.

Vous prendrez deux feuilles de papier que vous
couperez de leur longueur, et les plisserez en
éventail; lorsque les plis seront bien fermés,
vous les doublerez, pour que les deux feuilles
puissent tenir sur une feuille d'office, en les écar-
tant d'une distance à pouvoir dresser vos biscuits; vous prendrez deux œufs, que vous casserez dans une terrine ou poêlon, le blanc et le jaune
ensemble; vous mettrez quatre cuillerées de sucre
en poudre, et deux de farine, avec une râpure
de citron; vous mêlerez bien le tout, et y ajouterez du beurre que vous ferez fondre, à-peu-
près la quantité de deux petits pains de beurre
de Vembre; lorsqu'il sera fondu, sans le faire
bouillir, vous le mêlerez dans vos biscuits, et
les dresserez sur les feuilles que vous aurez plis-
sées; vous prendrez de cette pâte avec une cuiller, et la conduirez avec le doigt sur les plis en
travers de la feuille, et y mettrez assez de distance pour qu'ils ne se touchent pas pendant la
cuisson; il faut les mettre à un four un peu chaud,
sans cependant qu'il le soit trop; et les retirer
lorsqu'ils auront pris une belle couleur : en les
sortant du four pour les retirer du papier, vous
prenez la feuille par les deux bouts, et l'écartez;
votre biscuit se sépare; et, le levant facilement,
vous prendrez garde de le casser.

Petits Pains de Turin.

Vous mettrez dans une terrine douze cuillerées de farine et six de sucre en poudre, deux
œufs, la râpure d'un citron, et environ un demi-quarteron de beurre bien frais; et avec une
spatule vous remuerez le tout pour en faire une
pâte maniable et ferme : si deux œufs n'étaient
pas suffisans, vous en mettriez un troisième; de
même que si votre pâte était trop molle, vous
y mettriez quelques cuillerées de farine, en observant d'y ajouter toujours du sucre, la moitié
de ce que vous y mettrez de farine; vous renversez votre pâte sur une table, et la maniez jusqu'à
ce que vous puissiez la rouler facilement avec la
main, pour en former toutes sortes de petits dessins et nattes, ainsi qu'en petits pains de la longueur du doigt, mais bien plus minces; vous
beurrez bien une feuille de papier, que vous mettez sur une feuille d'office, pour les arranger à
mesure; vous casserez deux œufs, dont vous prendrez le jaune pour en dorer vos petits pains avec
un doroir, avant que de les mettre au four, qui
doit être plus chaud que pour le biscuit ordinaire.

Pain de Marrons.

Vous prendrez un cent de marrons que vous
ferez griller, de manière qu'ils soient bien cuits,
sans être brûlés; lorsqu'ils seront épluchés, vous
les pilerez dans un mortier de marbre, avec deux
petits pains de beurre et de la bonne crême double; lorsqu'ils le seront assez, vous les passerez

au travers d'un bon tamis de crin, en prenant garde qu'ils ne soient pas trop mouillés; vous pourrez repiler ce qui ne pourra pas passer au tamis, avec un peu de crême : le tout étant passé, vous pèserez votre pâte, sur une livre vous mettrez une demi-livre de sucre en poudre que vous incorporerez, en y ajoutant un peu de vanille, également en poudre; il faut ensuite les modeler : l'on prendra de cette pâte la grosseur d'un gros marron, on l'arrondira et on lui donnera la forme; ensuite avec le couteau il faut ciseler et mettre à mesure ce modèle sur un papier beurré; lorsqu'ils seront tous préparés ainsi, vous les dorerez avec du jaune d'œuf, et les mettrez à un four très-chaud, pour qu'ils aient une belle couleur : il faut les lever avec un couteau en les sortant du four.

Massepains seringués.

Vous prendrez une livre d'amandes douces que vous échauderez, et vous les essuirez bien, en sorte qu'il n'y reste point d'humidité; vous les pilerez dans un mortier de marbre, avec des blancs d'œufs : trois ou quatre suffiront pour la livre d'amandes : si cependant elles étoient trop sèches, vous en ajouteriez un peu pour qu'elles ne tournent pas en huile; étant bien pelées, vous y mettrez la râpure d'un citron avec une livre et demie de sucre en poudre que vous pilerez bien ensemble, pour en former une pâte maniable, que vous mettrez par partie dans une seringue à étoile, et la ferez filer sur des feuilles de papier que vous aurez étendues sur une table, pour pouvoir la couper de la longueur convenable pour en former des anneaux que vous arrangerez sur des feuilles de papier : vous les mettrez ensuite à un four doux.

Massepains de Pistaches.

Vous ferez échauder une demi-livre de pistaches. et les pilerez bien en les arrosant de quelques gouttes d'eau de fleur d'orange, pour qu'elles ne tournent pas en huile; lorsqu'elles seront pilées très-fin, vous les mettrez dans un poêlon avec quatre onces de sucre en poudre, pour les dessécher à petit feu : vous connaîtrez qu'elles le sont suffisamment, lorsqu'en les touchant avec le doigt, elles ne se colleront point après; vous les mettrez sur une feuille d'office, que vous saupoudrerez de sucre fin, et les laisserez refroidir; lorsqu'elles seront froides, vous les battrez avec un rouleau sur une table, où vous mettrez, de crainte qu'elles ne s'y attachent, du sucre en poudre, de l'épaisseur d'une pièce de cent sous; vous les couperez de telle forme que vous voudrez, en rond, en losange, etc., et les mettrez à un four très-doux, pour qu'elles ne prennent presque pas de couleur; vous glacerez ensuite avec une glace blanche au sucre, en poudre, et un peu de jus de citron, et les mettrez sécher à l'étuve.

Méringues Jumeaux.

Vous prendrez six blancs d'œufs que vous fouetterez en neige; vous aurez du sucre en poudre, passé au tamis de soie : lorsque vos blancs seront assez battus, vous y mettrez six cuillerées de sucre, avec une râpure de citron, et remuerez légérement votre pâte; faites que le tout soit bien incorporé; vous arrangerez sur une planche ou deux, suivant la grandeur de votre four, des feuilles de papier, et vous dresserez vos méringues avec une cuiller à bouche, en ne prenant de la pâte que ce qu'il en faut pour la faire, et lui donnant la forme de la moitié d'un œuf, coupé en long; il faut bien garnir la planche de toute sa longueur et de sa largeur, et les dresser le plus également possible, les glacer tout de suite avec du sucre en poudre, passé au tamis de soie, et les mettre à un four doux : lorsqu'ils ont pris une belle couleur; vous les retirez du four, vous en prenez deux que vous appliquez l'un contre l'autre, en mettant dans chacun une cerise confite ou un peu de gelée de groseilles, ou toute autre confiture que vous voudrez; vous les mettrez à mesure sur un tamis, pour les dresser après sur vos assiettes, lorsque vous voudrez les servir : l'on fait cuire les méringues sur des planches, pour que le dessous ne prenne pas couleur, et qu'on puisse les appliquer l'un contre l'autre.

Méringues à l'Italienne.

Pour six blancs d'œufs fouettés vous ferez cuire une demi-livre de sucre au soufflé : vos blancs d'œufs étant bien battus, vous les mettrez dans le sucre cuit, en les mêlant bien promptement avec une spatule, jusqu'à ce que ces blancs soient parfaitement mêlés avec le sucre : vous pouvez leur donner l'odeur et le goût que vous voudrez ; si c'est au marasquin, vous en aurez un demi-verre à mêler dans la composition, et vous les dresserez comme nous avons dit à l'article ci-devant : excepté que vous les ferez beaucoup plus petits ; vous les mettrez au four, sur une planche garnie de papier, et les doublerez comme les autres.

Méringues à l'Italienne, à la Fleur d'Orange.

Vous prendrez huit blancs d'œufs que vous battrez en neige ; vous ferez cuire dix onces de sucre au soufflé : les œufs étant battus et le sucre cuit, vous mêlerez très-promptement l'un avec l'autre ; vous y ajouterez une once de fleur d'orange pralinée, que vous aurez fait sécher et mise en poudre d'avance ; vous la mêlerez à votre appareil, et vous dresserez vos méringues de la même manière que les autres précédens, en les doublant, lorsqu'ils auront pris une belle couleur.

Méringues secs à la Fleur d'Orange.

Pour dix blancs d'œufs, bien fouettés, vous mettrez dix cuillerées de sucre en poudre, passé au tamis de soie, et deux onces de fleur d'orange pralinée, et bien hachée ou écrasée : lors-

que vos œufs seront bien battus en neige, vous
y mettrez votre sucre avec la fleur d'orange; vous
mêlez bien le tout avec le fouet qui a battu les
blancs; secouez le fouet, et dressez vos méringues sur des feuilles de papier blanc : cette espèce ne se dresse pas comme les autres : l'on
prend une cuiller à bouche que l'on remplit de
la pâte, et on la dresse en rond en tournant la
cuiller, ce qui doit faire à-peu-près le rocher;
on les glace au tamis de soie avec du sucre en
poudre, étant arrangés sur des feuilles de papier,
et on les met à un four très-doux, sur des feuilles
de cuivre : lorsqu'ils auront pris une belle couleur, qu'ils seront assez cuits et secs, vous les
lèverez, et mettrez dans un tamis à l'étuve.

Gros Biscuits à couper.

Pour dix œufs, vous mettrez une livre de sucre
en poudre, dans une terrine; vous séparerez les
blancs d'avec les jaunes, que vous mettrez avec
le sucre et une râpière de citron : pour les bien
battre vous fouetterez les blancs, et lorsqu'ils
seront bien en neige, vous mêlerez le tout ensemble ; vous mettrez douze onces de farine dans
un tamis de crin, que vous passerez dessus votre
pâte, en la remuant légérement; vous dresserez
vos biscuits dans de grandes caisses de papier,
c'est-à-dire dans une feuille de papier d'office,
coupée en deux, en sorte que la demi-feuille ne
fasse qu'une caisse; il faut les dresser, les glacer
et les mettre à un four doux; il faut au moins

une bonne heure pour les faire cuire : pour connaître lorsqu'ils sont à leur cuisson, vous appuyez la main dessus en les retirant à la bouche
du four ; quand vous sentez qu'ils sont fermes,
vous les retirez : ce biscuit, étant coupé, sert a
en faire de plusieurs sortes et façons, à différens
goûts et couleurs : si l'on veut faire des biscuits
de bigarade, vous aurez une bigarade bien fraîche ; vous prendrez un morceau de sucre en pain,
vous la frotterez sur le sucre pour qu'il prenne
le zeste, qui est la partie superfine de la peau,
et qui donne le parfum ; vous gratterez la partie
du sucre qui a pris le zeste de la bigarade sur
une assiette, et y exprimerez votre jus dessus,
en y ajoutant le jus d'un citron avec du sucre
en poudre passé au tamis de soie ; vous en ferez
une glace, qui ne soit ni trop épaisse ni trop liquide ; vous retirerez vos biscuits de leur caisse,
les parerez proprement, et les couperez en
travers, de l'épaisseur du petit doigt, ou le biscuit en sept ou huit morceaux ; vous les glacerez des deux côtés avec votre glace qui est préparée, en en prenant avec une cuiller, et l'étendant également sur chaque morceau de biscuit ;
vous les poserez à mesure sur une grille à tirage,
placée sur un tamis ou terrine, et les mettrez
sécher à l'étuve.

Vous pouvez en faire à l'orange, en râpant le
zeste d'une orange sur du sucre, et en exprimant le jus de l'orange dessus, comme l'on vient
de dire pour la Bigarade : l'on peut de même en

glacer à la fraise, à la framboise et à la groseille, en écrasant de la fraise, etc.; il faut la passer sur un tamis de soie avec une cuiller, et faire la glace avec la fraise qui aura passée; et faire de même pour la framboise et la groseille, en y ajoutant un peu de cochenille; l'on peut les glacer aussi au sucre cuit au soufflé, les blanchir comme les conserves moelleuses, et tremper le biscuit coupé dans la conserve, et le mettre égoutter sur une grille à tirage.

Pain de Manheim.

Vous mettrez sur une table bien propre six cuillerées de farine, et vous ferez un trou dans le milieu pour y casser deux œufs, le jaune et le blanc tout ensemble, avec trois cuillerées de sucre en poudre; vous manierez le tout ensemble, pour former une pâte ferme; vous y mettrez une demi-once d'anis vert, entier, que vous y incorporerez : si votre pâte se trouvait trop liquide, vous l'augmenteriez avec de la farine et du sucre, toujours dans la même proportion; comme vous l'avez commencée; vous formerez de cette pâte trois ou quatre rouleaux de la longueur à-peu-près d'un pied, et un peu plus gros que le pouce; vous les mettrez sur une feuille de cuivre beurrée, et les dorerez avec un jaune d'œuf; faites dans la longueur de vos pains une petite coupure avec la pointe du couteau, et mettez-les dans un four un peu chaud : lorsqu'ils seront cuits, vous les couperez de l'épaisseur de deux ou trois lignes, pour en servir lorsque vous le voudrez.

Biscuits de Mer.

Pour une demi-livre de sucre vous mettrez une demi-livre de farine, le tout mêlé dans une terrine avec une râpure de citron et quatre œufs; vous mêlerez le tout avec une spatule, pour en faire une pâte un peu collante : si votre pâte se trouvait un peu liquide, vous y ajouteriez du sucre et de la farine; si elle était trop serrée, vous y mettriez un œuf de plus : il faudra faire des caisses de la grandeur d'une demi-feuille de papier pliée en deux, et les côtés de la caisse moins hauts que pour le gros biscuit à couper; il faut dresser vos biscuits dans ces caisses et les mettre dans un four plus chaud que pour le biscuit ordinaire; lorsqu'ils sont sortis du four, vous les ôterez des caisses et les couperez en morceaux de la longueur et de l'épaisseur du petit doigt, et les arrangerez sur la même feuille de cuivre du côté de la coupure, pour leur faire prendre couleur des quatre côtés.

Bâtons de Vanille.

Vous pilerez un quarteron d'amandes douces, que vous aurez échaudées avec un peu d'eau, pour qu'elles ne tournent pas en huile; étant bien pilées, vous y mettrez deux onces de sucre en poudre, et les ferez dessécher à petit feu; lorsqu'elles le seront assez (vous le connaîtrez en les touchant avec les doigts auxquels il faut qu'elles ne se collent point), vous les mettrez sur une assiette

ou une feuille de papier saupoudrée avec du sucre; vous râperez deux onces de chocolat, que
vous mêlerez avec un peu de vanille : que le tout
soit bien incorporé, et même, pour qu'il se lie
mieux, donnez-lui quelques coups de pilon dans
le mortier; vous le dresserez de la longueur et de la
grosseur d'un bâton de vanille ; vous arrangerez
ces bâtons sur du papier, et les mettrez à un four
très-doux.

Gaufres au Beurre.

Mettez dans une terrine trois cuillerées de sucre
en poudre et trois cuillerées de farine, un peu d'eau
de fleur d'orange et une pincée de râpure de citron; vous ferez fondre dans un demi-setier d'eau
deux onces de beurre très-fin, et vous délayerez
peu à peu votre pâte avec l'eau et le beurre; il
faut bien prendre garde qu'il n'y ait pas de grumeaux, et qu'elle soit coulante, c'est-à-dire, ni
trop claire, ni trop épaisse : vous ferez chauffer
votre gaufrier également des deux côtés; lorsqu'il sera chaud, vous le graisserez avec de la
bougie blanche ou du beurre ; vous mettrez une
cuillerée de votre pâte, et la ferez cuire, en la
tournant des deux côtés : vous retirerez votre
gaufre; lorsqu'en ouvrant le fer elle sera d'une
belle couleur dorée, vous la lèverez et la mettrez
sur un rouleau de pâtissier, pour lui faire prendre la forme, en appuyant dessus avec la main;
vous en remettrez tout de suite une autre, et les
mettrez toutes à mesure dans un tamis à l'étuve,
pour les faire sécher, jusqu'à ce qu'on les serve.

Gaufres à la Crême.

Prenez trois cuillerées de sucre en poudre et trois de farine, deux œufs, le blanc et le jaune, une râpure de citron et un peu d'eau de fleur d'orange; délayez le tout avec de la crême douce, et que la pâte ne soit ni trop claire, ni trop épaisse, et surtout qu'il n'y ait point de grumeaux : vous faites chauffer votre fer des deux côtés, et le graissez avec de la bougie blanche ou du bon beurre; vous faites cuire ces gaufres comme les autres : si l'on veut leur donner une autre forme que celle du rouleau, vous aurez un morceau de bois bien uni, de la longueur d'un pied et de la grosseur d'une canne; lorsqu'elles seront cuites, en appuyant le morceau de bois sur le fer, vous les roulez autour, vous les retirez et les mettez dans un tamis.

Gaufres au Vin d'Espagne.

Mettez dans une terrine quatre onces de sucre en poudre et quatre onces de belle farine, deux œufs bien frais, blancs et jaunes; le tout délayé avec du bon vin de Malaga : faites que la pâte ne soit ni trop épaisse, ni trop claire, c'est-à-dire, comme celle des Gaufres à la Crême.

Pour glacer toutes sortes de Fruits.

Pour faire des glaces à toutes espèces de fruits, vous prenez de la glace suffisamment, suivant la quantité que vous en voulez faire; il faut piler la glace en neige, et y ajouter du sel ou du salpêtre; alors mêlez le tout ensemble, et mettez-le dans un seau fait au moule de la *salbotière*, dans laquelle sont les glaces que vous voulez glacer, et que vous remuerez sans cesse à la main, l'espace de sept ou huit minutes; ensuite vous les travaillerez et les détacherez de temps à autre avec la houlette : quand elles seront prises, vous les dresserez promptement dans des gobelets, pour les servir; si vous ne pouvez point les servir dans le moment, il faut les laisser à la glace, et les travailler encore, lorsque vous êtes prêt à les servir : l'on appelle travailler, les remuer avec la houlette jusqu'à ce qu'il ne reste plus de grumeaux ou glaçons. Toutes les eaux qui sont destinées pour être glacées doivent être plus fortes de fruit et de sucre que celles qui sont pour boire liquides, parce que la glace diminue beaucoup la force du fruit et du sucre. J'ai marqué les doses pour celles à la glace. Si l'on veut les boire liquides, il faudra les rendre plus légères de fruit et de sucre. A l'égard du sucre, c'est à l'officier de se conformer au goût de ceux qui l'aimeront plus ou moins.

Glace de Cerises.

Prenez deux livres de cerises bien mûres, fraîches et point tournées; vous en ôtez les queues et les noyaux; vous les mettez dans un poêlon avec un quarteron de sucre, pour leur donner un bouillon sur le feu; vous aurez préparé un tamis de crin serré sur une terrine, pour les jeter dessus lorsqu'elles auront pris un seul bouillon couvert;

vous passerez vos cerises, pour qu'il ne reste que les peaux sur ce tamis; vous prendrez une petite poignée de noyaux de cerises, que vous concasserez dans un mortier; vous les mettrez infuser pendant une heure dans un gobelet d'eau, avec un jus de citron que vous y mettrez; vous ajouterez à votre glace trois quarterons de sucre clarifié, cuit au petit lissé, et vous y passerez votre infusion de noyaux : il faut la bien mêler avec une cuiller ou une spatule, et ne la mettre dans la salbotière que quand on est prêt à mettre à la glace.

Glace de Fraises.

Vous prendrez des fraises fraîchement cueillies, bien mûres et d'un bon parfum; vous les éplucherez et les passerez sur un tamis de crin serré, pour que les grains ne passent pas au travers : pour une livre environ de fraises vous mettrez trois quarterons de sucre clarifié au petit lissé; vous mêlerez bien le tout ensemble, et les laisserez dans la terrine jusqu'au moment que vous voudrez mettre à la glace.

Glace de Framboises.

Épluchez un beau panier de framboises, que vous écraserez dans une terrine et passerez à un tamis serré; vous aurez du sucre clarifié; vous en mettrez la quantité convenable, pour qu'elles soient assez sucrées, sans l'être trop, et les mettrez à la glace comme les fraises, et les travaillerez de même : si votre décoction se trouvait trop épaisse, vous y mettriez un verre d'eau, en la mêlant bien, et y ajouteriez du sucre, si c'est nécessaire.

Glace de Groseilles.

Prenez deux livres de groseilles, que vous égrenerez, en y ajoutant un demi-panier de framboises, également épluchées; mettez-les fondre sur le feu avec un demi-setier d'eau, et jetez-les sur un tamis : lorsqu'elles seront bien égouttées, vous y ferez fondre une livre de sucre, et les repasserez au travers d'un tamis pour les égoutter : si votre décoction vous paraissait trop acide, vous y ajouteriez un peu de sucre; si elle vous paraissait trop grasse, vous y mettriez un verre d'eau.

Comme l'on n'a pas toute l'année de la groseille fraîche, vous prendrez un ou deux pots de gelée de groseilles, suivant la quantité que vous voulez en faire; faites-la fondre à l'eau chaude, pour qu'elle fonde plus facilement; si vous employez deux pots, vous y mettrez une bonne chopine d'eau, et y ajouterez un peu de sucre, et la passerez au tamis avec une spatule; mettez votre décoction dans une salbotière, pour la faire prendre à la glace, comme il est dit à l'article *Glaces*.

Glace de Fleur d'Orange à l'Eau.

Vous prendrez deux poignées de fleur d'orange toute épluchée, que vous mettrez dans une salbotière avec une livre de sucre; vous mesurerez une pinte d'eau que vous mettrez

bouillir, et la verserez dans la salbotière sur la
fleur et le sucre, et la reboucherez de son couvercle; vous la laisserez infuser pendant deux
heures; vous la passerez après ce temps au tamis de soie, et y ajouterez deux jus de citrons;
vous la mettrez ensuite à la glace comme les
autres.

Glace d'Abricots.

Vous prendrez trente abricots de plain-vent
bien mûrs; vous les séparerez en deux pour en
ôter les noyaux, vous les ferez fondre sur le feu,
dans une chopine d'eau, c'est-à-dire en marmelade : il faut les jeter ensuite sur un tamis serré
et les passer au travers avec une spatule; vous
y mettrez du sucre clarifié, pour les sucrer à
leur point, en observant toujours qu'ils le
soient assez, parce que tout ce que l'on met à la
glace emporte beaucoup de sucre; vous y joindrez une douzaine d'amandes d'abricots bien
pilées, que vous mettrez infuser dans le tiers
d'un verre d'eau avec un jus de citron; vous le
passerez au tamis de soie et le mêlerez dans
votre glace d'abricots.

Glace de Pêches.

Prenez des pêches bien mûres, suivant la
quantité de glace que vous voulez faire; vous
les écrasez sur un tamis de crin serré, avec
une spatule ou cuiller de bois, pour que le jus
et la chair passent au travers : si les pêches n'é-
taient pas assez mûres, vous les couperiez par

morceaux, et leur donneriez un bouillon avec un peu d'eau et du sucre ; vous les passerez sur un tamis et sucrerez votre glace avec du sucre clarifié ; vous les mettrez ensuite à la glace comme les autres fruits.

Glace d'Epine-Vinette.

Vous prendrez une demi-livre d'épine-vinette, que vous éplucherez pour en séparer les grains d'avec la grappe ; vous ferez bouillir ces grains dans trois demi-setiers d'eau et une demi-livre de sucre pendant un quart d'heure, et les passerez sur un tamis serré, jusqu'à ce qu'il ne reste que la peau de l'épine-vinette ; vous les goûterez : si vous ne les trouvez pas assez sucrés, vous y ajouterez un peu de sucre clarifié pour les mettre à leur point : quand ils seront froids, vous les mettrez à la glace.

Glace de Poires.

L'on peut faire des glaces avec toutes sortes de poires ; cependant il y en a qui sont à préférer, comme le beurré, le saint-germain, la creusanne et le rousselet ; vous prendrez de l'une de ces espèces, suivant la quantité que vous voudrez en faire ; vous les pilerez et couperez par morceaux ; vous ne mettrez que la quantité d'eau nécessaire pour les faire cuire ; d'ailleurs les poires étant mûres, il ne faut pas beaucoup d'eau ; vous mettrez à-peu-près la quantité de sucre qu'il en faudra pour les sucrer ; vous les passerez sur le tamis avec une spatule, et y presserez, en les finissant, deux jus de citron : étant froides, vous les mettrez à la glace.

Glace de Citrons.

Pour quinze citrons, vous clarifierez une livre et demie de sucre : lorsqu'il sera clarifié, vous en mettrez les deux tiers dans une terrine; vous zesterez deux ou trois citrons dans le sucre pour donner le parfum à vos glaces; vous couperez tous vos citrons que vous presserez sur un tamis où est votre sucre, pour que les pepins ne tombent pas dedans, parce qu'ils donneraient de l'amertume à vos glaces; vous laisserez infuser une bonne heure, et avant que de les passer, vous les goûterez, et y remettrez l'autre partie de sucre que vous avez retirée : si vous voyez qu'elles soient trop fortes de citron, ayant toujours soin que le sucre ne soit qu'à la cuisson du lissé, pour les mettre à la glace, vous suivrez le même procédé qu'aux articles précédens

Glace d'Oranges de Portugal.

Pour douze oranges, vous aurez une livre de sucre clarifié, dans lequel vous en zesterez trois ou quatre; vous observerez qu'il faut que le sucre soit un peu plus cuit que pour les glaces de citrons; l'orange donnant plus de jus, votre glace deviendrait trop sèche, et c'est ce qu'il faut éviter en cuisant davantage votre sucre; vous passerez vos glaces, en les finissant au tamis, après les avoir goûtées; vous y ajouterez du sucre, si vous n'en trouvez pas assez, ou quelques jus d'oranges, si vous trouvez votre décoction trop sucrée; vous la mettrez dans une salbotière et la ferez prendre, comme il est dit à l'article *Glaces*.

Glace de Bigarades.

Vous prendrez une livre un quart de sucre que vous clarifierez dans une bonne chopine d'eau avec un peu de blanc d'œuf; vous aurez huit bigarades bien juteuses; vous en zesterez deux dans le sucre, et les presserez toutes sur un tamis dans le sucre avec le jus de quatre citrons; vous les laisserez infuser une bonne heure; ensuite vous les passerez au tamis de soie, et les mettrez dans une salbotière, et les ferez prendre à la glace.

Glace de Crême à la Rose.

Vous prendrez deux poignées de roses bien fraîchement épluchées; vous aurez une pinte de crême double, que vous ferez bouillir, et lorsqu'elle aura bouillie, vous y mettrez vos roses infuser, et les laisserez deux heures en infusion, ayant soin de boucher le vase dans lequel elles seront : lorsque la crême sera froide, vous la passerez au travers d'un tamis pour en séparer la fleur; vous prendrez huit œufs bien frais; séparez-en le blanc d'avec le jaune, et délayez vos jaunes avec la crême; mettez-y environ une demi-livre de sucre en poudre; posez-la sur un feu très-doux, et remuez-la, sans la quitter, jusqu'à ce que vous la voyez s'épaissir, et surtout prenez garde qu'elle ne bouille, ce qui ferait tourner les œufs, et elle ne pourrait plus vous servir; passez-la dans une étamine ou tamis de soie; et lorsqu'elle sera froide, vous la mettrez dans une salbotière et à la glace.

Glace de Créme à la Fleur d'Orange.

Pour une pinte de crême double, vous mettrez huit jaunes d'œufs bien frais, que vous délayerez avec votre crème; mettez-y environ une demi-livre de sucre en morceaux ou en poudre, avec une petite poignée de fleur d'orange pralinée que vous aurez hachée avec un couteau; vous la ferez cuire ainsi à petit feu, en la remuant, jusqu'à ce qu'elle soit à son point, comme à l'article précédent.

Créme grillée à la Fleur d'Orange.

Vous suivrez absolument les mêmes procédés que ci-dessus, en diminuant seulement la quantité de sucre; réservez-en une partie de la demi-livre pour faire le caramel, afin de donner à votre crème la couleur et le goût de grillé.

Glace de Créme aux Pistaches.

Pour une pinte et demie de crême double, vous prendrez une livre de pistaches que vous émonderez et mettrez à mesure dans l'eau fraiche; vous les égoutterez, puis les sécherez dans une serviette; vous les pilerez le plus fin possible avec un peu de crème et une râpure de citron; les pistaches étant bien pilées, vous les

mettrez dans une poêle avec dix jaunes d'œufs
bien frais, et trois quarterons de sucre en poudre que vous délayerez bien avec ; mouillez-la
peu à peu avec votre pinte et demie de crème ;
mettez-la cuire doucement : lorsqu'elle sera à
son point, vous y ajouterez un peu de vert
d'épinards, pour que vos glaces aient un plus
beau coup-d'œil : vous les passerez dans une
étamine, et lorsqu'elles seront froides, vous
pourrez les mettre à la glace.

Glace de Chocolat à la Crême.

Pour une pinte de crême double, vous mettrez huit jaunes d'œufs bien frais, que vous délayerez avec la crême et une demi-livre de sucre en pain ou en poudre, et la mettrez cuire
doucement : lorsqu'elle sera à son point, vous
ferez fondre une demi-livre de bon chocolat
de santé ou à la vanille dans un demi-setier
d'eau : lorsqu'il sera bien fondu, vous le mêlerez avec la crême, et passerez le tout à l'étamine ou au tamis de soie, et mettrez à la glace.

Crême blanche au Café, à l'Italienne.

Prenez une pinte de bonne crême double ;
faites-la bouillir dans une casserole, et tenez-la
chaude sur le coin du fourneau ; vous aurez
deux petites poignées de bon café, que vous
ferez brûler comme on le brûle ordinairement,
sans cependant qu'il soit trop noir ; vous le
mettrez dans votre crême qui a bouilli ; couvrez-la
et laissez infuser pendant deux heures : prenez

huit œufs bien frais ; séparez-en les blancs d'avec les jaunes, et ne vous servez que des blancs que vous fouetterez à moitié ; vous passerez votre crème au travers d'un tamis, pour séparer le café ; mêlez-la bien avec les blancs d'œufs, mettez-y une demi-livre de sucre, et faites-la cuire à très-petit feu : lorsqu'elle épaissira vous la retirerez : passez-la à l'étamine, et mettez à la glace.

Glace au Café à l'Eau.

Vous prendrez quatre onces de café moulu, que vous ferez, comme il se fait ordinairement, dans une chopine d'eau, et le laisserez s'éclaircir ; ou bien vous le passerez à la chausse, pour l'avoir plus promptement : vous aurez deux œufs dont vous ne prendrez que les jaunes, que vous détremperez avec une pinte de crème double ; vous y mettrez votre café tiré à clair, avec un peu plus d'une demi-livre de sucre, pour corriger la force du café : il faut la goûter lorsqu'elle sera à son point de cuisson, pour y remettre du sucre s'il est nécessaire, la laisser refroidir, et la mettre à la glace.

Glace de Cédrats.

Vous prendrez deux cédrats bien frais ; vous les zesterez dans une livre de sucre clarifié à la cuisson du petit lissé : il faut que votre sucre soit encore chaud lorsque vous zesterez vos cédrats, et vous y exprimerez, en les coupant leur jus, s'il y en a ; mais comme ce fruit n'est ordinairement employé que pour son parfum, qu'il donne très-peu de jus, vous y suppléerez donc en exprimant dans vos glaces le jus de six beaux citrons, et les laisserez infuser deux heures avant que de les passer au tamis pour les mettre à la glace : on entend sans doute ce que c'est que *zester*, c'est ôter la superficie de la peau d'un fruit quelconque, comme citron, orange, cédrat, etc., et surtout le cédrat, qui est le plus difficile par rapport à ses cavités.

Glace d'Avelines.

Vous prendrez une livre d'avelines que vous casserez, pour en retirer le fruit; vous les pralinerez avec une demi-livre de sucre, les grillerez et les mettrez sur une feuille d'office refroidir; lorsqu'elles seront froides, vous les concasserez dans un mortier, et les mettrez dans un poêlon avec huit jaunes d'œufs bien frais; détrempez le tout d'une pinte de crême double; mettez-la cuire au feu comme les autres glaces à la crême; ou si vous ne voulez pas praliner vos avelines, vous les grillerez pour en ôter la peau, les râperez et les mettrez dans votre crême, et les œufs cuiront ensemble; ensuite il faut les passer à l'étamine, et lorsqu'elles seront froides, les mettre à la glace comme les autres.

Glace d'Ananas.

Vous mettrez dans une terrine une livre de sucre clarifié, cuit au petit lissé; vous aurez un ananas bien frais, que vous râperez et mettrez dans votre sucre infuser pendant trois ou quatre heures, pour qu'il prenne bien le goût et le parfum de l'ananas; au bout de ce temps vous les passerez à l'étamine, en pressant bien avec une cuiller de bois, pour faire passer le plus qu'il sera possible la chair de l'ananas; vous les goûterez, et si vous trouvez que votre composition n'est pas assez acide, vous y presserez un ou deux jus de citrons, avec un verre d'eau; et les mettrez dans une salbotière à la glace comme les autres.

Fromages glacés.

Ce que nous venons de décrire pour toutes les compositions de glaces, soit de fleurs, de fruits ou de crême, ce sont toujours les mêmes préparations qu'il faut suivre pour toutes les glaces moulées en fruits, cannelons et fromages glacés, en observant que pour les fruits que l'on met en moule, comme abricots, pêches, poires, oranges, citrons, cédrats, etc., il faut que ces compositions soient un peu moins grasses que pour les glaces que l'on sert en neige dans des gobelets, pour pouvoir, lorsqu'on les sort de leur moule, conserver leur forme : lorsque les glaces que vous voulez mettre en moule sont prises, soit fruits, soit fromages, vous aurez de la glace pilée en neige, mêlée avec du sel ou du salpêtre; alors vous remplissez vos moules et les enveloppez avec du papier; puis vous les mettez à la glace deux heures avant de vous en servir; quand vous voudrez les retirer, vous aurez dans une terrine ou dans un chaudron de l'eau chaude pour les tremper; il faut les essuyer à l'instant, et les retirer de leur moule avec la pointe couteau; vous pouvez colorer vos fruits avec un peu de carmin, ou les fruits jaunes, oranges et citrons avec la gomme gutte; on en prend un morceau que l'on met dans une assiette avec une goutte d'eau, jusqu'à ce que cela vous ait fait une teinture jaune : pour le vert; on emploie du vert d'épinards.

MOUSSES.

Mousse à la Crème.

Prenez une pinte de crème double que vous mettrez dans une terrine; mettez-y une demi-livre de sucre en poudre et une cuillerée d'eau de fleur d'orange, avec trois gouttes d'essence de cédrat; lorsque le sucre sera fondu, vous pilerez trois ou quatre livres de glace, que vous mettrez dans une autre terrine; il faut poser le cul de la terrine où est la crème, dessus la glace, pour la rafraîchir; et pour la faire mousser plus promptement, vous prendrez un fouet à battre les blancs, et fouetterez votre crème; à mesure que la mousse montera, vous l'enleverez avec une écumoire, et la mettrez sur un tamis posé sur une terrine; si votre crème ne moussait pas comme il faut, il faudrait y mettre quelques blancs d'œufs pour l'aider; quand vous aurez mis sur le tamis toute celle que vous aurez fouettée, si vous n'en avez pas suffisamment, vous prendrez celle qui a passé

au travers du tamis, que vous refouetterez et
mettrez avec l'autre; ordinairement les mousses
se mettent dans de grands gobelets de vermeil
ou d'argent faits exprès : quand on n'en a pas,
on en prend de verre, que l'on met dans une
cave de fer-blanc faite exprès, où on a eu le soin
de faire pratiquer une grille de la forme des gobelets, pour les contenir; l'on met de la glace
dessous, bien pilée avec du sel ou du salpêtre;
on en met de même sur le couvercle de la cave,
qui doit être fait comme le dessus d'un four de
campagne; il doit y avoir une espèce d'égouttoir
pour égoutter l'eau : cette précaution est pour
tenir les mousses fraîches; elles peuvent attendre deux ou trois heures avant que de les servir.

Mousse de Café.

Faites du café pour quatre onces; qu'il soit le
plus fort possible, et passez-le à la chausse ou à
l'entonnoir, où on le passe ordinairement; vous
aurez six jaunes d'œufs bien frais, que vous délayerez avec une pinte de bonne crème double,
et trois quarterons de sucre en poudre, que vous
ferez fondre dedans; vous y mettrez votre café :
il ne faut pas affaiblir trop votre crème par la
quantité de café que vous pourriez y mettre; il
n'en faut pas plus de trois tasses, ce qui fait à-
peu-près un demi-setier : mais il le faut très-fort;
si vous n'y trouvez pas assez de sucre, vous en
ajouterez; vous finirez votre mousse de la même
façon que la précédente.

Mousse au Chocolat.

Faites fondre une demi-livre de chocolat dans un demi-setier d'eau, à petit feu; remuez-le avec une spatule; quand il sera bien fondu et réduit, vous le retirerez du feu pour y mettre six jaunes d'œufs bien frais; vous mêlerez le tout ensemble, avec une pinte de crème double et trois quarterons de sucre en poudre, que vous y ferez fondre; mettez le tout dans une terrine, et lorsqu'elle sera refroidie, vous finirez votre mousse de la même façon que les précédentes.

Mousse au Marasquin.

Vous mettrez dans une pinte de crème double une demi-livre de sucre en poudre, que vous y ferez fondre, et ajouterez un bon gobelet de marasquin; le tout étant bien fondu et mêlé, vous fouetterez votre mousse, et la finirez comme les précédentes.

SIROPS.

Sirop de Violettes.

Vous prendrez une demi-livre de fleurs de violettes toutes épluchées : celles de bois sont les meilleures; vous les mettrez dans une terrine ou autre vase pour pouvoir le boucher; vous ferez bouillir trois demi-setiers d'eau, et ne mettrez l'eau dessus votre violette que dix minutes après que vous l'aurez retirée du feu, parce que votre infusion, qui doit être d'un beau violet, serait verte, l'eau étant versée dessus trop bouillante; vous mettrez votre infusion à l'étuve, pour qu'elle se tienne chaude jusqu'au lendemain, que vous en retirerez la fleur, en exprimant bien le tout dans une serviette, pour en retirer la teinture; vous la mettrez dans une terrine avec trois livres de sucre en poudre que vous y ferez fondre; vous remettrez la terrine à l'étuve pendant vingt-quatre heures, en remuant de temps en temps; tenez l'étuve chaude pendant tout ce temps, comme pour le candi, cela vous produira deux bouteilles de sirop; vous aurez attention, avant que de le mettre en bouteilles, d'en prendre la cuisson qui est au fort lissé, pour qu'il se conserve et qu'il ne fermente point : de tous les sirops, c'est celui qui se fait sans aller au feu.

Sirop de Capillaire.

Vous prendrez une bonne poignée de capillaire du Canada, que l'on trouve ordinairement chez les épiciers-droguistes; vous la ferez bouillir dans une pinte d'eau de rivière environ un quart d'heure; vous retirerez le capillaire en le passant sur un tamis; vous aurez quatre livres de cassonnade dans une poêle ou poêlon (j'indique pour ce sirop de la cassonade, parce que le sucre étant plus sec, votre sirop serait plus sujet à candir); vous verserez donc votre ébullition de capillaire dans votre cassonade, pour la fondre, et aurez de l'eau battue avec un œuf, jaune et blanc, pour clarifier votre sirop; écumez-le, et jetez de temps en temps un peu d'eau blanche, jusqu'à ce qu'il ne jette plus d'écume, et qu'il soit parfaitement clair; lorsqu'il sera à sa cuisson, qui est celle du lissé, vous y mettrez, en le retirant du feu, un demi-gobelet d'eau de fleur d'orange, et le passerez à la chausse ou dans une serviette; ensuite vous le mettrez en bouteilles, lorsqu'il sera presque froid.

Sirop de Limon.

Vous prendrez vingt-quatre beaux citrons, bien juteux; vous en zesterez trois dans une terrine, sur laquelle vous poserez un tamis; vous couperez tous vos citrons, et en exprimerez le jus sur le zeste; si votre jus était bien trouble, vous pourrez le filtrer au papier gris; et lorsqu'il sera passé, vous clarifierez quatre livres de sucre, que vous ferez cuire au fort boulet; vous le sablerez et le mettrez dans une terrine; vous y verserez votre jus de citron avec un peu d'eau, pour le mettre au degré de cuisson qu'il doit avoir; vous aurez une grande poêle, que vous remplirez à-peu-près à moitié d'eau; mettez-la sur un fourneau de feu, et posez-y votre terrine au bain-marie, et de temps en temps remuez avec une spatule pour bien faire fondre le sucre; lorsque le tout sera bien fondu, et le sirop bien chaud et clair, vous le retirerez du feu, et le mettrez en bouteilles, quand il sera un peu refroidi: tout le monde connaît l'effet que peut faire le citron par son acide mordant sur le cuivre; c'est pourquoi il est plus prudent de le faire au bain-marie dans une terrine de terre ou de grès: l'on est sûr par ce moyen d'éviter de graves inconvéniens.

Sirop d'Orgeat.

Prenez une livre et demie d'amandes douces et une demi-livre d'amandes amères que vous échauderez ensemble; vous les émonderez et les mettrez à mesure dans de l'eau fraîche; ensuite vous les égoutterez et les pilerez le plus fin possible; vos amandes étant bien pilées, vous ferez chauffer environ cinq demi-setiers d'eau, sans être bouillante; vous mettrez votre pâte dans une terrine, et la tremperez peu à peu avec votre eau; vous l'exprimerez ensuite en vous servant d'une serviette ou torchon neuf, que vous tordrez fortement, pour en retirer tout le lait d'amandes; vous clarifierez quatre livres et demie de sucre que vous ferez cuire au fort boulet; et lorsqu'il sera à sa cuisson, vous y mettrez votre lait d'amandes, que vous laisserez sur le feu, en le remuant avec l'écumoire, jusqu'à ce qu'il monte, c'est-à-dire qu'il faut le retirer du feu au premier bouillon, et y mettre un demi-verre d'eau de fleur d'orange, le verser de suite dans une terrine, et lorsqu'il sera froid, le vider dans des bouteilles; vous pouvez ajouter, en pelant vos amandes, deux onces des quatre semences froides; votre sirop sera encore plus rafraîchissant.

Sirop de Guimauve.

Vous prendrez environ une demi-livre de racine de guimauve que vous ratisserez et laverez bien; vous la couperez par petits morceaux, et la mettrez sur le feu dans trois demi-setiers d'eau; lorsqu'elle aura bien bouilli, que l'eau sera bien gluante, vous la jetterez sur un tamis pour en retirer la décoction; vous prendrez quatre livres de sucre ou de cassonade blanche; vous mettrez votre décoction de guimauve dans votre sucre, et l'achéverez de mouiller avec de l'eau blanche; vous clarifierez votre sirop comme à l'ordinaire, en mettant de l'eau blanche à mesure qu'il écume; lorsqu'il sera bien clair, vous le cuirez au fort lissé ou petit perlé, et le passerez à la chausse; puis vous le mettrez en bouteilles lorsqu'il sera froid.

Sirop de Verjus.

Vous prendrez trois livres de verjus bien vert, que vous égrenerez et pèlerez pour en tirer le jus, que vous passerez plusieurs fois à la chausse, jusqu'à ce qu'il soit bien clair; vous clarifierez quatre livres de sucre, que vous ferez cuire au fort soufflé ou petit boulet; vous y mettrez une chopine de votre verjus et lui laisserez prendre un bouillon : la cuisson est toujours la même pour tous les sirops au fort lissé ou petit perlé.

Sirop de Mûres.

Vous prendrez un panier de mûres pour en retirer à-peu-près trois demi-setiers de jus; vous les mettrez dans un poêlon sur le feu, avec trois demi-setiers d'eau, pour qu'ils prennent plusieurs bouillons, jusqu'à ce que les trois demi-setiers soient réduits à une chopine; vous jetterez vos mûres sur un tamis pour qu'elles s'égouttent bien; vous clarifierez trois livres de sucre, que vous ferez cuire au boulet; lorsque votre sucre sera cuit, vous y jetterez votre jus de mûres, vous lui donnerez un bouillon et l'écumerez; vous prendrez la cuisson, qui est toujours la même pour tous les sirops, au petit perlé; s'il se trouvait un peu fort en cuisson, vous y mettriez un peu d'eau, pour qu'il se trouve au degré qu'il doit avoir; vous le viderez ensuite dans une terrine; et lorsqu'il sera froid, mettez-le en bouteilles.

Sirop de Vinaigre framboisé.

Vous prendrez quatre paniers de framboises, belles et bien mûres; vous les éplucherez et les mettrez dans une terrine; lorsqu'elles seront épluchées, vous verserez dessus trois pintes de bon vinaigre rouge, ou, à défaut du rouge, du bon vinaigre blanc; vous y ajouterez deux livres de groseilles égrenées; vous laisserez le tout infuser pendant huit jours, en le remuant tous les jours avec une spatule; au bout de ce temps vous égoutterez vos framboises sur un tamis, pour en retirer tout votre vinaigre, ainsi que le jus que le fruit a rendu; lorsque le tout sera bien égoutté, vous clarifierez neuf livres de sucre, que vous ferez cuire au fort soufflé ou au petit boulet; lorsqu'il sera cuit, vous y mettrez votre vinaigre, qui aura passé à la chausse, et

au premier bouillon vous aurez soin de le retirer du feu, de le bien écumer et de le verser
tout de suite dans une terrine, pour qu'il ne sé-
journe pas du tout dans la poêle.

Sirop de Groseilles.

Vous écraserez sur un tamis cinq ou six livres
de groseilles rouges et deux livres de cerises ;
vous mettrez ce jus dans une terrine à la cave,
fermenter pendant huit jours ; au bout de ce
temps vous le passerez à la chausse ; vous aurez quatre livres de sucre clarifié, que vous ferez cuire comme nous venons de le dire à l'article précédent, et vous y mettrez votre jus de groseilles ; au premier bouillon vous l'écumerez et
le retirerez. (L'on fait fermenter la groseille
pour l'empêcher de prendre en gelée dans les
bouteilles.)

Sirop de Fleur d'Orange.

Pour trois quarterons de fleur d'orange bien
fraîche et épluchée , vous prendrez quatre livres de sucre clarifié, cuit au perlé ; vous y jetterez votre fleur d'orange et lui donnerez un fort
bouillon ; vous la retirerez du feu, la laisserez
infuser dans votre sucre pendant deux heures ;
après ce temps vous remettrez votre poêle sur
le feu et lui donnerez une douzaine de bouillons ; vous aurez une terrine prête avec un tamis
dessus, où vous jetterez votre sirop pour en
séparer la fleur ; vous le remettrez sur le feu,

pour le finir et lui donner la cuisson qu'il doit avoir, c'est-à-dire celle du petit perlé; mettez-le dans une terrine refroidir, puis en bouteilles.

Pour tirer parti de votre fleur d'orange, vous aurez du sucre en poudre, dans lequel vous mettrez votre fleur et la frotterez avec les mains; pour la sécher, vous la tamiserez et la mettrez à l'étuve.

Sirop de Grenades.

Ayez suffisamment de belles grenades, bien mûres, et dont les grains soient d'un beau rouge; cinq grenades, si elles sont belles, peuvent vous faire une pinte de sirop; vous les égrenerez et écraserez tous les grains, et les mettrez dans un poêlon sur le feu, avec un demi-setier d'eau, bouillir un demi-quart d'heure; ensuite vous les passerez au travers d'un torchon blanc, en le tordant fortement pour en tirer tout le jus; vous ferez clarifier une livre et demie de sucre, qui doit être cuit au soufflé, et vous y mettrez votre jus pour le faire bouillir avec le sucre, jusqu'à la cuisson ordinaire des autres sirops; vous verserez votre sirop dans des bouteilles lorsqu'il sera presque froid.

Sirop de Vinaigre au Muscat.

Vous prendrez une bouteille de pinte de bon vinaigre au sucre; vous ferez cuire quatre livres de sucre clarifié au fort soufflé; lorsqu'il sera à sa cuisson, vous y mettrez le vinaigre, et au

premier bouillon, vous le retirerez du feu, l'é-
cumerez et le ferez refroidir.

LIQUEURS PAR INFUSION.

Ratafia de Fleur d'Orange.

Pour six pintes d'eau-de-vie à vingt-deux degrés, vous mettrez douze onces de fleur d'o-
range, bien fraîche et épluchée, dans une cruche
avec l'eau-de-vie, et vous la boucherez bien; vous
laisserez le tout infuser pendant deux jours;
après ce temps, vous prendrez trois livres et
demie de sucre, que vous ferez fondre dans deux
pintes et demie d'eau; lorsqu'il sera fondu, vous
égoutterez votre fleur d'orange sur un tamis, et
mêlerez votre infusion avec le sucre; vous le
passerez à la chausse, ou le filtrerez au papier à
filtrer, et le mettrez en bouteilles.

Ratafia de Noyaux.

Vous prendrez trois quarterons d'amandes
d'abricots, que vous couperez en morceaux, et
les mettrez dans une cruche, avec six pintes
d'eau-de-vie, infuser pendant trois semaines, en
remuant la cruche de temps en temps; après ce
temps, vous égoutterez vos noyaux et ferez
fondre trois livres et demie de sucre dans deux
pintes et demie d'eau; vous le mêlerez avec votre
infusion et le filtrerez comme le précédent.

Ratafia d'Oranges de Portugal.

Vous zesterez douze belles oranges, que vous
choisirez les plus épaisses de peau; ce qu'on ap-

pelle zester, c'est de ne couper que la superficie de la peau sans aller au blanc; vous les mettrez à mesure dans quatre pintes d'eau-de-vie, que vous aurez mises dans une cruche; vous ferez fondre deux livres de sucre dans le jus des oranges que vous aurez pressées; mêlez le tout ensemble, bouchez bien la cruche, et laissez-la pendant un mois en infusion; après ce temps, passez-la et mettez-la dans des bouteilles.

Citronnelle.

Pour quatre pintes d'eau-de-vie, ayez douze citrons zestés, comme l'on vient de le dire à l'article précédent; ajoutez deux gros de cannelle concassée et une once de coriandre avec deux livres de sucre, que l'on fera fondre dans une pinte et demie d'eau; laissez le tout infuser pendant un mois; passez ensuite votre liqueur et mettez-la en bouteilles.

Ratafia des quatre Fruits.

Vous prendrez vingt livres de cerises bien mûres, cinq livres de merises, cinq de groseilles, cinq de griottes et cinq de framboises; que tous ces fruits soient bien mûrs à leur point, surtout la merise et la griotte, parce que ce sont eux qui donnent la belle couleur à ce ratafia; vous ôterez toutes les queues aux cerises; vous éplucherez les groseilles et framboises, et écraserez le tout séparément; ensuite mêlez le tout ensemble dans une grande terrine ou un petit baquet bien propre, pendant quatre ou cinq heures; après ce temps, vous en exprimerez le plus de jus possible, soit avec un torchon neuf, soit à la presse; vous le mesurerez avec une pinte pour connaître la quantité que vous en avez, afin d'y ajouter l'eau-de-vie et le sucre nécessaires; si vous avez seize pintes de jus, vous y mettrez neuf pintes d'eau-de-vie à vingt-deux degrés; si votre eau-de-vie n'avait que dix-neuf ou vingt degrés, vous en mettriez dix pintes, avec un quarteron de sucre par pinte de ratafia; il faut faire fondre votre sucre cassé par morceaux dans votre jus de fruit; le tout étant bien mêlé, vous le mettrez dans une grande cruche de grès ou un petit baril pendant un mois, pour le laisser éclaircir; vous le soutirerez doucement tant qu'il viendra clair, et le fond, vous le passerez à la chausse pour n'en faire qu'un seul mélange; quand tout sera clair, vous pourrez alors le mettre en bouteilles.

Observation. Il y a beaucoup de personnes qui aromatisent ce ratafia; beaucoup aussi qui l'aiment mieux naturel, parce qu'il conserve le parfum des fruits dont il est composé; je vais donner une recette pour les épices qui doivent y entrer, d'après la quantité de ratafia dont nous venons de parler.

Vous prendrez une demi-once de cannelle fine, deux gros macis, qui sont la fleur de muscade et vingt clous de girofle; vous concasserez ensemble toutes ces épices; vous les mettrez dans un petit linge que vous attacherez avec du fil; vous suspendrez ce petit nouet dans la cruche ou petit baril, en l'arrêtant à la cruche ou à la bonde du baril, pour le retirer quand vous voudrez.

Ratafia de Framboises.

Prenez quatre paniers de framboises bien fraîches, que vous éplucherez; vous les mettrez dans une cruche avec six pintes d'eau-de-vie, deux gros de cannelle concassée et un gros macis; vous ferez fondre dans trois demi-setiers d'eau trois livres de sucre en pain, que vous mettrez dans la cruche; vous la boucherez bien et la laisserez pendant quinze jours en infusion, en la remuant de temps en temps; après ce temps, vous égoutterez vos framboises sur un tamis et passerez votre ratafia à la chausse, et le mettrez en bouteilles.

Ratafia de Coins.

Vous prendrez une quantité de coins proportionnée à ce que vous voulez faire de ratafia; pour quatre pintes de jus il en faudrait au moins trente gros; choisissez-les bien unis, bien mûrs et bien jaunes, c'est la couleur qu'ils doivent avoir quand ils sont mûrs; vous les essuirez pour en ôter le duvet, et les râperez jusqu'au cœur; prenez garde de n'y pas mettre de pepins; lorsqu'ils seront tous râpés, vous les laisserez dans une terrine macérer pendant trois jours; au bout de ce temps vous en exprimerez le jus au tra-

vers d'un torchon neuf, en tordant très-fort,
pour en retirer le plus possible; vous mesurerez votre jus; si vous en avez quatre pintes, plus
ou moins, vous mettrez autant d'eau-de-vie que
vous aurez de jus, c'est-à-dire pinte pour pinte,
et vous ferez fondre votre sucre avec votre jus,
avant de le mêler avec l'eau-de-vie; il faut six onces
de sucre par pinte de chaque espèce; vous concasserez un bâton de cannelle avec cinq ou six
fleurs de macis et douze clous de girofle, que
vous nouerez dans un petit linge, et le mettrez
dans la cruche où est votre ratafia, pour le par-
fumer : cette liqueur est excellente, mais il faut
l'attendre et ne pas la boire trop nouvelle, elle
n'en sera que meilleure; laissez-la au moins
deux mois dans la cruche, bien bouchée, avant
que de la mettre en bouteilles.

Ratafia d'Angélique.

Vous prendrez une poignée de canons d'angélique fraîche, qui se cultive dans les jardins;
vous en ôterez les feuilles et les éfilerez; vous les
couperez par petits morceaux, comme l'on coupe
le céleri pour la salade; pour une livre pesant
de cette plante ainsi préparée, vous mettrez six
pintes d'eau-de-vie, deux gros de cannelle, un
gros de macis et douze clous de girofle; vous
ferez fondre quatre livres de sucre dans deux
pintes d'eau, et mêlerez le tout dans une cruche,
que vous boucherez bien; laissez-le infuser pendant six semaines; après ce temps vous filtrerez

ou passerez à la chausse, et vous mettrez ensuite votre ratafia en bouteilles.

Eau d'Anis par Infusion.

Pour quatre pintes d'eau-de-vie vous prendrez six onces d'anis d'Espagne ou de Verdun, que vous criblerez dans un tamis pour en ôter la poussière; vous le mettrez dans l'eau-de-vie avec deux gros de cannelle et le zeste de deux gros citrons ou trois petits; bouchez bien le vase où vous aurez mis votre infusion, et laissez infuser pendant quinze jours; après ce temps, vous ferez fondre deux livres de sucre dans deux pintes d'eau; vous égoutterez votre infusion sur un tamis pour en retirer l'anis, et le mêlerez avec votre sucre; vous le passerez à la chausse, ou le filtrerez au papier, et vous mettrez votre eau d'anis en bouteilles.

Ratafia de Raisin muscat.

Vous prendrez du raisin muscat bien mûr; vous ôterez les grains d'après la grappe; vous les écraserez et les passerez pour en retirer le jus; pour trois pintes de jus vous mettrez trois pintes d'eau-de-vie dans une cruche bien bouchée; vous y ajouterez deux gros de cannelle concassée et deux livres de sucre, que vous ferez fondre dans le jus du raisin; laissez infuser le tout pendant une quinzaine de jours, ensuite vous le passerez à la chausse, et le mettrez en bouteilles.

L'on peut faire également cette liqueur avec du muscat noir; prenez-le toujours bien mûr;

ayez soin de le bien éplucher, et qu'il ne se trouve point de grains gâtés.

Ratafia d'Œillets.

Prenez six pintes d'eau-de-vie et une livre de fleurs d'œillets, qui sont ce qu'on appelle *Œillets à ratafia*, qui se vendent en bottes; vous ne prendrez de cette fleur que le rouge, que vous mettrez dans vos six pintes d'eau-de-vie avec un gros de girofle concassé (observez que c'est une livre de cette fleur rouge qu'il faut mettre); vous la laisserez pendant un mois en infusion; après ce temps, vous égoutterez et presserez bien votre fleur; vous ferez fondre deux livres de sucre dans deux pintes d'eau, et mêlerez le tout ensemble que vous passerez à la chausse.

Eau de Fleur d'Orange.

Vous mettrez dans un alambic deux livres de fleur d'orange nouvellement cueillie, et qui ne soit pas échauffée, avec six pintes d'eau de rivière; ayez soin de couvrir l'alambic, et d'en bien lutter les joints avec le chapiteau, pour qu'il ne s'échappe aucune vapeur de l'intérieur; pour cela vous prendrez de la colle de farine, avec quelques bandes de papier que vous collerez autour, et le mettrez sur le fourneau à un feu médiocre, c'est-à-dire que le bouillon de l'alambic ne soit pas trop fort, et qu'il ne coule qu'à petits filets ou à gouttes précipitées : vous aurez grand soin de rafraîchir souvent, ou du moins, lorsque l'eau du réfrigérant commencera à être trop chaude, vous la changerez et en mettrez de la fraîche; la qualité de votre eau dépend beaucoup de cette opération; il faut rafraîchir souvent, c'est-à-dire, ne pas attendre que l'eau soit bouillante pour en changer : sur les six pintes d'eau que vous aurez mises sur votre fleur, vous en retirerez trois pintes, ce qui vous fera de la bonne eau de fleur d'orange; vous pouvez continuer votre distillation, et en retirer encore une pinte, que vous réserverez pour mettre dans une distillation des mêmes fleurs, en supprimant une pinte d'eau.

Eau de Fleur d'Orange double.

Vous répéterez la même distillation que celle que nous venons de faire, et en tirerez quatre pintes que vous mettrez sur la même quantité de fleurs en remplacement d'eau, ce qui vous donnera de l'eau de fleur d'orange double; et sur les quatre pintes vous en retirerez deux et demie, pour l'avoir bien bonne : vous pouvez continuer la distillation, et en retirer à-peu-près une pinte au plus, que vous pourrez mêler avec votre eau de fleur d'orange simple, observant, sur la fin de la distillation, de ne pas faire un trop grand feu, parce que la fleur restant presque à sec au fond de l'alambic, elle pourrait brûler et gâter tout ce que vous auriez fait ou distillé.

Eau de Rose simple.

.. La rose simple est la meilleure qualité qu'on

puisse employer, soit pour liqueurs, soit pour
eau de rose ; elle a beaucoup plus de qualité et
de parfum que celles qu'on nomme *roses cent-
feuilles* : vous prendrez la quantité de roses que
vous jugerez à propos, suivant ce que vous voulez en faire ; vous dépouillerez vos roses pour
n'en garder que la fleur, et prendrez garde qu'elles
ne soient pas mouillées, et qu'elles aient été cueillies dans un temps sec, parce que cela leur ôterait
beaucoup de leur parfum : il faut pour la distillation, lorsque vos roses seront épluchées, mettre
quatre livres de fleurs par pinte d'eau, et les
mettre dans une cruche ou vase quelconque,
que vous puissiez boucher ; vous y ajouterez quelques poignées de sel commun ; foulez-les bien
dans le vase, et laissez-les pendant trois jours,
en les remuant tous les jours avec une spatule ;
après ce temps vous ferez votre distillation au feu
nu, et garnirez le fond de votre alambic avec de
la paille neuve et bien propre, pour éviter que
vos fleurs ne brûlent dans le fond de l'alambic ;
car votre distillation serait perdue, si cela arrivait : il faut observer de ne remplir votre alambic qu'aux deux tiers, pour laisser un espace aux
fleurs que le bouillon férait monter trop haut, ce
qui nuirait beaucoup à la qualité de ce que vous
auriez distillé : pour douze livres de fleurs de
roses toutes épluchées, vous mettrez six pintes
d'eau ; et lorsque vous en aurez retiré trois, vous
cesserez la distillation ; vous pourriez cependant
en retirer une quatrième pinte, qui vous ser-

virait pour une seconde distillation, en la remettant sur de nouvelles fleurs.

Eau de Rose double.

Pour faire de l'eau de rose double, vous mettrez dans l'alambic la même quantité de roses
que pour la précédente ; vous la mouillerez avec
l'eau de rose simple et la distillerez de même,
ayant toujours soin de rafraîchir souvent l'eau
du réfrigérant; si l'eau de rose simple que vous
mettrez ne suffisait pas pour mouiller assez votre
fleur, vous y ajouteriez une pinte ou deux d'eau,
pour que la fleur trouve toujours assez d'humidité dans le fond de l'alambic et ne puisse pas s'y
attacher : il serait même plus prudent, si votre
alambic a un bain-marie, d'user de ce moyen, et
conduire votre distillation à un feu vif sans aucune crainte d'accident; il devient alors inutile
de garnir le fond de l'alambic, comme je l'ai dit
pour l'eau de rose simple, parce que rien ne
peut s'attacher ni brûler par le moyen de la distillation au bain-marie : vous aurez soin de bien
lutter votre alambic, pour qu'il ne s'échappe
point de vapeur de votre distillation, et vous retirerez la même quantité d'eau rose double que
vous en avez mis de simple : vous aurez par ce
moyen de l'eau de rose très-forte en fleurs.

Eau ardente de Rose.

Vous aurez trente livres de roses épluchées;
que vous aurez cueillies avant le lever du soleil;
vous les pilerez dans un mortier de marbre, et

les mettrez dans une cruche ou un grand pot de grès; vous pilerez aussi quatre livres de sel commun, et arrangerez vos roses par lit dans le pot ou la cruche, en les saupoudrant de sel à chaque lit de fleurs; vous les presserez bien ensuite, et les boucherez bien, pour qu'elles ne puissent pas perdre leur parfum; vous les laisserez se macérer pendant dix ou douze jours, et les distillerez au bain-marie, comme les autres, à un feu très-vif: ne vous attendez pas à retirer beaucoup d'esprit ardent de rose; mais ce que la distillation vous rendra vaudra au moins, par la force et le parfum dont elle sera, la même quantité que celle dont on vient de donner la recette; cinq ou six gouttes dans un demi-verre d'eau rendront autant de parfum qu'un demi-verre de l'autre eau de rose, distillée à l'eau.

LIQUEURS DISTILLÉES.

Crême de Cédrats distillée.

Pour six pintes d'eau-de-vie à vingt-deux degrés, vous prendrez quatre beaux cédrats ou six moyens, bien frais et d'un bon parfum, que vous zesterez et mettrez infuser dans vos six pintes d'eau-de-vie avec une pinte d'eau dans une cruche bien bouchée, et laisserez infuser pendant quelques jours; après ce temps vous ferez votre distillation au bain-marie : si votre eau-de-vie porte vingt-deux degrés, six pintes doivent vous rendre quatre pintes et demi-setier d'esprit; vous ferez fondre trois livres et demie de sucre dans trois pintes et demie d'eau pour votre sirop, et y mêlerez votre esprit; vous le passerez à la chausse, ou le filtrerez au papier.

J'observe que, pour faire de bonnes liqueurs, il faut faire le choix des meilleures eaux-de-vie, surtout pour la distillation; il faut toujours préférer l'eau-de-vie de Montpellier à celle de Cognac : elle rend davantage à l'alambic, et fournit plus d'esprit que celle de Cognac.

Comme je vais donner plusieurs recettes des liqueurs distillées et celles le plus en usage, il est bon de prévenir les personnes qui voudront s'occuper de la distillation, que lorsque l'alambic est monté sur le fourneau, les premières gouttes qui en tombent c'est le flegme, qui ne doit pas être mêlé avec l'esprit que doit rendre la distillation. Pour cet effet, mettez un gobelet sous le bec de votre alambic; retirez-en à-peu-près le quart du gobelet, et placez ensuite la bouteille ou matras pour recevoir votre distillation : le flegme n'est bon qu'à jeter, et nuit beaucoup à la qualité de la liqueur, lorsqu'on n'a pas cette précaution.

Huile de Cédrats.

Vous suivrez la même recette pour l'huile de cédrats que celle de la crême, pour la quantité d'eau-de-vie et de fruit : il n'y a que du sucre de plus à y ajouter; vous zesterez et mettrez infuser vos cédrats dans six pintes d'eau-de-vie, comme nous l'avons indiqué dans la précédente, et vous ferez votre distillation comme à l'ordinaire ; vous mettrez fondre cinq livres de sucre dans quatre pintes d'eau ; vous y mêlerez les quatre pintes d'esprit que vous avez retiré, et le passerez à la chausse.

Parfait-Amour.

C'est absolument le cédrat qui est la base du parfait-amour ; il n'y a que quelques ingrédiens qu'on y ajoute, et la couleur rouge qu'on lui donne qui le distingue du cédrat blanc ; vous ajouterez donc à la recette que l'on vient de donner, de la crême de cédrat, une demi-once de cannelle fine, quatre onces de coriandre, que vous concasserez et mettrez infuser avec les cédrats et les distillerez comme il a été dit ; vous ferez fondre trois livres et demie de sucre dans trois pintes et demie d'eau, et vous ferez votre couleur ; deux gros de cochenille, deux gros de crême de tartre, un gros d'alun de Rome, que vous mettrez en poudre très-fine ; vous ferez bouillir le tout ensemble dans un demi-setier d'eau pendant cinq minutes ; vous retirerez votre couleur du feu, et la passerez dans un linge ; vous l'ajouterez à votre mélange, filtrerez votre liqueur, puis vous la mettrez en bouteilles.

Liqueurs des quatre Fruits jaunes.

Pour six pintes d'eau-de-vie, vous aurez deux cédrats, quatre citrons, une belle bergamote ou deux petites et quatre belles oranges de Portugal ; vous zesterez tous ces fruits ; surtout qu'ils soient bien frais et bien odorans : vous zesterez le plus mince possible pour ne pas mordre sur le blanc du fruit ; laissez infuser le tout dans de l'eau-de-vie pendant quelques jours ; ajoutez une pinte d'eau dans l'infusion et dans la distillation, comme il a été dit ; vous ferez fondre trois livres et demie de sucre dans trois pintes et demie d'eau, pour votre sirop ; mélangez l'esprit et passez-le à la chausse, ou filtrez-le au papier gris sans colle.

Citronnelle de Venise.

Pour quatre pintes d'eau-de-vie, vous zesterez douze beaux citrons, que vous laisserez infuser à l'ordinaire, et que vous distillerez également ; n'oubliez jamais d'ajouter à votre distillation pour six pintes d'eau-de-vie une pinte d'eau, et pour quatre pintes une chopine : il faut deux pintes et demie d'eau pour le sirop, avec deux livres de sucre : du reste, finissez comme ci-dessus.

Fine-Orange.

Pour six pintes d'eau-de-vie, vous zesterez douze belles oranges de Portugal et les laisserez infuser quelques jours ; ensuite vous les distillerez, en ajoutant toujours à chaque distillation une pinte d'eau sur six d'eau-de-vie, et pour la quantité d'eau et de sucre pour le mélange, vous vous conformerez à ce que nous avons dit : pour six pintes d'eau-de-vie trois livres de sucre sur les liqueurs un peu sèches, trois et demie, si on les veut un peu plus liqueureuses, et quatre si ce sont des huiles; vous suivrez les procédés indiqués pour la quantité d'eau qui doit faire votre sirop; vous filtrerez ou passerez à la chausse.

Cannelle fine.

Pour quatre pintes d'eau-de-vie et une chopine d'eau, vous prendrez deux onces de cannelle fine, que vous concasserez et mettrez infuser dans votre eau-de-vie; vous y ajouterez le zeste de deux citrons, une once de bois de réglisse battu, et au bout de quelques jours vous ferez votre distillation; vous mettrez fondre deux livres de sucre dans deux pintes d'eau, et ferez votre mélange comme précédemment.

Cinnamomum.

Pour six pintes d'eau-de-vie, vous prendrez quatre onces de cannelle, deux gros de macis, une once de bois de réglisse battu; vous concasserez bien votre cannelle et le macis avant que de les mettre infuser; vous laisserez, comme nous venons de le dire à l'article précédent, quelques jours avant de distiller; vous ferez fondre dans trois pintes et demie d'eau quatre livres de sucre, et ferez votre mélange; vous finirez comme précédemment: cela vous fera une excellente liqueur que l'on peut appeler huile de cannelle.

Huile de Girofle.

Pour six pintes d'eau-de-vie, il faut une once de girofle concassé, que l'on doit faire infuser dans l'eau-de-vie; vous ferez votre distillation comme les précédentes; si vous voulez ne faire que la liqueur de girofle, vous mettrez fondre trois livres de sucre dans trois pintes et demie d'eau; et pour l'huile quatre livres de sucre dans la même quantité d'eau : vous la finirez de même.

Eau d'Anis, ou Anisette de Bordeaux.

Pour six pintes d'eau-de-vie, vous prendrez huit onces d'anis de Verdun bien choisi, c'est-à-dire qui soit nouveau et vert; souvent les épiciers vous en vendent qui est très-ancien; vous le connaîtrez par sa couleur, qui est jaune, et le nouveau est plus lourd et plus vert; vous le criblerez dans un tamis pour en ôter la poussière, et le mettrez infuser dans une cruche avec le zeste de trois citrons et une demi-once de cannelle concassée; au bout de quelques jours d'infusion, vous le distillerez à un feu ordinaire, en ajoutant une pinte d'eau dans l'alambic; et vous observerez bien de mettre un petit pot ou gobelet lorsque votre distillation commencera, ce qui est le flegme qui vient toujours au commencement de la distillation; c'est à-peu-près un demi-verre à ôter; ce qui ferait beaucoup de tort à votre liqueur si ce flegme se trouvait mêlé avec l'esprit : vous ferez fondre trois livres de sucre dans trois pintes et demie d'eau, et je conseille de faire le mélange au feu; comme l'anis contient un sel très-âcre et souvent rend la liqueur laiteuse, et par conséquent difficile à

éclaircir, il faut faire le mélange à chaud, et
pour cela vous supprimerez une chopine d'eau
des trois pintes et demie pour fondre le sucre,
et mettrez dans cette chopine trois ou quatre
blancs d'œufs, que vous fouetterez comme pour
clarifier du sucre; votre sucre étant bien fondu
et chaud, vous mettrez votre esprit d'anis et y
mêlerez votre eau blanche; vous la remuerez
sur le feu jusqu'à ce que votre liqueur soit
chaude sans être bouillante; vous la remettrez
dans la cruche, bien bouchée jusqu'au lendemain, que vous la filtrerez et passerez à la
chausse.

Si vous voulez faire de l'huile d'anis pour la
recette de six pintes d'eau-de-vie, vous augmen-
terez, pour faire votre sirop, d'une livre de
sucre, et ne changerez rien aux ingrédiens qui
entrent dans la composition.

Anis étoilé, ou Anis des Indes.

L'on nomme cette liqueur *Badiane des Indes*.
Pour douze pintes d'eau-de-vie, vous prendrez une livre d'anis étoilé, que vous pilerez
avant que de mettre infuser dans l'eau-de-vie,
et laisserez votre infusion huit jours avant de la
distiller; vous y ajouterez une pinte et demie
d'eau; faites fondre, pour faire votre mélange,
sept livres et demie de sucre dans sept pintes
d'eau; et votre distillation finie, vous mêlerez
votre esprit avec le sucre; beaucoup de personnes mettent cette liqueur en rouge, et on la

nomme huile de badiane, et en blanc, crème de badiane; si vous la mettez en rouge, vous prendrez trois gros de cochenille, trois gros de crême de tartre et deux gros d'alun, que vous pilerez bien, et ferez bouillir le tout cinq minutes; vous mettrez votre couleur dans le mélange et passerez à la chausse.

Eau Cordiale.

Pour six pintes d'eau-de-vie et une pinte d'eau, vous mettrez le zeste de quinze citrons bien frais et d'un bon parfum (ce sont les citrons de Gênes qui sont les meilleurs à employer pour toutes les liqueurs en général); vous ajouterez à votre infusion une demi-once de cannelle fine, quatre onces de coriandre que vous concasserez; et mettrez le tout infuser pendant huit jours; ensuite vous distillerez; faites fondre trois livres et demie de sucre dans trois pintes et demie d'eau; vous filtrerez le tout et le mettrez en bouteilles.

Crême de Barbade.

Pour six pintes d'eau-de-vie et une pinte d'eau, vous prendrez deux beaux cédrats ou trois moyens, six citrons zestés et quatre oranges de même, un gros de macis, deux gros de cannelle et douze clous de girofle; vous concasserez tous ces ingrédiens, et mettrez le tout infuser avec l'eau et l'eau-de-vie pendant huit jours; alors vous le distillerez; et pour le sirop, vous mêlerez trois livres et demie de sucre avec trois pintes et demie d'eau; filtrez ensuite ou passez à la chausse.

Créme de Noyaux.

Pour six pintes d'eau-de-vie et une pinte d'eau,
vous mettrez une demi-livre d'amandes d'abricots que vous couperez par petits morceaux, et
les mettrez infuser dans l'eau-de-vie pendant quelques jours, et distillerez le tout; pour le mélange
vous ajouterez une chopine d'eau de fleur d'o-
range, trois livres de sucre et trois pintes d'eau :
vous filtrerez ou passerez à la chausse.

Huile de Rose.

Pour six pintes d'eau-de-vie, vous prendrez
six livres de roses effeuillées, surtout des roses
simples, parce qu'elles sont plus parfumées que
celles de cent-feuilles; vous les mettrez infuser
pendant quelques jours dans une cruche, avec
six pintes d'eau-de-vie et une pinte d'eau, et ferez
votre distillation au bain-marie; et pour le mélange, il faut quatre livres de sucre et trois pintes
d'eau pour le sirop; pour faire la couleur, deux
gros de cochenille, deux gros de crême de tartre, et un gros d'alun de Rome; réduisez en poudre tous ces ingrédiens, et faites-les bouillir dix
minutes dans un demi-setier d'eau; mettez-les
dans votre liqueur, puis passez-les à la chausse.

Créme de Moca.

Pour six pintes d'eau-de-vie et une pinte d'eau,
vous prendrez huit onces de café moca brûlé,
et moulu à son point, comme pour faire du café
ordinaire (prenez garde qu'il ne le soit pas

trop); vous le mettrez infuser quelques jours dans l'eau-de-vie, puis le distillerez au bain-marie ; ne poussez pas votre distillation à grand feu, parce que le café est sujet à monter, et ce qui est dans l'alambic viendrait avec l'esprit tomber dans le récipient, ce qui vous obligerait à démonter l'alambic, et à recommencer votre distillation (n'oubliez pas, comme il est dit plus haut, de mettre un verre pour recevoir le flegme que vous jetterez). Pour le mélange, faites fondre trois livres et demie de sucre dans trois pintes et demie d'eau, et lorsque le tout sera fondu, vous y mêlerez votre esprit et filtrerez.

Liqueur d'Angélique.

Pour six pintes d'eau-de-vie et une pinte d'eau, vous prendrez douze onces de racine d'angélique fraîche, que vous laverez et ratisserez bien, et couperez par petits morceaux : si vous ne pouviez pas vous procurer de la racine fraîche, vous prendriez six onces de racine d'angélique de Bohême, que l'on trouve en tout temps chez les épiciers-droguistes; coupez-la par morceaux, et mettez-la infuser pendant huit jours dans l'eau-de-vie, en y ajoutant un gros de macis, deux gros de cannelle et douze clous de girofle, le tout concassé; après ce temps, vous la distillerez; vous ferez fondre trois livres de sucre dans trois pintes et demie d'eau, pour faire votre mélange comme ci-dessus.

Scubac.

Pour six pintes d'eau-de-vie et un pinte d'eau, vous prendrez une once de safran du Gatinois, que vous mettrez infuser dans une pinte et demie d'eau-de-vie, pour en retirer la teinture; cette pinte et demie doit être prise sur les six pintes de la recette; il reste par conséquent quatre pintes et demie que vous mettrez dans une cruche, et y ajouterez le zeste de quatre citrons, deux onces de coriandre, deux gros de cannelle, un gros de macis et douze clous de girofle et une once d'amandes amères; concassez tous ces ingrédiens, et mettez-les infuser dans l'eau-de-vie l'espace de huit jours; ensuite vous ferez votre distillation; mais, avant que de mettre votre alambic sur le feu, vous égoutterez votre safran sur un tamis, pour garder votre teinture pour le mélange, et mettrez dans l'alambic avec les ingrédiens le safran qui a égoutté; vous ferez votre distillation à l'ordinaire. Comme cette liqueur doit être plus onctueuse que les autres liqueurs, vous ferez fondre quatre livres de sucre dans trois pintes et demie d'eau; vous y mettrez l'esprit que vous aurez retiré de votre distillation, vous y mêlerez votre teinture de safran, et passerez à la chausse : il faut observer que dans toutes les recettes de liqueurs que je donne il ne faut employer que des premières qualités d'eau-de-vie, et à vingt-deux degrés.

Huile de Vénus.

Pour six pintes d'eau-de-vie et une pinte d'eau, vous mettrez infuser une demi-once de cannelle, un gros de macis, le zeste de quatre citrons, une demi-once de carmin, une demi-once d'anis, une once de coriandre, une demi-once de benjoin, une demi-once de florax et une petite poignée de feuilles de noyer; concassez toutes ces drogues et laissez-les infuser quelques jours; avant de les distiller, et pour le sirop, prenez quatre livres et demie de sucre, que vous ferez fondre dans trois pintes et demie d'eau; pour donner à votre liqueur la couleur de l'huile, vous ferez bouillir une pincée de safran dans un poisson d'eau, pour en retirer la teinture; et vous colorerez votre liqueur; puis vous la passerez à la chausse.

Créme de Cacao.

Vous prendrez une livre de cacao de Caracas, bien choisi et brûlé à son point, comme on l'emploie pour faire le chocolat; ayez bien soin d'en ôter tous les mauvais grains, parce qu'il s'en trouve souvent qui sont gâtés et moisis : ce qui, au lieu de faire une bonne liqueur, la ferait très-mauvaise; vous pilerez bien votre cacao, et le mettrez infuser dans six pintes d'eau-de-vie; vous y ajouterez une demi-once de vanille coupée et concassée; laissez infuser le tout quelques jours; ensuite faites votre distillation à l'ordinaire; vous ferez fondre trois livres et demie de sucre dans trois pintes et demie d'eau, et ferez votre mélange.

Créme d'Absinthe.

Pour six pintes d'eau-de-vie et une pinte d'eau, vous prendrez une petite poignée d'absinthe fraîche; mais comme dans toutes les saisons on n'en trouve pas toujours de la fraîche, et qu'ordinairement ce n'est que depuis juillet jusqu'en septembre que les plantes aromatiques donnent le plus 'abondamment et sont les meilleures à employer, l'on peut cependant se servir des plantes sèches lorsque l'on n'en a pas d'autres; dans ce cas pour six pintes d'eau-de-vie, l'on ne mettrait qu'une once d'absinthe avec une demi-once de cannelle et deux gros de macis, le tout infusé et distillé; et pour le mélange, trois livres et demie de sucre dans trois pintes et demie d'eau; filtrez ensuite votre liqueur.

Créme de Framboises.

Pour six pintes d'eau-de-vie et une pinte d'eau, vous aurez des framboises fraîchement cueillies; vous les éplucherez et les laisserez infuser pendant vingt-quatre heures dans l'eau-de-vie. La quantité pour la recette est de quatre livres, toutes épluchées; il faut ensuite les distiller; vous ferez fondre, pour le mélange, trois livres et demie de sucre dans trois pintes et demie d'eau, et vous filtrerez.

Curaçao, que l'on nomme le plus ordinairement Cuirasseau.

C'est une espèce de bigarade, ou orange amère, que l'on dépouille de son écorce, et que l'on fait sécher, en sorte qu'il n'y a que cette peau sèche qui fait la base de cette liqueur; ce sont les épiciers-droguistes qui tiennent et vendent ces écorces. Cette liqueur se fait le plus ordinairement par infusion; vous prendrez une livre de cuirasseaux que vous laverez bien dans de l'eau tiède; ensuite vous les égoutterez sur un tamis, et les mettrez dans une cruche, avec huit pintes d'eau-de-vie et deux pintes d'eau, infuser pendant quinze jours, en remuant la cruche de temps en temps, pour accélérer l'infusion; après ce temps, vous égoutterez votre liqueur sur un tamis; et pour le mélange, vous ferez fondre cinq livres et demie de sucre dans trois pintes d'eau, et y mêlerez votre infusion que vous filtrerez : si votre eau-de-vie ne portait pas vingt-deux degrés, il faudrait supprimer une partie de l'eau qui doit servir à faire fondre le sucre; sans cela, votre liqueur se trouverait trop faible.

Liqueur de Menthe distillée.

Pour six pintes d'eau-de-vie et une pinte d'eau, vous prendrez deux moyennes poignées de menthe fraîchement cueillie et cultivée dans les jardins (l'on trouve à acheter toutes ces plantes aromatiques, dans la saison, à la halle aux simples); vous les mettrez infuser pendant quelques jours, puis vous les distillerez à l'ordinaire; et pour le mélange, il faut trois livres et demie de sucre dans trois pintes et demie d'eau, pour faire le sirop; vous filtrerez comme à l'ordinaire.

Eau des sept Graines.

Pour six pintes d'eau-de-vie, prenez une once d'anis vert ou de Verdun, une once de fenouil, une once de graines de carottes, une once de carai, une demi-once de graines d'angélique, une once et demie de coriandre, une once d'annette et un gros de macis; concassez tous ces ingrédiens, et mettez-les infuser dans de l'eau-de-vie avec une pinte d'eau, pendant quelques jours, et faites votre distillation à l'ordinaire; pour le mélange, vous ferez fondre trois livres et demie de sucre dans trois pintes et demie d'eau; mêlez le tout, et filtrez.

ECONOMIE DOMESTIQUE.

Manière de faire les Cornichons.

Vous prendrez des cornichons bien verts et nouvellement cueillis; vous les nettoyerez bien pour en ôter tout le duvet, soit avec une brosse, soit en les frottant bien dans de l'eau fraîche avec les mains, jusqu'à ce qu'ils soient parfaitement propres; et vous les essuirez; mettez-les ensuite dans un pot ou tinette de terre, et assaisonnez-les avec une poignée de sel, quelques gousses d'ail, une petite poignée de passe-pierre, autant d'estragon, et un peu de poivre long; d'ailleurs vous ne mettez de tous ces assaisonnemens que suivant la quantité que vous avez de cornichons, et le goût que vous désirez; cela ainsi préparé, vous ferez chauffer votre vinaigre sans le faire bouillir, et vous le verserez sur les cornichons: il est nécessaire d'observer qu'il faut qu'ils trempent bien; vous les laisserez deux ou trois jours; après ce temps, vous égoutterez le vinaigre et le ferez bouillir; écumez-le bien, et reversez-le sur vos cornichons; trois jours après, vous ferez la même chose, et la troisième fois pour les finir, lorsque votre vinaigre aura bouilli et qu'il sera écumé, vous mettrez vos cornichons dans votre poêle ou chaudron, avec tous les ingrédiens, et les laisserez sur le feu jusqu'à ce qu'ils commencent à frémir; vous les retirerez promptement et les mettrez dans vos pots; vos cornichons, finis et bien verts, peuvent se conserver long-temps.

Bigarreaux au Vinaigre.

Vous prendrez des bigarreaux mûrs, suivant la quantité que vous voudrez en faire; vous couperez le bout de la queue, et les mettrez dans une cruche ou un bocal; vous verserez du très-bon vinaigre dessus, et y ajouterez une petite poignée de coriandre et un peu de cannelle, que vous battrez ensemble: vous mettrez le tout dans un petit morceau de linge pour en faire un nouet; que vous mettrez dans votre cruche ou bocal; huit jours après vous égoutterez le vinaigre, et lui ferez prendre quelques bouillons sur le feu; retirez-le et versez-le dans une terrine pour le refroidir, et mettez-le sur vos bigarreaux lorsqu'il sera froid : il faudra bien boucher votre bocal pour vous en servir au besoin.

Blé de Turquie au Vinaigre, que l'on sert pour Hors-d'OEuvre.

Prenez la quantité de blé de Turquie que vous voulez, lorsqu'il est formé, c'est-à-dire de la grosseur d'un petit cornichon alongé; dépouillez-le de son enveloppe et de sa chevelure; essuyez-le bien, et mettez-le dans un bocal avec un peu de sel et quelques clous de girofle; remplissez votre bocal de bon vinaigre blanc; laissez-le tremper quelques jours; après ce temps, c'est-à-dire au bout de six ou huit jours, égouttez votre blé, et donnez un bouillon au vinaigre; versez-le dans une terrine pour le laisser refroidir, parce qu'il ne faut pas le mettre bouillant sur le blé; quelques jours après vous lui donnerez la même façon, et le tout sera fini : ayez soin de le bien boucher, pour vous en servir au besoin.

Canapés pour Hors-d'OEuvre.

Vous prendrez la mie d'un gros pain dont vous aurez ôté la croûte; vous la couperez par tranches de l'épaisseur d'un doigt; vous lui donnerez la forme que vous voudrez, soit en cœur, soit en carré ou en losange, etc.; vous mettrez ces tranches de pain dans une casserole avec du beurre frais ou de la bonne huile d'olives, et les ferez frire des deux côtés, pour qu'elles prennent une belle couleur; ensuite retirez-les; pour les garnir, vous ferez durcir quelques œufs, dont vous séparerez le blanc d'avec le jaune, et que vous hacherez séparément; vous hacherez de même quelques cornichons et câpres, et préparerez des anchois que vous nettoierez bien, et que vous couperez par filets; vous aurez aussi du cerfeuil, de l'estragon et autres fournitures que vous hacherez de même, et les mettrez dans de l'huile; vous les assaisonnerez avec un peu de sel, poivre et vinaigre, les étendrez sur vos canapés, et garnirez ensuite avec vos œufs, anchois et câpres d'un côté seulement; faites le dessin que vous jugerez convenable, et servez sur des assiettes pour hors-d'œuvre.

Concombres marinés.

Epluchez des concombres, et coupez-les le plus mince que vous pourrez; mettez-les dans une terrine; assaisonnez-les avec du sel, gros poivre et vinaigre; vous les laisserez ainsi mariner pendant quelques heures; lorsque vous voudrez les servir, vous les mettrez dans une serviette pour en exprimer tout le vinaigre et l'eau qu'ils ont rendu; vous les mettrez dans un compotier; arrosez-les avec de l'huile et une pin-

cée de gros poivre ou mignonnette, et servez-
les pour salade ou hors-d'œuvre.

Café à l'Eau.

Vous choisirez du bon café moca ou martini-
que, de la meilleure qualité; vous le ferez brûler
à son point : pour qu'il y soit, il faut qu'il ait
une belle couleur brune, un peu foncée, mais
pas noire; pour le brûler plus également, il faut
se servir d'une broche; il y en a de toutes les
grandeurs, suivant la quantité que l'on veut brûler à-la-fois, et c'est toujours sur le même modèle que celles dont se servent les épiciers, li-
monadiers, etc., pour brûler le café.

Manière de le faire.

Pour six tasses de café, vous mesurez six tasses d'eau bien pleines que vous mettez dans une
cafetière; lorsque votre eau bouillira, vous y mettrez un peu de colle de poisson, et mesurerez
six cuillerées à bouche combles de café en poudre que vous mettrez dans votre cafetière, en remuant beaucoup, pour abattre le bouillon; vous
le remettrez sur le feu, et lui ferez reprendre son
bouillon deux ou trois fois, en le remuant toujours avec la cuiller; puis vous le retirerez et y
mettrez une tasse d'eau froide; alors vous le laisserez éclaircir : l'on peut une demi-heure après
le tirer au clair.

Café à la Crème.

Vous emploierez les mêmes procédés pour le
café à la crème que pour celui à l'eau, en aug-

mentant la quantité d'une demi-cuillerée de café
en poudre pour chaque tasse d'eau; vous obtiendrez un café très-fort, qui ne diminuera rien
à la qualité de votre crème; le café étant fait,
pendant qu'il s'éclaircit, vous faites bouillir la
crème, et tirez votre café au clair; vous en mettez la quantité que vous désirez dans la crème,
suivant la force que vous voulez lui donner.

Chocolat en Boisson.

Vous aurez du bon chocolat de santé ou à la
vanille (les tasses sont ordinairement marquées);
il y en a de marquées à douze et à seize tasses à la
livre; si c'est pour du chocolat à l'eau, il faut
prendre de celui marqué à douze tasses à la livre,
et celui de seize est pour la crème; vous mettrez
dans une chocolatière la même quantité de tasses d'eau que vous voulez faire de chocolat; lorsqu'elle sera prête à bouillir, vous y mettrez autant de votre chocolat marqué par tasses, que
vous aurez mis de tasses d'eau; vous le ferez
fondre en tournant le bâton à chocolat dans vos
mains; vous lui ferez prendre quelques bouillons, et le laisserez mijoter quelque temps sur
de la cendre chaude; avant de le servir, vous
le remuerez bien avec le bâton, en le tournant,
pour le faire mousser, et vous le verserez ensuite dans les tasses.

VINS.

Choix des Vins.

Lorsque vous choisissez du vin, examinez-le bien dans le vase où il vous est présenté ; il faut qu'il soit d'un clair fin, et que sa couleur soit celle du rubis ; il doit avoir un bon bouquet : goûtez-le ; s'il est franc de goût, c'est-à-dire sans goût de terroir, s'il n'est pas liqueureux, s'il a de la force sans être piquant, et du corps sans être dur, mais un peu ferme : ces diverses qualités constituent un bon vin, alors vous pouvez le prendre. C'est tout ce que l'on peut indiquer comme signes caractéristiques du bon vin ; le reste dépend absolument de la délicatesse du palais.

Le vin n'est bon que lorsqu'il a acquis sa parfaite maturité, et qu'il a perdu partie de sa liqueur ; lorsqu'il est trop nouveau, il fermente dans l'estomac, et les vapeurs en montent à la tête ; s'il est trop vieux, il perd sa force et sa qualité, et attaque les nerfs : or il ne faut le prendre qu'à son point de maturité, ce qui ne peut bien s'indiquer, attendu la différence qui se rencontre entre les années. Les unes font des vins tendres que l'on peut boire deux ou trois ans après leur cuve ; les autres en font qu'il faut attendre quatre ou cinq ans ; cela dépend des temps et des crus ; et je considère comme impossible de préciser ou de fixer l'opinion sur la maturité des vins, si l'on ne veut consulter que son goût.

Vins de France.

Les vins de France jouissent à juste titre d'une grande réputation ; et les étrangers en font le plus grand cas.

Ceux de Bourgogne méritent la préférence, du moins suivant la plus grande partie des gourmets, qui les estiment au-dessus de ceux des autres crus de France, parce qu'ils ont l'avantage d'avoir du bouquet, d'être fins, et de facile digestion.

Chaque cru a son type particulier dans ce qu'on appelle Haute-Bourgogne. Les vins d'Auxerre et de Tonnère jouissent d'une réputation justement méritée. Si j'entreprenais de décrire toutes leurs qualités, cela me mènerait au-delà des bornes que je me suis prescrites. Je ne parlerai donc que des vins de grands entremets, en commençant par celui de Beaune, qui, en bonne année, rivalise avec les premiers crus.

Du Vin de Beaune.

Ce vin, d'une belle couleur rouge, est pourvu de toutes les qualités bienfaisantes ; il supporte bien l'eau, et se conserve plus long-temps que tout autre, sans éprouver d'altération. Il est cependant convenable, pour le boire toujours bon, de ne pas lui laisser passer sa quatrième ou cin-

quième feuille. Ensuite viennent les vins de Po-
mard, de Volnay, de Nuit, de Chassagne, de St-
Georges, de Vonne, de Chambertin, du clos
Vougeot, de la Romanée. La Romanée-Conty est
le meilleur de tous les vins de Bourgogne. Comme
vins blancs, ceux de Chablis sont fort agréables;
ceux de Meursault les surpassent, et ceux-ci sont
encore surpassés par le Chevalier Morachet. Le
Morachet, proprement dit, est le meilleur de
toute cette contrée. En général, ce terroir fait
peu de vins blancs.

Après ceux de Bourgogne viennent ceux de
Champagne. Ils sont tellement connus, que je
me crois dispensé d'entrer dans une longue dis-
sertation à ce sujet. L'on sait qu'il ne se donne
point de fêtes ou de grands repas, que l'on n'y
boive de ce vin, dont la première vertu est de
mettre en gaieté. Je me bornerai à dire qu'il s'y
fait peu de vin qui ne soit blanc, quoique dans
toute la province on ne cultive que des raisins
noirs. La manière de le manipuler lui donne cette
couleur blanche ou œil de perdrix qui le distingue. Le rouge n'a que peu d'amateurs, à moins
que ce ne soient les vins de Bouzy, de Verzai et
Vergenai; ils sont chauds dans la bouche, quoique légers et d'un très-agréable bouquet. Ce vin
est apéritif et ne supporte pas l'eau, quoiqu'il
enivre facilement.

Les crus les plus estimés sont ceux qui avoisi-
nent Reims, comme Ay, Sillery et Espernay. Ces
vins blancs se conservent mieux depuis qu'ils

sont faits avec des raisins noirs. Avant cette nouvelle manière de les faire, ils allaient rarement
à trois années, sans être malades. Peu de vins en
effet sont aussi susceptibles que ceux-ci; ils de-
viennent gras et déposent dans la bouteille; et
lorsqu'on verse ce vin pour le boire, on décou-
vre des fils qui font répugner à le prendre. L'expérience a appris qu'il ne faut pas en faire de
grandes provisions, fût-il à bon marché et de
bonne année, parce que les différens inconvéniens auxquels il est sujet, le font revenir fort
cher, si on en a beaucoup acheté.

Vins de Bordeaux.

Ces vins sont également dans la meilleure classe
de nos vins, et, s'il faut en croire les Bordelais,
ce sont les meilleurs que la France possède.

1ʳᵉ CLASSE. Les premiers crus que l'on doit
rechercher davantage, comme vins rouges, sont
Lafitte-du-Château, la Tour, Château-Margau,
Aubrion-du-Château, Premier-Grave, et Ségur-
Médoc.

2ᵉ CLASSE. Mouton-Canon, Médoc-Canon,
Saint-Emilion, Rosans, Margau, la Rose-Médoc,
Pichon-Longueville, Médoc-Potelet, Saint-Ju-
lien-lès-Ville et St-Julien; vin du Pape (Grave
rouge), vin de la Mission (Grave rouge), et
tout le haut Pesac : tous ces vins sont également
délicieux.

3ᵉ CLASSE. Ces vins, comme ordinaire dis-
tingué, peuvent être offerts au second service.

Tous les vins de Pouillac sont nombreux et de bonne qualité; les plus appréciés sont ceux de MM. de Gescourt, Saint-Estève-Catenac, et une infinité d'autres dont la nomenclature deviendrait fastidieuse pour les lecteurs. Je me bornerai à faire observer à tous les acquéreurs de ces vins qu'ils doivent s'attendre à les voir malades pendant à-peu-près deux mois après leur mise en bouteilles. Dans cet état, ils sont beaucoup moins bons que lorsqu'ils ont été goûtés en pièces. Si au contraire on les laisse cinq ou six mois en flacons, ils acquièrent de la qualité : généralement ces vins ont besoin d'être en bouteilles pour s'améliorer.

Vins blancs.

Le Haut-Barsac et le Haut-Preignac, que l'on nomme M. Duroy, est de première qualité. Le Sauterne vient ensuite. Le Barsac, le Langon, le Carbonieux et Podecilac sont considérés comme étant en seconde ligne.

Après les vins de Bordeaux, je parlerai de ceux du Languedoc, de l'Ermitage, de la côte Rôtie, du Dauphiné et de la Provence. Ceux de l'Ermitage, les plus connus, sont rouges, d'une belle couleur, et ont un excellent bouquet; il faut les attendre plusieurs années, parce qu'ils sont âpres; mais lorsqu'ils ont atteint leur point convenable de maturité, ils sont délicieux.

Les blancs sont plus capiteux et tirent un peu sur le jaune. Ceux du Roussillon sont plus forts et plus épais; il faut les attendre long-temps, et ne les mettre en bouteilles que lorsqu'ils sont dépouillés, ce qui s'opère par les soutirages donnés à propos; ils se gardent trente ans, et même davantage, alors ils prennent un goût d'Alicante; il faut les transvaser pour les servir, parce qu'ils déposent dans les bouteilles : le blanc n'est pas sujet aux mêmes inconvéniens.

Ceux du Languedoc sont tous très-bons; ils plaisent beaucoup aux dames; le plus estimé est le muscat de Frontignan. Il y en a de blanc et de rouge. Ce vin a le désagrément d'être pâteux et de porter facilement à la tête.

Après celui-ci vient le Lunel, blanc et rouge; il y a des années où il ne le cède en rien au Frontignan; le Jurançon dans le Béarn (Basses-Pyrénées) est un vin blanc excellent. Ce qui le distingue particulièrement c'est qu'il sent la truffe, tant par son goût que par son bouquet. Il a l'avantage de se conserver très-long-temps.

Les vins de Provence sont bons, mais les rouges sont trop liqueureux. Les blancs sont muscats pour la plupart; les plus recherchés sont ceux de Gemenos, qu'on appelle vins de Toulon, de la Marque, de Barbautan, et beaucoup d'autres dont le détail serait trop long; on les boit au dessert et pour collation.

Il reste maintenant à parler de ceux de Tavelle. Ce sont des vins capiteux, mais excellens; ceux de la côte Rôtie, Saint-Peyret, Condrieux, sont très-estimés; et autrefois dans les meilleures maisons on ne servait que de ces vins à l'entre-

mets. Ils sont passés de mode à Paris; c'est le
Bordeaux qui les remplace.

Le défaut d'espace me manque pour indiquer
dans cet ouvrage tous les crus de France qui
produisent d'excellent vin; mais je crois avoir
indiqué les meilleurs, et ceux dont la réputation
ne peut être mise en doute.

Après avoir parlé des vins de l'ancienne France, il me reste à parler de ceux des pays réunis.
J'entends parler de ceux de Barre, de la Moselle
et du Rhin.

Ceux de Barre sont rouges et fort agréables;
ce ne sont pas de ces vins que l'on doit citer
comme de qualité supérieure; ils ont pour eux
d'être bienfaisans, de facile digestion, mais ils
ne peuvent supporter le transport; c'est pourquoi ils sont consommés dans le pays et les environs.

Ceux de Moselle sont blancs, légers et apéritifs : ils sont très-bons.

Ceux du Rhin les plus estimés sont blancs;
ils tirent leur nom des montagnes qu'arrose ce
fleuve.

Pour ne pas faire courir le lecteur d'un pays
à l'autre, je vais parler de suite des vins de Hongrie.

Le Saint-Georges est celui qui nous est vendu
pour vin de Tokai; il est vrai qu'il en approche
beaucoup, quoique la différence en soit grande
pour les connaisseurs et les bons gourmets. Il se
vend fort cher dans ce pays-ci. A Saint-Georges

on en fait de deux espèces; celui que l'on des-
tine pour faire du vin de Wermoute se compose
avec de l'extrait d'absinthe qu'on y ajoute, ainsi
que je l'indiquerai ci-après; ce qui lui donne ce
goût amer et la qualité bienfaisante qu'il possède
de fortifier l'estomac et de faciliter la digestion.
Lorsqu'avec des vins de Tokai ou Saint-Georges
on veut faire du Wermoute, il suffit d'ajouter,
par chaque demi-bouteille, plein un dé à coudre
d'extrait de bonne absinthe, et de bien secouer
la bouteille. Voilà ce qui constitue le vin de
Wermoute, car il n'y a aucun cru de ce nom,
ni aucun vin qui ait naturellement ce goût. Celui
de Tokai est fort connu de nom, mais peu de
personnes connaissent la qualité de ces vins pour
en avoir bu; c'est un vin excellent, mais on ne
le vend pas. L'Empereur d'Autriche était seul
propriétaire du territoire sur lequel il se cultive.
Sa Majesté Impériale a fait présent à l'Empereur
de Russie d'une petite portion de ce même territoire, ce qui fait que ces deux Souverains en sont
seuls propriétaires maintenant; mais ils font des
cadeaux de ce même vin aux autres cours ou aux
ambassadeurs accrédités près d'eux, ce qui fait
qu'il n'y en a pas, ou du moins très-peu dans le
commerce; encore n'y parvient-il que par suite
des ventes qui se font par ordre des Princes et
Seigneurs qui en ont reçu à titre de présent, ou
après le décès de ces mêmes personnages. Ce
vin, tout excellent qu'il est, a un défaut; il ne
souffre pas la vidange, et perd de sa qualité au

bout de quelques jours, si on a laissé du vide dans la bouteille. On a de la peine à le reconnaître. J'ai ouï dire que celui que l'on récolte sur la crête de la montagne n'est pas sujet au même inconvénient. Voilà tout ce qu'il y a de plus particulier sur ce vin.

Les vins de Grèce les plus estimés sont ceux de Chypre; ils se conservent un demi-siècle et même plus. De tout temps ce vin a été fort recherché des Apicius; il est fort agréable, mais fort cher, et bien souvent falsifié; naturel, il est bienfaisant, balsamique; il sent un peu l'outre (espèce de poche ou vase de peau dans lequel on le tient), ce qui déplaît à quelques personnes; mais ce défaut est presque un garant de sa nature.

Après ce vin vient celui de Stançon; il est plus liqueureux que celui de Chypre, et porte un bouquet très-agréable. Il en existe un autre de la même île, qui passe pour du nectar; il est appelé Chio. Les anciens le recherchaient et le considéraient comme l'ambroisie, et l'offraient à leurs dieux. Il en vient peu en France. Ce sont tout au plus quelques demi-bouteilles que les amiraux et marins apportent de cette île lorsqu'ils y relâchent. Il y a aussi la Malvoisie de Chypre; ce vin est muscat et fort estimé: il se vend souvent pour du Syracuse. Celui de l'île de Madère est fort connu en France, et à juste titre très-estimé; il faut, pour être bon, que ce vin soit sec, avec un peu d'amertume, d'un bouquet agréable, avec un petit goût de poix qu'il prend des outres dans lesquelles on le renferme pour le transporter. Le vin de Malvoisie, du même cru, est aussi délicieux et très-recherché des gourmets; il est doux, extrêmement agréable et sain.

Les vins d'Espagne les plus connus et les meilleurs sont ceux de Malaga; il y en a de plusieurs qualités; il faut les choisir onctueux, c'est-à-dire gras, sans être pâteux, fins de goût et d'une belle couleur tirant sur l'or; il y en a de rouge qui est excellent; il se conserve très-long-temps et possède un très-bon bouquet. Il s'en fait une très-grande consommation dans toute l'Europe; dans ce pays-ci il se boit au dessert, et on le donne aux malades et aux convalescens pour rétablir leurs forces; mais il devient dangereux lorsqu'on en fait excès.

Quant au vin de Porto, il me suffira de dire que ce vin, pour avoir les qualités bienfaisantes qu'on lui connaît, a besoin d'être très-vieux. Les îles britanniques en font une grande consommation; il y en a du rouge et du blanc; mais ce dernier n'est pas commun.

Parmi les vins d'Espagne on distingue celui d'Alicante, qui possède les mêmes vertus, quoiqu'il soit moins agréable à boire; cela vient de ce qu'il est épais, et d'une couleur rouge foncée tirant sur le noir, lorsqu'il est nouveau. Il faut le garder long-temps en fût pour qu'il se dépouille, et lui donner souvent des soutirages.

(Voyez cet article). Lorsqu'on le garde en bouteilles, quoique tiré au clair-fin, il dépose toujours; il faut donc le transvaser : lorsqu'il devient vieux, il acquiert encore plus de qualité, et sa couleur est celle d'une pelure d'oignon; c'est alors qu'il est vraiment bon et bienfaisant; il répare les débilités causées, soit par les excès de fatigue, soit par une longue marche, soit même par l'abus des jouissances; il rétablit l'estomac et lui donne du ton; cependant il est convenable de n'en user qu'avec modération; car il est fort échauffant.

Celui de Rota est aussi pourvu des mêmes vertus bienfaisantes; il est plus fin de goût, et a la même couleur.

Celui de Xérès est blanc, sec et un peu amer; c'est un des meilleurs vins d'Espagne : il se boit au dessert.

Celui des îles Canaries est préféré à tous les vins de Malvoisie par les vrais connaisseurs, parce qu'il est léger, et qu'il se garde longtemps : c'est un vin cuit, fait avec des raisins muscats. Toutes ces qualités sont bonnes à l'estomac; elles sont cependant défendues aux bilieux.

Les Packarets sont secs et fort agréables. Ceux de Bénicarlos sont doux.

Il y a aussi dans toute l'Italie de très-bons vins; et c'est de cette contrée que provient la majeure partie des nôtres. C'est lorsque les Gaulois eurent franchi les hautes montagnes qui séparent l'ancienne Gaule de l'Italie, qu'ayant trouvé des raisins et des liqueurs faites de leur jus, et après en avoir goûté, ils en rapportèrent à leurs compatriotes pour les déterminer à faire la conquête de ce beau pays; c'est alors que la vigne s'est propagée dans les Gaules, et que peu de siècles après, la conquête que nous avions faite sur l'Italie nous attira le même sort de la part des peuples du Nord, ou Normands, qui nous firent payer bien cher le vin que nos ancêtres avaient bu en Italie, ainsi que celui qui se buvait en France, par suite de nos conquêtes.

Des vins d'Italie, le plus estimé est celui de Falerne, si vanté par Horace, et chanté par J.-J. Rousseau. Celui d'Albe, où était primitivement l'ancienne Rome, est le premier des vins faits par les Romains; il se buvait aux fêtes solennelles; il est encore en réputation. Ce vin est fort agréable, ne porte presque pas à la tête, et est de facile digestion; il y en a du blanc et du rouge; on le permet aux malades, parce qu'il n'est pas violent.

Il y a aussi en Toscane des vins qui rivalisent avec ceux ci-dessus, ce sont ceux de Monte-Fiascone. Ce vin passe dans le pays pour être le meilleur de tous; mais je pense que c'est une erreur, puisqu'il n'a d'autre vertu que celle d'enivrer plus facilement que les autres.

Celui de Florence est muscat; et, comme vin cuit, il a le double avantage de se garder longtemps, et de se transporter facilement. Il s'en fait un grand commerce.

Celui du territoire de Venise est excellent; il est piquant, quoique liqueureux.

Les vins du royaume de Naples les plus connus, sont ceux de Lacryma-Christi et de Gaëte; ils sont rouges et légers, et ont un bouquet fort agréable.

Telles sont les différentes sortes de vin que le commerce m'a appris à connaître.

Du Soutirage des Vins.

Le premier soutirage doit avoir lieu vers la mi-mars de la première année qui suit la récolte. A cet effet, l'on doit avoir des pièces récemment vides; on les rince avec le plus grand soin, et l'on en ôte autant qu'il est possible tout le tartre qui a pu s'y attacher; car ce qui pourrait en rester nuirait essentiellement à la qualité, à la délicatesse et au parfum du vin qu'on veut soutirer. Il faut également bien laver la pièce en dehors, en ratisser les fonds pour les débarrasser de la mousse ou des champignons qui pourraient s'y être formés. On ne doit rien laisser de malpropre, et, jusqu'aux cerceaux, tout doit être lavé très-soigneusement. Après ces précautions, on soufre sa pièce, en se servant d'une grande bonde amincie d'un bout, et plus grosse de l'autre. Cette opération doit se faire par un temps clair et bien sec. Avant que d'entonner, on rince sa pièce avec une demi-bouteille de bonne eau-de-vie de Cognac; on l'égoutte bien, et l'on soutire son vin de dessus sa grosse lie, en se

servant, soit d'une grosse fontaine, soit du souf-
flet ou de la pompe. Après avoir ainsi transvasé
son vin, on bouche son tonneau avec un bondon neuf, garni de linge blanc de lessive.

On place ensuite sur des chantiers les pièces
ainsi remplies ; on a soin de les tenir pleines, en
suppléant régulièrement tous les mois au déficit
que chaque pièce peut avoir éprouvé. Il ne faut
pas perdre de vue qu'il est indispensable d'employer, pour ce remplissage, du même vin ; car,
si l'on employait une qualité inférieure, on s'exposerait à l'affaiblir et à l'altérer, et à perdre
ainsi le fruit de ses peines et de ses soins.

Au bout de six mois on donne à son vin un
second soutirage, en se conformant toujours
aux procédés que nous venons d'indiquer. C'est
en répétant plusieurs fois cette opération, que
le vin acquiert de la finesse et de la qualité, et
qu'il parvient enfin au point de maturité désira-
ble. Lorsqu'il a atteint ce degré de bonté, on le
colle, en employant cinq blancs d'œufs pour chaque pièce, si c'est du vin rouge. Voici la manière
dont il faut s'y prendre :

On fouette cinq blancs d'œufs que l'on mêle
avec une pinte d'eau de rivière. On tire de la
pièce qu'on veut coller, trois bouteilles de vin ;
on prend ensuite un bâton qui ait à-peu-près la
forme et la grosseur d'un manche à balai d'écu-
rie ; l'on fend ce bâton en quatre, de manière
que chaque bout soit écarté l'un de l'autre ; on
enfonce de petits coins de bois qui doivent pé-

nétrer jusqu'au dernier trait de scie qu'on a fait au bâton, ce qui lui donne la forme de quatre doigts de la main un peu écartés les uns des autres; alors on verse la colle par le bondon; on y introduit son bâton, en l'agitant dans tous les sens (il ne faut pas néanmoins le faire descendre jusqu'au fond. Lorsqu'on a bien remué, on finit de remplir sa pièce avec le vin qu'on en a tiré; on bat les douves pour fouler le vin; on donne un coup de foret sur la douve de dessus, et on bondonne sa pièce, à laquelle il ne faut point toucher de huit à dix jours. Il ne faut pas perdre de vue que cette opération doit se faire par un temps calme et serein.

Toutes ces observations s'appliquent également aux vins blancs. La seule différence consiste dans la manière de les coller. Voici le procédé que l'on met en usage :

Lorsqu'on a fait subir au vin blanc tous les soutirages dont il a besoin pour parvenir à son point de maturité, si l'on veut le rendre parfaitement limpide, ce qui lui donne un goût plus agréable et une couleur plus flatteuse, il faut le coller. A cet effet, on prend de la colle de poisson que l'on met dans un linge bien propre; on la bat avec un marteau ou avec tout autre ustensile convenable, jusqu'à ce qu'elle se défenillète; alors on la déchiquète, et on la met dans une terrine avec un peu d'eau de fontaine ou de rivière (celle de puits est bien moins bonne); on met un verre d'eau sur sa colle, au fur et à mesure qu'elle a absorbé l'eau qui l'imbibait, jusqu'à ce qu'on en ait employé trois chopines pour un fort bâton de colle, qui peut servir à coller trois pièces de vin. Lorsque votre colle est bien dissoute, vous y ajoutez trois chopines de bon vin blanc et un poisson d'excellente eau-de-vie, pour conserver votre colle, dans le cas où vous ne l'emploieriez pas tout de suite. Pour qu'elle se conserve, vous passerez le tout au travers d'un linge clair et bien blanc (car le vin surtout exige la plus grande propreté); on coule deux fois sa colle, et on l'entonne dans des bouteilles bien rincées, que l'on bouche; on les met ensuite dans un lieu sec et frais. Une bouteille de cette colle suffit pour coller une pièce de vin. On suit à cet égard la même marche que pour coller le vin rouge, excepté qu'au lieu de blancs d'œufs, on se sert de colle de poisson. On ne doit pas oublier de donner de l'air au moyen d'un fausset, ce qui facilite la clarification, ainsi qu'il a été dit à l'article du vin rouge.

Si, contre toute attente, le vin se trouvait trouble après l'avoir collé de la manière que nous venons d'indiquer, dans ce cas faites bouillir une pinte de lait ou de crème que vous laisserez refroidir; vous enlèverez la peau qui se forme dessus, ou le beurre, s'il s'en trouve; videz-le alors dans votre pièce, et votre vin ne tardera pas à s'éclaircir.

Si c'était du vin rouge qui fût trouble, dans ce cas prenez du papier gris sans odeur; roulez

les feuilles de façon qu'elles puissent entrer par
le bondon; mettez-en d'abord une, et quand
elle se sera développée, mettez-en une seconde,
et ainsi de suite, jusqu'à douze; laissez-les se pré-
cipiter au fond, et ne tirez votre vin que quand
il sera bien clair, ce qui ne tardera pas à arri-
ver. Si votre vin était gras, il se trouvera tout à-
la-fois clarifié et dégraissé.

On indique plusieurs autres manières pour
parvenir au même but; mais comme je n'en ai
point fait usage, et que quelques-unes d'ailleurs
ne sont pas très-salubres, je crois devoir m'abs-
tenir de les faire connaître.

Comme j'ai parlé de la graisse du vin, il ne
sera peut-être pas hors de propos d'en indiquer
les diverses causes. Il en est quelques-unes qui
dépendent de nous, et d'autres qui sont hors de
notre pouvoir. Par exemple, le manque de soin
ou d'instruction dans le soutirage des vins peut
contribuer puissamment à cette maladie. Si, la
première année, on ne soutire pas les vins de
dessus leur grosse lie, ou si, après les avoir sou-
tirés, on néglige de remplir les pièces avec soin
chaque mois, si l'on emmagasine ses vins, surtout pendant l'été, dans un cellier trop chaud,
si l'on tire à la pièce chaque fois que l'on a
besoin de vin, et qu'on la laisse ainsi long-
temps en vidange, toutes ces inattentions et ce
défaut de soin peuvent être plus que suffisans
pour rendre le vin gras. Il est donc vrai de dire
que plusieurs causes proviennent de notre vo-

lonté. Mais je dois dire aussi que souvent, malgré les plus grands soins et les plus sages précautions, nous ne saurions prévenir cet accident. La saison contrarie quelquefois la combinaison des parties constituantes du vin. Ainsi, dans les années trop chaudes et trop sèches, l'huile essentielle ne se trouve point dans un équilibre parfait avec le moût, ce qui rend la cuvée languissante, et empêche la combinaison de la partie sucrée avec la partie aqueuse. Il y a le même inconvénient dans les années trop froides ou trop pluvieuses, ce qui empêche que l'huile essentielle ne se combine avec les acides et autres parties constitutives du vin.

Aussitôt qu'on s'aperçoit que le vin menace de tourner à la graisse, ce que l'on peut reconnaître aux signes suivans : (Lorsqu'on pique une pièce de vin pour la goûter, le vin ne sort et ne tombe dans le vase destiné à le recevoir que d'une manière lourde et lente ; il ne jaillit point avec cette vivacité qui est naturelle à un vin parfaitement sain. Si on le goûte, on sent quelque chose de gras qui emplit la bouche. On n'éprouve plus cette sensation agréable que procure au palais la dégustation d'un vin franc et généreux.) Lorsque ces diverses circonstances se réunissent, elles sont une preuve non équivoque que le vin tourne à la graisse. Alors, indépendamment des moyens que j'ai déjà indiqués, il faut de suite soutirer.

Ayez en outre une once de crème de tartre

que vous mettrez dans une bouteille qu'il faudra presque remplir avec le vin soutiré. On laissera bien fondre cette crême de tartre, et, pour y parvenir, on secouera souvent la bouteille; on ajoutera à ce mélange un demi-setier de bonne eau-de-vie de Montpellier, et quelques pintes de vin de l'année. Ces précautions doivent avoir un plein succès, et opérer sûrement la guérison du vin malade. Néanmoins il est prudent de le boire promptement, car il est à craindre qu'au bout de quelque temps il ne retombe dans le même état.

Observations sur la Manière de mettre le Vin en Bouteilles.

Lorsqu'on colle une pièce de vin pour la mettre en bouteilles, on doit avoir le soin d'élever un peu le côté opposé à celui où l'on doit placer la cannelle ou fontaine. Cette élévation ne doit pas être de plus de deux pouces; et on emploie à cet effet quelques petites pierres ou morceaux de bois à l'aide desquels on cale et on élève sa pièce. Cette précaution obvie à l'inconvénient de remuer le vin, et par conséquent de le troubler lorsqu'il est clair-fin. L'on pose sa fontaine, et l'on a le soin de se servir d'un perçoir dont la mèche soit de même dimension qu'elle. On doit percer sa pièce en pleine douve, et jamais entre deux. On doit tenir son perçoir bien droit, et lorsqu'on s'aperçoit que le vin commence à sortir par l'ouverture qu'on est en train de faire, on doit s'arrêter. On nettoie soigneusement les copeaux que la mèche a faits, et l'on enfonce de suite avec force la fontaine, afin qu'en brisant la faible partie de la douve qui n'a point été percée, le vin ne puisse pas avoir le temps de se répandre, et que la cannelle bouche hermétiquement le trou que l'on vient de faire. On doit aussi faire en sorte que la cannelle soit un peu inclinée d'un côté, c'est-à-dire qu'elle ne soit pas posée bien perpendiculairement, afin qu'on ait plus de facilité pour poser les bouteilles, et pour les placer plus commodément sous la fontaine. En remplissant ses bouteilles, on doit les tenir un peu penchées, afin que le vin ne mousse pas. Lorsqu'une bouteille est aux trois quarts pleine, on ferme la fontaine à moitié; et pendant qu'elle finit de s'emplir, on bouche celle qu'on a précédemment remplie.

Je ne saurais trop insister sur la nécessité de rincer parfaitement les bouteilles; c'est un point très-essentiel. Pour bien remplir ce but, il faut se servir du plomb que l'on emploie pour la chasse; on se sert aussi d'une petite chaîne, et si la bouteille a beaucoup de crasse, on change plusieurs fois d'eau, sans pourtant ôter le plomb de la bouteille. Lorsqu'on a bien nettoyé son flacon, on souffle dedans, et s'il sent quelque mauvais goût, il faut le mettre de côté, et ne point s'en servir. Quant aux bouteilles qui n'auront aucun mauvais goût, il faut y passer à plusieurs reprises de l'eau bien claire, et les bien égoutter. Il ne faut pas trop remplir les bouteilles ; on doit laisser un peu de vide entre le bouchon et le vin, pour ménager un peu d'air, autrement la bouteille risquerait de casser. Gardez-vous bien de vous servir de bouteilles étoilées, cette fausse économie vous exposerait à perdre tout à-la-fois le vin et le flacon. Par la même raison on ne doit pas lésiner sur le choix des bouchons ; on doit les choisir de la meilleure qualité ; car, soit que le bouchon ne bouche pas bien hermétiquement, soit que ce soit un bouchon qui ait déjà servi, et qui a peut-être été retaillé, on s'expose, ou à laisser fuir son vin, ou à lui donner quelque mauvais goût. Pour bien boucher sa bouteille, il faut aussi faire entrer le bouchon de force, et se servir à cet effet d'une batte de chêne, qui ressemble beaucoup à la férule des pédagogues. Il faut que le bouchon soit presque tout entier dans le goulot de la bouteille. En battant le bouchon pour le faire bien entrer dans la bouteille, il faut avoir la précaution de tenir sa bouteille sur un baquet, afin que le vin ne soit pas perdu, dans le cas où elle viendrait à se casser, ce qui arrive assez souvent lorsqu'on veut bien boucher. On cachète ensuite sa bouteille avec de la cire d'Espagne, de telle couleur que l'on veut. Si l'on craint que la force ou la fermentation du vin ne fasse partir la bouteille, on a le soin de ficeler en liant le goulot avec le bouchon. Si ce sont des vins qui doivent rester long-temps en bouteilles, il est plus convenable de les goudronner; c'est le seul moyen de bien conserver les bouchons, qui à la longue peuvent se détériorer, et par suite faire fuir le flacon, en donnant de l'air au vin.

Manière de préparer le Goudron pour goudronner les Bouteilles.

Pour préparer votre goudron, prenez une livre de poix-résine, une égale quantité d'*arcanson*, une demi-livre ou trois quarterons de suif, comme petits bouts de chandelles, ratissure de chandeliers ou bougeoirs, etc.; mêlez le tout dans un poêlon de terre vernissée, ou une terrine de même espèce; mettez ces trois ingrédiens fondre ensemble sur un feu modéré; remuez-les bien jusqu'à parfait amalgame; veillez bien au moment où votre goudron sera prêt à bouillir, et ôtez-le de dessus le feu aussitôt qu'il se disposera à monter par-dessus les bords du vase; car la partie qui tomberait dans le feu enflammerait celle qui se trouve dans le vase : ce qui vous exposerait à mettre le feu.

Votre goudron étant bien fondu, incorporez-y de l'ocre rouge ou jaune, du blanc d'Espagne ou du noir de fumée. Si vous vous servez de noir de fumée, vous aurez le soin de mettre un peu plus de suif, parce que le noir sèche bien plus que les terres colorantes et absorbantes; mêlez bien le tout ensemble, et lorsque la couleur sera telle que vous la désirez, laissez un peu refroidir votre amalgame; trempez alors légérement le bout du goulot de votre flacon jusque vers le collet; tournez la bouteille dans vos mains pour qu'elle se goudronne également; laissez-la refroidir ensuite, en la posant sur le cul; continuez alors votre opération, sans oublier de remuer souvent votre goudron avec un bout de latte, et en même temps de le faire un peu chauffer aussitôt qu'il devient trop épais, car, dans cet état, vous consommeriez mal-à-propos beaucoup plus de goudron, et votre opération serait bien moins agréable à la vue.

Manière de ranger ses Bouteilles dans les Cases d'une Cave.

Lorsque les bouteilles sont pleines, bouchées et cachetées, ou goudronnées, il faut les ranger de suite; car, si l'on négligeait de le faire, on s'exposerait à voir son vin se couvrir de fleurs, ce qui peut occasioner les plus grands préjudices. Il faut donc ranger de suite ses bouteilles dans les cases. Voici la manière de s'y prendre. Sous le premier rang on doit mettre trois pouces de sable fin, et dont on aura le soin de bien ôter tous les petits cailloux, de crainte que le poids des autres bouteilles ne fasse casser celles de dessous, ce qui arriverait probablement sans la précaution que nous indiquons, et d'où il résulterait un préjudice qu'il est facile d'éviter. Il faut étendre le sable bien également; on y range le premier rang de ses bouteilles, qui doit être de dix ou onze; le goulot doit être du côté du mur, et à deux pouces de distance; que les culs de vos bouteilles soient bien alignés; mettez deux lattes sur le goulot et une sur le cul; mettez les autres bouteilles à contre-sens des premières, de manière que les goulots soient à l'opposé des autres; faites que les ventres de vos bouteilles ne portent pas sur celles de dessous, et continuez ainsi votre opération toujours dans le même sens, aussi haut que vous voudrez. Si même vos piles sont bien perpendiculaires, vous pouvez sans danger élever votre case jusqu'à la voûte. Lorsque vous n'aurez pas employé de bouteilles étoilées, et qu'elles seront toutes uniformes, vous pouvez être certain qu'il n'y a point d'accident à craindre, surtout si en même temps vous n'avez fait usage que de bonnes lattes. Il est des personnes qui, au lieu de lattes, emploient des nattes de paille semblables aux paillassons ordinaires; elles s'en trouvent très-bien; et je conseillerais volontiers à ceux qui ont à monter leur cave de donner la préférence à cet usage.

FIN.

TABLE DES MATIÈRES

CONTENUES DANS LE SECOND VOLUME.

POISSON.

FARCES EN GÉNÉRAL.

PÂTISSERIE.

ENTREMETS.

OFFICE.

MENUS D'OFFICE.

CLARIFICATION DU SUCRE. 220

CLARIFICATION DU MIEL. 223

COMPOTES ET FRUITS CONFITS.

ÉCONOMIE DOMESTIQUE.

VINS.

OBSERVATION ESSENTIELLE.

Dans les différens arts, il est des expressions particulières qui leur sont propres, et qui ne sont ni connues, ni usitées sous aucun autre rapport. Dans cet Ouvrage, l'auteur a dû nécessairement employer des termes consacrés par l'usage, et dont la plupart ne peuvent être entendus que du praticien un peu exercé. Pour prévenir les inconvéniens qui pourraient résulter de l'ignorance de ces termes, pour la plupart des lecteurs, il a paru indispensable de donner un Vocabulaire des différens mots qui peuvent être dans ce cas, et dont on a été obligé de se servir.

VOCABULAIRE.

BARDER, signifie, couvrir de bardes de lard.

BRAISE indique ce qui reste au fond d'une braisière où l'on a fait cuire un mets quelconque. Voyez, au reste, l'article *Sauces*.

BLANCHIR, soit du lard, soit des légumes, c'est leur faire prendre quelques bouillons.

BRIDER, DÉBRIDER. On appelle brider, passer une ficelle pour contenir, soit les ailes, soit les cuisses d'une volaille, ou même l'un et l'autre, afin de leur donner de la grâce. Débrider, c'est détruire cette opération.

CROUSTADES. C'est du pain qu'on a fait frire, après en avoir ôté la mie, pour remplacer au besoin des croûtes de pâté.

CHEVRETTE. Dresser en chevrette, c'est-à-dire, donner la forme d'une chevrette ou d'un triangle alongé.

ESCALOPE. Petites parcelles coupées dans une dimension plus ou moins grande, et représentant une pièce de monnaie quelconque. Voyez, au reste, son application dans divers chapitres de l'Ouvrage.

GLACE. Faire tomber à glace, à demi-glace, etc., c'est donner à une sauce, par le moyen de la réduction, une consistance équivalente à celle de la glace. Pour la demi-glace, on entend, opérer une réduction moindre.

HABILLER un perdreau, une volaille, c'est-à-dire, les brider, les retrousser, en un mot leur donner une forme gracieuse et convenable.

MARQUER. On se sert de cette expression pour dire qu'il faut préparer, arranger, apprêter dans une casserole le mets dont on parle.

Masquer, c'est-à-dire, couvrir, mettre par-dessus, ainsi que ce mot l'indique.

Parer, parure. On entend par ces mots, approprier les résidus ou débris d'une pièce.

Paillasse, signifie un lit de braise ou de charbon allumé ; ou même des cendres chaudes.

Pain de Beurre. Cette expression indique, pour la quantité, environ une once ou une once et demie de beurre ; ce qui équivaut à un petit pain de beurre à l'Enfant-Jésus.

Puits. On appelle ainsi le creux qui se forme dans le milieu d'un plat, par suite de la disposition ou de l'arrangement des mets qu'on y prépare.

Raper du lard, c'est le ratisser pour en séparer toute la partie grasse.

Refaire les pattes d'une volaille ; c'est-à-dire, les passer au feu pour en ôter le premier épiderme.

Retrousser en Poule ; c'est arranger une volaille, ou autre pièce, les pattes en dedans.

Sasser, signifie remuer et mêler avec une cuiller.

Singer, couvrir légèrement de farine.

Tourner une carotte, un navet, etc., c'est les arrondir de diverses manières, en leur donnant une forme agréable.

Tourner une sauce, c'est la remuer avec une cuiller, afin de la bien mêler et de l'empêcher de s'attacher.

Travailler une sauce, signifie la réduire. Ce terme indique aussi l'action de sasser et vanner. (Voyez ces deux mots.)

Vanner. Élever la sauce avec une cuiller, pour la laisser ensuite retomber, afin d'en opérer entièrement le mélange.

Tous les autres termes qui pourraient n'être pas compris au premier abord le seront facilement, si l'on continue la lecture de l'ouvrage, parce que la plupart de ceux qui sont dans ce cas sont souvent employés, et trouvent leur explication naturelle dans le développement des divers objets auxquels ils s'appliquent.

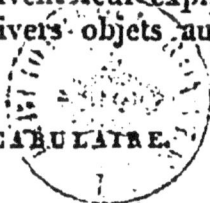

FIN DU VOCABULAIRE.

www.ingramcontent.com/pod-product-compliance
Lightning Source LLC
Chambersburg PA
CBHW071620270326
41928CB00010B/1704